大学生商务英语能力提升的理论与应用

董琰 著

吉林人民出版社

图书在版编目（CIP）数据

大学生商务英语能力提升的理论与应用 / 董琰著.

长春：吉林人民出版社，2024. 11. -- ISBN 978-7-206-21677-0

Ⅰ．F7

中国国家版本馆CIP数据核字第20243PM923号

大学生商务英语能力提升的理论与应用
DAXUESHENG SHANGWU YINGYU NENGLI TISHENG DE LILUN YU YINGYONG

著　　者：董　琰
责任编辑：田子佳　　　　　　　　封面设计：寒　露
吉林人民出版社出版 发行（长春市人民大街7548号）　邮政编码：130022
印　　刷：河北万卷印刷有限公司
开　　本：710mm×1000mm　　　　1/16
印　　张：16.25　　　　　　　　字　　数：240千字
标准书号：ISBN 978-7-206-21677-0
版　　次：2024年11月第1版　　　印　　次：2025年2月第1次印刷
定　　价：98.00元

如发现印装质量问题，影响阅读，请与出版社联系调换。

前　言

随着中国对外投资的扩大和国际合作的深入，金融、法律、市场营销、国际物流等涉外商务领域对专业商务英语人才的需求迅速增长。这些领域需要的不仅是英语语言能力强的人才，更需要的是能使用英语进行专业领域内沟通与操作的人才。商务英语教育不仅提供语言训练，还负责教授专业的商务知识，如国际贸易规则、跨国公司管理等，这对于培养能够独立处理国际商务事务的复合型人才至关重要。再者，中国的快速发展和国际化程度的提高，使得企业对具备国际视野的高素质商务英语人才有了更高的期待。这些人才不仅要能够在全球范围内寻找商机，还需要能够管理跨文化团队，处理复杂的国际关系。因此高校商务英语教育需要与时俱进，通过精心设计专业课程、提供校内外实习机会和国际交流平台，帮助学生建立全球视角，提高其商务英语能力和国际竞争力。

2015年由教育部发布的《高等学校商务英语专业本科教学质量国家标准》明确指出了商务英语专业的培养目标、对商务英语人才的素质要求（包括商务英语专业知识要求和商务英语专业能力要求）以及商务英语专业课程体系建设要求，为本书的研究论述提供了政策依据。在政策的支持下，我国的商务英语教育专业也日渐发展起来。因此，笔者展开对《大学生商务英语能力提升的理论与应用》一书的研究，以期在本专业领域的当今发展与建设中有所贡献。

本书共分三部分，系统地阐述了商务英语教育的基础认知、能力框架以及教育方法与实践。

第一部分商务英语基础认知介绍了商务英语学科的基本概念、学科定位、发展历程和学科建设的重要性。第二部分商务英语能力框架详细探讨了商务英语能力的概念界定、标准设定、作用及影响因素，并系统地介绍了提升商务英语能力的理论体系，包括图式理论、建构主义理论、多元智能理论和跨文化交际理论的应用。第三部分教育方法与实践从课程优化、人才培养模式创新、师资建设强化以及专业技能和语言技能的提升等多方面展开。其中包括了商务英语课程的构成、设置原则、实施方法；介绍了创新的商务英语人才培养模式；探讨了"双师型"教师的培养路径；以及具体的商务英语听说、阅读、写作和翻译技能的提升方法。此外，还包括了提升专业商务技能和跨文化交际能力的具体策略和实践方法。

本书的亮点在于，首先，本书在内容上紧扣行业发展，关注商务英语领域的最新趋势，将前沿的理论研究成果与实际商务场景紧密结合，使读者能够直观地感受到商务英语在当代国际交流中的实际应用。其次，本书在结构设计上经过精心布局，理论讲解与实践案例相辅相成，确保读者能够系统地掌握商务英语的关键技能。最后，本书从多维度探讨商务英语的应用，覆盖了语言技能、专业知识、文化交际等多个方面，使读者能够全面、深入地理解商务英语在全球化商务活动中的重要作用。

本书既可以为商务英语教育教学相关领域人员提供借鉴，也可供从事科研和相关工作领域的人员使用，同时可作为各类院校有关专业师生的参考书。本书观点客观、剖析全面、通俗易懂，既适合专业人士阅读，也适合对商务英语开发感兴趣的普通读者。总的来说，本书是一部兼具理论深度和实践价值的著作，对于从事商务英语教育、学习及相关研究的人员来说，具有很高的参考价值。由于时间、水平有限，书中难免存在不足之处，恳请广大读者批评指正，以便笔者在未来的研究中不断完善和提高。

目 录

第一章　商务英语学科概论　/　01
第一节　商务英语的概念与内涵　/　01
第二节　商务英语学科的定位　/　09
第三节　商务英语学科的发展　/　14
第四节　商务英语学科的建设　/　17

第二章　商务英语能力认知　/　24
第一节　商务英语能力的概念界定　/　24
第二节　商务英语能力标准的设定　/　32
第三节　商务英语能力的重要作用　/　37
第四节　影响商务英语能力的因素　/　43

第三章　商务英语能力提升的理论体系　/　49
第一节　图式理论应用　/　49
第二节　建构主义理论应用　/　55
第三节　多元智能理论应用　/　63
第四节　跨文化交际理论应用　/　68

第四章　商务英语课程优化　/　77
第一节　商务英语课程的构成要素　/　77
第二节　商务英语课程设置的原则　/　81
第三节　商务英语课程设置的依据　/　87
第四节　商务英语课程的实施　/　93

第五章　创新的商务英语人才培养模式　/　99
第一节　商务英语人才培养的目标　/　99
第二节　商务英语人才培养的理念　/　109

第三节　商务英语人才培养模式现状 / 115
　　第四节　商务英语人才培养模式创新 / 120

第六章　商务英语师资建设强化 / 131
　　第一节　师资队伍建设的重要性 / 131
　　第二节　"双师型"教师的概念与内涵 / 135
　　第三节　"双师型"教师的主要特征 / 140
　　第四节　"双师型"教师队伍的建设途径 / 146

第七章　提升商务英语语言技能 / 153
　　第一节　商务英语听说技能的提升 / 153
　　第二节　商务英语阅读技能的提升 / 159
　　第三节　商务英语写作技能的提升 / 165
　　第四节　商务英语翻译技能的提升 / 172

第八章　提升专业商务技能 / 179
　　第一节　准备商务面试 / 179
　　第二节　电话磋商与交流 / 187
　　第三节　公司与产品介绍 / 191
　　第四节　定价与销售 / 200
　　第五节　组织与安排会议 / 207
　　第六节　进行商务谈判 / 214
　　第七节　公共关系维护 / 221

第九章　提升跨文化交际技能 / 226
　　第一节　跨文化交际能力的概念与内涵 / 226
　　第二节　影响跨文化交际能力的因素 / 229
　　第三节　商务英语跨文化交际能力提升方法 / 232
　　第四节　商务英语跨文化交际能力的实践 / 239

参考文献 / 248

第一章 商务英语学科概论

第一节 商务英语的概念与内涵

一、商务英语概念界定

商务英语具有两层含义：一方面，它是跨文化商务交际活动中使用的英语语言，用作传递国际商务领域的知识信息，属于一种交际工具；另一方面，商务英语作为一门学科，指的是其理论体系，涵盖专门的学科知识和应用。总的来看，目前还没有一个被大众认可的有关商务英语比较统一且完整的定义，不同学者针对商务英语的界定给出了自己的观点，大体如下。

史天陆指出，广义地说，凡是在对外经贸业务活动中使用的英语都可以涵盖在商务英语之下，范围极其广泛而且还在不断扩展；然而作为一个学科或作为一个课程的系列，商务英语不能把一切庞杂的内容都包揽其中，而是把其中精华，具有代表性典型的部分集中起来，再据其内容、性质、功能等加以分类而组合成一个学术和教学的体系……就其语言本质而言，商务英语就是在商务领域内经常使用的反映这一领域专业活动的英语词汇、句型、文体等有机的总和。[1]

---

[1] 史天陆.高等教育商务英语课程设置初探[C]// 林添湖.国际商务英语研究在中国.厦门：厦门大学出版社，1999：45.

杨启宁认为"商务英语"具有两个层面的意义。在第一个层面上，"商务英语"不是一种特殊语法的特殊语言，简单来说，"它是商务环境中使用的英语"。在第二个层面上，"商务英语"则是"世界范围内各行各业人们使用的一种工作语言"。①

张新红、李明认为，商务英语是英语的一种社会功能变体，是专门用途英语（English for Specific Purposes，简称ESP）中的一个分支，是英语在商务场合中的应用，或者说，是一种包含了各种商务活动内容、适合商业需要的标准英文。商务英语所承载的是商务理论和商务实践等方面的信息，没有承载商务理论和商务实践等方面的信息的英语不能称为商务英语。②

林添湖表示，作为一个独立的专业或学科，国际商务英语在中国高校存在已经是一个不容置疑的事实。③

综合以上观点，可以看到商务英语的定义应包含以下几项内容。

第一，商务英语不是一种独立的语言，它是基于英语的一种应用形式，专注于商务交流。

第二，商务英语用于支持和促进国际商务交易和沟通，与国际商务活动密切相关，涉及特定的行业知识和交际策略。

第三，作为一个跨文化商务交际工具，商务英语帮助不同文化背景的人士进行有效的商务沟通。

第四，商务英语不仅是实践技能的培训，也包括对其教育和应用规律的科学研究，涉及学科理论体系的建设。

商务英语是一种将普通英语与国际商务行业英语结合的语言应用形

---

① 杨启宁.中国高校"商务英语"专业教学改革初论[C]// 贺川生，肖云南.商务英语理论与实践：第六届全国国际商务英语研讨会会议论文汇编.北京：中国商务出版社，2004：220.

② 张新红，李明.商务英语翻译[M].北京：高等教育出版社，2004：11.

③ 林添湖.加强理论研究，建设成熟的独立学科[C]// 贺川生，肖云南.商务英语理论与实践：第六届全国国际商务英语研讨会学术论文汇编.北京：中国商务出版社，2004：27-42.

式，旨在满足全球商业环境中的专业沟通需求。它分为普通商务英语和特殊（专业）商务英语两大类。普通商务英语涵盖了常见的商务交流场景，如会议交流、商务写作等，适用多种商务环境。特殊商务英语则针对特定行业的需求，包括如国际金融英语、国际物流英语等，这些领域的英语使用包含了明显的行业特征和专业术语。从学科角度看，商务英语研究的目标是将英语教学与国际商务实践有效结合，以提升学习者在商业交流中的沟通效率和专业能力。

二、商务英语语言特点

商务英语区别于普通英语，具有其独特的语言属性，主要体现在其专门性和实用性。商务英语作为一种交际工具和知识信息的载体，深受其背后的国际商务学科领域特征的影响。虽然在基本的词汇、句型和语法使用上，商务英语与普通英语保持一定的共通性，但其特殊的商务环境背景赋予了它更具体的表达需求。具体来说，商务英语在专业词汇使用、句式构造、篇章布局和表达方式上展现出明显的专业性和针对性。这些语言特征使商务英语能够有效地支持商务理论和实务的传达，满足国际商务交流的需求。

（一）用词严谨、准确

商务英语强调用词的精确性和清晰性，以确保信息传达的准确无误。在语言使用上，避免夸张和比喻等可能引起误解的修辞手法，尤其避免使用模棱两可的表达，以减少商务交流中的争议。商务英语倾向使用正式和书面语言，选择词义明确、单一的词汇，代替词义灵活丰富的词，以保持文体的正式性、严谨性和庄重性。这种用词风格适应了商业文件、合同和专业对话等场合的需求，反映了商务英语作为专业交流工具的特点。比方说，普通英语中的词汇 tax, be familiar with, buy, include 对应在商务英语中则用 tariff, acquaint, purchase, constitute 等词汇。

例1：When the validity expires, you need to make a new application for the registration.

译文：有效期结束后，需要申请重新注册。

解析：此句使用了"make a new application for the registration"而不是更简单的表达如"renew"或"re-register"，体现了商务英语中对行为过程描述的详尽性。这种用词强调了需要进行一个全新的申请过程，而不仅仅是更新或延续之前的注册，从而在商务和法律文档中避免潜在的误解。

例2：In case one party desires to sell or assign all of or part of its investment subscribed, the other party shall have the preemptive right.

译文：如一方想出售或者转让其投资之全部或部分，另一方有优先购买权。

解析："assign"一词在商务法律语境中常用于表示权利、财产等的转让，相比"transfer"更正式和具体。这里的使用确保了法律文本的准确性，"assign"通常涉及法律上的权利转移，而"transfer"可能涵盖更广泛的移动或变更，使用"assign"更能精确地描述合同中的权利变更情况。

例3：Unless specified otherwise in the contract, the insurer may also terminate the contract.

译文：除合同约定不得终止合同的以外，保险人也可以终止合同。

解析：在商务和法律语境中，"terminate"是一个常用词汇，表示结束合同的法律行为，它的使用体现了严谨和专业。此句中的表达"the insurer may also terminate the contract"采用了"terminate"而不是如"end""stop"等更通俗的词，强调了法律行为的正式性和合同终止的法律后果，确保了表述的专业度和法律效力。

商务英语中常用的正式用词还有：assign（转让），construe（解释），convene（召集），interim（临时），partake（参加），repatriate（遣返），effect（实现），grant（提供；让渡财产），levy（征收；征税），initiate（创始；发起），substantial（相当大的；重要的），utilize（利用）等。

（二）常用缩略词、外来词、古体词

英国语言学家杰弗里·利奇（Geoffrey Leech）在其关于英语词义分

类的理论中提到，专业词汇、古体词和外来词都是正式语言风格的一部分。这些词语通常在商务英语中使用，因为它们符合商务交流所要求的准确性和简洁性。

1. 缩略词

缩略词在商务英语中扮演了关键角色，主要是因为它们能够提升语言的效率和便捷性。在21世纪的商业环境中，各个公司都极其重视工作效率，因为效率通常与时间管理直接相关。在商业环境中，"时间即金钱"这一观念始终有效。使用缩略词可以避免冗长复杂的表达，使交流更为简洁和高效。在实际的应用中，这些缩略词不仅能够精炼地传达复杂的信息，还具有行业特色，因此在商务交流中尤为重要。例如：

wt：weight 重量

M/T：mail transfer 信汇

BR：bank rate 银行贴现率

F.O.B.：free on board 离岸价

VC：Venture Capital 风险投资

ROI：Return on Investment 投资回报率

HR：Human Resources 人力资源

2. 外来词

商务英语中广泛使用的专业术语往往来源于拉丁语、法语、希腊语等语言，这些外来词语增添了文本的正式性、庄重感和严肃性。例如，法语中的"carte blanche"（全权委托）和拉丁语的"pro rata"（按比例分配）都是常见的商务术语。这些词汇的含义专业，有助于精确地表达复杂的商业概念。许多专业术语通过相同的词根、前缀或后缀派生或合成，从而保持了意义的一致性和专业性。这种稳定性和精确性是商务英语的关键特点，使其成为处理正式商业事务的理想语言。

例 4：In order to speed up the decision-making process, the board granted the marketing director carte blanche to execute the new campaign strategy.

译文：为了加快决策过程，董事会给予市场总监全权委托执行新的活动策略。

例 5：During the budget cuts, the company decided to apply a pro rata reduction to all departmental allocations, ensuring fairness across the board.

译文：在预算削减期间，公司决定对所有部门的分配进行按比例削减，以确保整体的公平性。

3. 古体词

古体词往往带有一种庄重、正式的感觉，能够增强文件的权威性。这在法律文件和合同中尤为重要，因为这些文件具有法律效力，要求用词准确、严谨，并且很多商务和法律文件有其特有的写作传统和惯例，使用古体词是这些领域长期以来形成的惯例，符合专业写作的要求和期望。在实际的使用中，许多古体词在商务领域有非常具体和明确的含义，这有助于避免歧义。例如，单词"herein""thereof"等在合同中有明确的指代关系，有助于确保条款的清晰和准确。

例 6：Licensee shall not acquire any rights in any copyrights or other rights in the property, or the product, except for the license expressly granted herein.

译文：被许可人不能获得任何权利，包括版权或是其他的所有权，或是作品，除非许可中明确准予。

解析：Herein（在此）是古体词，意为"在这份文件中"，明确指代合同内容，避免歧义。

例 7：In compliance with the request in your letter dated May 8, we have much pleasure in sending you herewith our pro forma invoice in quadruplicate.

译文：应贵方 5 月 8 日来函要求，特此随函附寄形式发票一式四份。

解析：Herewith（随函）是古体词，意为"随这封信件一起"，用于正式书信中，强调附件的随附；in quadruplicate（一式四份）也是古体词，表示文件的副本数量，用于正式文件中，确保数量的明确。

（三）词义灵活

在日常表达中，一个单词在不同的上下文中可以有不同的含义。某些常见的词汇在日常表达和商务专业表达中也会有不同的解释，也就是说，一些词汇在商务环境中有特定的专业含义，可能与其普通含义有显著差异。

例8：No reference was made by anyone to the past.

译文：没有人提到过去。

解析：Reference 在这里的含义是"提及"或"参考"，是其普通意义的用法。这个词在日常交流中常常用于表示"提到某事"或"参考某物"。

例9：My reference will prove to you that I am efficient and dependable.

译文：我的担保人将向你证明我的工作是高效的，并且我是可信赖的。

解析：Reference 在这里的含义是"担保人"或"证明人"，这是其在商务环境中的特定用法。在这个语境中，Reference 指的是某个可以提供推荐或证明的人或机构。

（四）注重创新

商务英语的语言特点之一是注重创新，这在广告和商标的用语中表现得尤为突出。创新的语言和符号能够迅速吸引消费者的注意力，使广告和商标在众多信息中脱颖而出。新颖独特的表达方式能够让消费者更容易记住品牌或产品，从而提高品牌的知名度和记忆度。通过创新的语言和符号，商家也可以更有效地传达产品的特点、优势和价值，激发消费者的兴趣和购买欲望。商家会通过臆造词汇、采用一定的修辞手法等手段创新语言，实现商业目的。

1. 臆造词汇

例如，福特汽车广告 "4ord costs 5ive% le$$(Ford)"，将 "Ford" 变

成"4ord","five"变成"5ive","less"变成"le$$",不仅让广告语新颖独特,还能传达优惠的信息。

2.采用修辞手法

采用谐音和双关语可以增加广告的趣味性和吸引力。例如,利用单词发音的相似性,谐音能创造出既有趣又易记的广告语;双关语赋予广告语多层含义,使广告语更加有趣和耐人寻味。请看以下使用谐音或双关语的广告语示例。

例10:(谐音)KFC:"Finger Lickin' Good"

"Finger-lickin"与Finger-licking发音相似,去掉了结尾的"g",更口语化,更贴近消费者。在含义表达方面,这个口号强调了食物的美味,让人忍不住要舔手指,简单直接地传达了产品的诱人之处。

例11:(双关语)Subway:"Eat Fresh"

Fresh一方面指的是食材新鲜,另一方面也可以指"新鲜的体验"。通过该广告语,Subway不仅强调了其食材的新鲜度,还隐含着顾客将会得到新鲜独特的用餐体验。

例12:(谐音和双关语结合)Dunkin' Donuts:"America Runs on Dunkin"

Run一方面指"运行",暗示咖啡是人们日常生活的必需品,另一方面也指"跑步",与快节奏的生活方式相呼应。在这句广告语中,Dunkin' Donuts不仅强调了其咖啡和甜点是美国人日常生活的一部分,还暗示了其产品能为忙碌的生活提供能量。

三、商务英语构成要素

英国商务英语专家尼克·布里哲(Nick Brieger)于1997年提出的"商务英语范畴"理论,详细阐述了商务英语学习和应用的核心内容,强调其多层次、多维度的综合体系。该理论认为,商务英语不仅包括语言知识,如语法、词汇和句型结构,还需掌握交际技能,如会议、谈判、演示、商务写作和电话交流。专业知识也是不可或缺的,涉及对行业术

语、市场动态和法律法规的理解。管理技能也是关键，涵盖组织和管理团队、制定策略和解决问题的能力。同时，文化背景的理解和尊重在国际商务环境中尤为重要，这是因为对文化背景的理解能够促进跨文化交流，避免误解和冲突。只有掌握了这些核心内容，商务英语学习者才能够在经济全球化的商业环境中进行有效沟通和合作，从而提升职业发展机会和商业成功的可能性。这一理论为商务英语教育和培训提供了系统的指导和参考。

第二节　商务英语学科的定位

商务英语起源于应用语言学的专门用途英语（ESP），在理论和实践中不断发展，形成了一门交叉学科，并建立了独立的学科体系。其理论基础源自应用语言学、专门用途英语、跨文化交际学和话语分析。商务英语的研究对象包括商务活动、商务话语和商务文化，研究队伍由商务英语教师和国际商务从业人员组成。然而，从当前的研究来看，关于商务英语学科发展和定位的研究较少且单一，过去的研究主要集中在 ESP 的分类研究上。

例如，哈钦森（Hutchinson）和沃特斯（Waters）从语言教学角度出发，以学科门类为主线，将专门用途英语（ESP）分为科技英语（English for Science and Technology，EST）、商务英语（English for Business and Economics，EBE）和社科英语（English for Social Sciences，ESS）三个大分支。[1] 每个分支又可以进一步细分为学术（academic）和职业（occupational）两个分支。

陈准民、王立非在《论商务外语学科及学术研究的再定位》中对商务英语学科的定位进行了以下论述：商务英语教学与研究"起源于应用语言学的 ESP(English for Specific Purpose)，从理论到实践不断发展，逐

---

[1] HUTCHINSON T, WATERS A. *English for Specific Purposes: A Learning-centered Approach*[M].Cambridge: Cambridge University Press, 1987.

步形成一门交叉学科，建立了自己的独立学科体系——EBP(English for Business Purpose)"；"商务外语学科是专用外语和国际商务交叉产生的新学科，是专门研究外语在国际商务领域中应用的规律和特点的一门学科。"

也有观点认为，商务英语可以分类为"经济学"一级学科下的三级或四级学科，具体顺序为"经济学—应用经济学—国际商务—国际商务英语"；或者分类为"语言学"一级学科下的三级或四级学科，具体顺序为"语言学—英语语言学—专门用途英语—国际商务英语"。[①]虽然这种分类方法明确，但它将商务与英语分离对立，而不是将两者融合起来。

商务英语的发展经历了从一门课程到一个专业、再到一个独立学科的变化过程。随着商务英语学科内容的不断丰富，它从最早的专门用途英语（ESP）普通分支变为最重要的分支之一。然而，商务英语的学科定位仍然不够明确，独立性不足。独立性不足体现在两个方面：一是从社会角度看，部分社会群体将商务英语视为普通英语专业的一个分支，仅是在普通英语基础上增加了几门商务课程，认为商务英语学生的竞争力不足，即英语知识不如普通英语专业学生，商务知识不如商务专业学生，因此对商务英语专业学生的水平和能力认同度较低；二是从高校角度看，在某些高校中，商务英语专业被定位为双语教学或普通英语专业的分支，而非与普通英语专业具有同等地位的独立学科，这导致课程设置仍以普通英语专业为标准。由此可见，商务英语能否显示其独立性（无论在社会层面还是高校层面）对其能否充分发挥学科竞争优势并赢得认同至关重要。

如前文所述，由于商务英语是一门发展中的新兴学科，对于其概念的理解存在较大差异，甚至有学者认为无须对其进行定性描述。有学者提出应对商务英语的界定采取开放态度，即不作定性的描述。然而，也有学者认为，不对商务英语进行定性分析虽然承认了其界定的复杂性，但如果不对其作出明确的描述，商务英语教学和学科建设将缺乏可靠的

---

① 咸修斌,唐文龙.商务英语学科定位的新思考[J].高教探索,2005（2）:60-61.

基础。综合分析以上观点内容，无论是否对商务英语进行定义，其概念本身就是一个难点，课程设置更是难上加难。笔者根据多年的教学和科研经验认为，如果仅从商务英语的概念出发直接得出课程体系，必定存在主观性。因此，在分析商务英语概念后，必须对其进行明确定位，才能确定相应的课程。

在实际教学安排中，商务英语教师对商务英语的定位主要考虑"商务"和"英语"的权重分配及融合问题，主要有以下几类观点。

一、商务英语＝英语＋少量商务知识

商务英语教师对商务英语的定位存在一定的误区，第一种定位是将其等同于英语加上少量的商务知识。这种定位方式将商务英语看作在传统英语课程基础上附加一些非系统性的商务知识，如经贸英语和外贸函电。这导致毕业生虽然完成了本科英语专业课程，但其商科专业知识笼统、零散，缺乏理论体系，主要限于某些概念和具体操作，如外贸单证处理等，导致直接从事商务工作的能力不足。这种模式使学生无法对商务有完整的认识，更不用说将英语知识和商务知识有机结合，因此用人单位和社会对商务英语专业学生的能力认可度低，认为其知识和能力不如英语专业或商务专业学生。出现这种情况的一个重要原因是，尽管高校能够掌握商务英语的概念，但对如何开展商务英语教学模式仍存在误区。多数高校由于缺乏师资力量，无法开设系统的商科课程，从而导致学生对商务课程的理解不到位，无法掌握基本、系统的商务知识，更无法走向国际化，掌握更多的国际商务知识。

二、商务英语＝英语专业中的商务英语

商务英语教师的第二种定位是将商务英语专业视为英语专业中的一个分支，即在英语专业的语言应用课程和文化课程之外，设置一系列商务英语课程，如进出口贸易英语、市场营销英语、涉外财务英语和国际金融英语等。教育部对商务英语本科专业的学科定位是"商务英语"属

于"外国语言文学类"。通过这些课程的开展,学生能够加强对商务英语知识的理解和掌握,具备一定的竞争力。尽管这种模式在商务英语教学上有所提高,并开设了一套商务英语课程,但其课程设置的中心仍然是英语。商科知识面广且笼统,缺乏系统性和深度。因此,这种模式虽然增加了商务英语类课程,使学生对商务英语的知识和技能有一定的认识,但在商科知识的系统性和整体性把握上不足,与仅在英语课程中附加少量商务知识的模式有一定的相似之处。

三、商务英语 = 英语 + 汉语商科课程

商务英语教师的第三种定位是将商务英语等同于英语加汉语商科课程。这种模式的课程设置特点主要表现在,在英语专业课程之外单列出汉语商科课程,聘请专业教师授课,使学生能够学到较为系统的商科知识。然而,由于课时总量的限制,商科课程的门数有限,无法给予学生足够的知识。有的学校采取让英语专业学生辅修商科课程,或延长一年学习时间来增加商科课程的学习方式,但问题仍在于课程的系统性和深度不足。这种模式在英语学习上基本没有较大变化,仍将其作为商务英语专业的基础课程。相比之下,汉语商科课程在商务知识的系统性把握上有所进步,但从培养国际化高端人才的目的来看,仍然不足。

从高校培养模式的角度看,汉语商科课程若没有系统完整的学习计划,与一般商务英语学生相比存在不足。这种简单的课程叠加,难以实现英语知识与汉语商科知识的有机结合,尤其是在商务英语层面,翻译过程中存在一定的障碍,影响具体工作的开展。用汉语教授两套课程存在与国际接轨的问题,并不利于增加学生的英语词汇量。这种模式与商科学生学习英语专业知识类似,但竞争力可能不如专业商科学生,因为掌握英语技能的难度较低,而商科知识存在特定的思维模式和逻辑框架,表面的书本知识不足以理解其内在运作逻辑。"汉语商科课程加英语课程"在竞争力和学生培养价值上比"英语课程加汉语商科课程"更高,但仍需进一步优化以实现英语知识和商科知识的有机融合,才能更好地培养出具备国际化视野的高端商务人才。

四、商务英语＝英语＋商科专业方向（英语）

商务英语教师的第四种定位是将商务英语等同于英语加商科专业方向（英语）。这种模式的特点在于为了增加商科课程的系统性和深度，开设了专业方向的主干课程，如工商管理或国际金融，而不是笼统的商务课程。师资是能够使用英语教学的商科专业教师，让学生系统地学习某一商科专业的知识和技能。这实际上是一种"全英双专业课程"模式，如广东外语外贸大学国际商务英语学院的主要教学模式。

这种模式与"英语加汉语商科课程"有本质区别。尽管都是教授商科课程，但通过英语直接教授能够在英语体系内学习和掌握商务英语，既可以让商科课程与国际接轨，也能增加英语浸泡量。这种模式基本上能够达成培养学生商务英语知识和能力的目标，是最接近商务英语定位的教学模式。

任何学科要取得独立的学科地位，必须通过社会和高校的考验。对于社会而言，该学科的学生必须在职业生涯中展现出竞争力；对于高校来说，该学科不仅要满足社会对人才的需求，培养出大量优秀人才，还要在科研上有所发展，通过分析研究形成完整的学术理论体系。一门学科只有在满足社会和高校双重要求的基础上，才能成为真正意义上的"独立"学科，并具备完整的课程体系。

商务英语专业是一门集应用型、交叉型、多门类特征于一体的复合型学科，其主要课程涵盖英语以及与经营相关的学科，如管理学、经济学、法学和贸易等。该专业旨在培养具有扎实英语基本功、广阔国际视野和专门国际商务知识与技能的专业人才。学生不仅需要掌握经济学、管理学和法学等相关学科的基础知识和理论，还需要具备较强的跨文化交际能力和人文素养，从而在国际环境中能够熟练运用英语从事商务、经贸、管理和金融等工作。不同高校可以根据社会需求和自身特点，设置不同的专业方向，如国际贸易、国际商法、国际金融、国际商务、国际营销、电子商务和旅游等。此类课程设置不仅涵盖了广泛的商务领域，还注重理论与实践的结合，旨在提高学生的实际操作能力和适应性。商务英语专业还强调培养学生的分析和解决问题的能力，以应对复杂多变的国际商务环境。课程通常包括案例研究、模拟谈判和项目管理等实践环节，帮助学生将理论知识应用于实际情境中。

第三节 商务英语学科的发展

一、国外商务英语的发展

语言作为人类最重要的交际工具，随着社会的进步而不断发展。英语的发展历史最早可追溯至公元前500年。然而真正推动英语大发展的关键时期是工业革命结束后。在工业革命期间，英国作为世界上较强的工业化国家，其经济和政治影响力大大增强，这也促进了英语的传播。

随着英国对全球殖民地的争夺和帝国主义的扩张，英语逐渐走向世界舞台。英国在全球范围内的殖民活动，使英语在亚洲、非洲、美洲和大洋洲的许多国家和地区得到了广泛传播和应用。这一时期，英语开始成为一种国际交流的工具，影响力不断扩大。

进入20世纪，尤其是第二次世界大战结束后，全球进入了一个前所未有的科技和经济高速发展的时代。战后的美国在科技和经济方面迅速崛起，成为全球瞩目的科技和经济强国。由于美国在全球事务中的重要地位，其官方语言英语也随之成为国际上最通用的语言，尤其是在科技和经济活动中。今天，英语不仅是美国、英国、澳大利亚、新西兰和加拿大等国家的第一语言，还在新加坡及非洲一些国家作为主要交际用语使用。与此同时，法国、瑞士、丹麦、比利时、挪威、芬兰和冰岛等国家也将英语作为第二语言使用。英语的全球使用人数从400年前的约500万，增长到今天的10多亿，充分说明了英语已经发展成为一种世界语言，是全球政治、经济、科技和文化交流中重要的通用语言工具。

随着世界经济和社会的不断发展，英语在国际商务活动和交流的各个领域得到了广泛应用，并在其中扮演着重要的角色，已被人们普遍认同和接受。在国际商务活动中，英语的使用领域不仅涵盖商务谈判、业务、保险、索赔、信用证、付款和装运等，还包括贸易、金融、运输、财会、投资、国际合作、经济法和国际惯例等方面。

国际商务活动中使用的英语在词汇和语法资源选择上具有一定的特征，同时体现出鲜明的意识形态、礼貌规范和话语形式。这些特征与商务背景知识密切相关，具有明确的目的性，并以需求分析为基础。因此，英语在商务活动中的使用逐渐与普通英语产生显著区别，形成了独具特点的语言和交际系统，发展成为英语的一种功能变体——商务英语。

目前，在许多国家，商务英语都呈现蓬勃发展的势头。发达国家非常重视商务英语教育，许多院校都开设了商务英语课程。这些课程的目的在于培养高级应用型和管理型人才，使其熟悉商务各方面的专业知识，具备强大的社交能力，并能够利用英语开展商务活动，解决商务纠纷。

例如，美国的许多大学和商业学院提供商务英语课程，专注于国际商务沟通技巧、商务写作和跨文化交流等方面。英国也有类似的课程设置，许多高校将商务英语作为商务管理、国际贸易等专业的核心课程之一。在澳大利亚和加拿大，商务英语课程广泛应用于移民培训和职业教育，帮助学生在全球商业环境中取得成功。中国、日本和韩国等亚洲国家，也越来越重视商务英语教育。中国的高校和培训机构纷纷开设商务英语课程，以满足日益增长的国际商务交流需求。日本和韩国也在努力提升商务英语教育水平，通过与国际接轨的课程设置和培训项目，培养具备国际竞争力的商务人才。

国外学者在商务英语研究方面取得了显著进展，出版了大量专著和学术论文，并有多种 SSCI 学术期刊专门关注这一领域，如《专门用途英语》和《商务与技术交流期刊》。国际上还设有专门的学术组织，如国际英语教学协会商务英语特别兴趣小组和美国亚太商务交流协会等，并定期组织召开学术研讨会。

检索 2000 年至 2011 年期间发表在《专门用途英语》期刊上的论文可以发现国外商务英语学科的学术动态。研究发现，国外的商务英语研究涉及多个方面，包括语言体裁、认知、教师发展、教材教法、商务话语、商务交际和语料库等。例如，有些研究探讨了英语作为国际商务通用语的使用，有些研究分析了波兰产品英语广告对商务英语的启示；有些研究基于语料库研究了搭配因素对商务英语教学的作用，以及书面商务英语中的词汇性别差异；有些研究分析了公司经理的日常话语和纺织商人的职场交际英语。案例教学法在商务英语教学中的应用、商务报告教学模块的设计与实施、商务英语教材中的隐喻评价和整体评估框架以及营销信函的话语策略等也是研究的重点。

二、国内商务英语的发展

商务英语在我国的发展可以追溯到20世纪50年代初期。由于当时我国实行计划经济，且"冷战"期间的国际环境限制了我国对外经济和商务交流的机会，导致商务英语在我国的发展较为缓慢。20世纪80年代以来，随着我国确立了以经济工作为中心和改革开放的政策，对外经济贸易活动逐渐扩大，国际商务活动日益繁荣，中国的对外经济联系从单一的商品贸易发展到技术、服务、资本、金融、保险和旅游等多个领域，人们对商务英语的认识逐渐加深。

进入20世纪90年代，市场经济体制的确立和经济全球化进程的加快促使中国经济逐步与世界接轨，进出口贸易量迅速增加。然而此时我国能够使用英语直接从事国际商务活动的人才数量较少。这种需求推动了商务英语在我国的快速发展。进入21世纪，随着中国加入世界贸易组织以及经济全球化和世界一体化进一步加剧，我国经济和社会步入了一个新的快速发展阶段，商务英语的发展也达到了一定高度。2007年，商务英语专业获得了教育部的批准，正式设立，并被纳入本科专业新目录。2012年起，该专业设立的审批权调整为教育厅审批、教育部备案。自此，商务英语逐渐发展成为一个成熟、稳定且就业前景广阔、社会认可度高的专业。

在研究生层面，国内一些高校自20世纪80年代初起开始招收商务英语方向的硕士研究生，并已培养了万余名毕业生。近年来，商务英语专业成为高考生的热门报考志愿,每年的报考人数都超过千人。从2012年起,商务英语的博士点开始试点招生,商务英语已经形成了涵盖专科、本科、硕士、博士以及在职培训的完整人才培养体系和模式。

为了促使我国的商务英语研究更快、更好地前进,未来必须在学术性和研究价值方面有所提升。商务英语学术著作的增多也证明了这一领域的研究正在不断深化。近年来出版的《商务英语研究》《基于语料库的商务英语研究》《商务英语理论与实践》和《跨文化商务交际中的关系管理》等著作展示了商务英语在理论与实践结合方面的探索与成果。

为了适应不断变化的国际商务环境,我国的商务英语教育也在不断改革和创新。现代商务英语课程设计注重跨文化交际能力的培养,通过案例分析、模拟商务场景等实践教学方式,提升学生的实际应用能力。这些努力不仅满足了社会对高素质商务英语人才的需求,也推动了我国商务英语学科的整体发展。随着更多学者投入商务英语的研究中,我国在这一领域的学术影响力和国际竞争力必将得到进一步增强。

第四节 商务英语学科的建设

一、建设路径

回顾历史,教育部于2007年批准开设商务英语专业,我国最早设立该专业的高校是对外经济贸易大学。2012年,教育部将商务英语认定为独立专业,使其与英语、翻译并列为三大英语类专业之一。2015年,教育部发布了《高等学校商务英语专业本科教学质量国家标准》(简称"新国标"),为国内新增商务英语专业的学科建设奠定了基础,明确了规范和标准,为专业的准入、建设和评价提供了科学依据。

尽管我国商务英语教学与研究已经进行了十几年,但在学科建设过程中仍面临诸多问题,尚未形成完整的体系。目前,商务英语教学的主要问题之一是高校培养的商务英语专业人才未能完全达到社会对高水平商务专业人才的需求标准，难以胜任常规的国际商务活动，或在实际工作中遇到各种问题不能有效解决。此外，商务英语的理论和应用研究也需要进一步深化，其研究内容需要更加明确和规范。

为了推动商务英语学科的进一步发展，迫切需要解决理论上的认知问题。只有明确商务英语的定位，才能有效促进学科建设，提升其整体发展水平。为此，针对当前商务英语专业学科建设中存在的困难与挑战，本书特提出以下创新改革方案，供相关研究人员参考。

（一）完善人才培养方案

2000年教育部高教司制定了新的《高等学校英语专业英语教学大纲》，明确了"复合型英语人才"的培养目标。各类院校因地制宜地制定了符合本地区经济发展需求的人才培养模式，注重英语与商务的有机交叉，培养学生掌握国际金融、国际贸易、市场营销、商务谈判和沟通等学科的基本理论和基础知识。部分院校采用以市场需求为导向的人才培养模式，还有一些院校则以语言文学为基础、商务技能为特色培养商务英语人才。

适当调整某些与商务英语专业学科建设关系不太紧密的课程，增加部分有利于商务英语专业建设的课程能扩大专业学生的知识面，增加商务知识的深度和广度，提高学生在就业市场的竞争力。适当减少部分理论课的授课时数，增加实训和实践部分的课时也是很有必要的。对于操作性强的课程（如国际贸易实务、国际贸易单证、商务英语谈判等），修订后理论学习课时应适当压缩，利用3D仿真软件进行人机结合练习的课时应增加一部分。学生将不再局限于课堂上枯燥的理论讲解，而是通过实际运用和实务操作获得更为真实的学习体验和实践能力。

（二）拓展现有课程体系

当前的商务英语课程体系已无法完全适应"十四五"期间社会经济发展对人才的需求。改革后的体系注重培养学生的创新精神、创业意识与创新创业能力，并改进电子商务等实操性强的课程教学模式。具体措施包括：在大学一、二年级开设基础英语、高级英语、英语语音、英语语法、英语听力、英语口语和英语国家概况等课程,但依据学生实际水平适度减少课时;在三年级重点开设剑桥商务英语、商务英语口译、商务英语阅读、商务英语谈判、商务英语写作、国际贸易实务英语、国际商法导论、商务英语翻译、国际贸易单证和经济法导论等课程,适度增加课时,以提升学生应对新形势下商务英语知识体系的能力。

针对跨境电子商务业务量逐年增大的市场需求,构建完整的电子商务课程体系尤为重要。通过专业选修课模式,设计运营、营销、设计、客服、物流五大工作岗位所需的职业能力主干课程,包括网络营销与项目策划、网站运营与信息决策、商务沟通、客户关系管理、网站设计、摄影技术、电子商务物流与仓储和 ERP 实务等。同时,开设运营管理专项实训、客服管理专项实训、网站管理专项实训和电商物流专项实训四大模拟业务实训课程,以弥补原有课程体系的不足。此外,部分实践课程将尝试采用"课程外包"模式,邀请外贸公司或外向型企业中的业务导师或业界名师开设讲座,实现电子商务与外向型企业人才需求的直接对接。

(三)配置专业教师

传统意义上的英语教师是通用英语领域的教师,具备多功能化的教学能力。商务英语专业教师则需要具备学科前沿知识和专业技能。为此,教师可以细分为语言类教师、商务类教师和实践类教师三种类型。从长远发展来看,每位商务英语专业教师都应立志成为本领域的专家,完成从通用英语领域教师到商务英语领域的商科教师和语言类教师的转型。

商务英语学科的建设需要配置专业教师,并推动其职业化发展。语言类教师英语运用能力强,但商科知识薄弱,经管学科的认可度不高,因此需要加强商科知识培训,提升其在商务领域的教学能力。国内"科班"出身的商务类教师具备扎实的商科基础理论,但英语授课和交流能力有限,需要提高其英语教学水平,使其能够用英语进行专业课程的授课和交流。"海归"商务类教师了解国外商务前沿,英语口语表达流利,但对本土情况认识不足,需要加强对本土商务环境的了解,以提高其教

19

学的本土化适应性。从企业转行到高校的商务类教师具有丰富的商科知识与实战经验，但缺乏教学方法和手段，需要系统的教学培训来提升其教学技巧和教育方法。科学系统地培训有助于打造"专家型"教师队伍，为学生提供高质量的商务英语教育。

（四）改革学习评价模式

商务英语学科建设的创新模式需要全面改革学习评价模式，结合定量评价和定性评价的方法，以确保评价过程的科学性和全面性。定量研究作为一种基于量化数据或数值型数据的研究方法，具有系统性、逻辑性、可及性、可重复性和简约性等特点，能够为学科建设提供客观的研究结果。《外语教学定量研究方法及数据分析》指出，定量研究需要运用数理统计方法处理数据，这使数据的采集和分析在项目实施过程中显得尤为重要。

1.定量评价的特点和实施

定量评价通过对量化数据的分析，可以系统、客观地评估学生的学习效果和教学质量。在商务英语学科建设的创新模式中，定量评价包括对学生考试成绩、作业评分、课堂参与度等方面的数据收集和分析。通过描述性统计分析、回归分析、因子分析等数理统计方法，揭示教学效果与学生学习之间的关系，为教学改进提供科学依据。在教学过程中，系统地收集学生的考试成绩、作业评分、课堂参与记录等量化数据，确保数据的全面性和准确性。然后，运用数理统计方法对这些数据进行分析，通过回归分析等方法发现某些教学方法对学生成绩的影响，从而指导教学改进。根据分析结果，对数据进行合理的解析，得出关于教学效果的结论，并据此调整和优化教学策略。

2.定性评价的特点和实施

与定量评价相辅相成，定性评价侧重对学生学习过程和教学效果的深度理解，注重描述性和解释性。定性评价方法包括问卷调查、访谈、课堂观察等，通过这些方法可以深入了解学生的学习体验、教师的教学方法和课程设计的有效性。通过问卷调查和访谈，收集学生对学习体验、教学方法和课程设计的反馈，了解他们在学习过程中遇到的问题和困难。通过对课堂教学过程的观察，评估教师的教学方法和学生的学习状态，发现教学中的优势和不足之处。通过与教师的交流和访谈，了解他们对课程设计、教学方法和学生表现的看法，从而为课程改进提供参考。

3.综合评价体系的构建

在商务英语学科建设的创新模式中，综合评价体系的构建至关重要。项目应采用个人评价与小组评价、形成性评价与终结性评价、自我评价与他人评价、业界导师与任课教师评价相结合的模式，确保评价过程的多维度和多元化。通过个人成绩评估和小组合作项目，全面考查学生的个体学习能力和团队合作能力；结合平时的形成性评价（如课堂表现、作业完成情况）和期末的终结性评价（如期末考试），全面评估学生的学习过程和最终成果；鼓励学生进行自我评价，反思自己的学习过程，同时结合教师和同学的他人评价，获得多角度的反馈；邀请业界导师参与评价，结合任课教师的专业评价，确保评价结果的实用性和科学性。通过这些措施，综合评价体系能够全面、客观地评估学生的学习效果和教师的教学质量，从而为商务英语学科建设提供科学依据和有效指导。

（五）拓展教育资源

在商务英语学科的建设过程中，积极拓展和创新利用教育资源是至关重要的一环。通过丰富和优化外围教育资源，可以提升教学质量，满足专业课程建设的需要，同时增强学院的科学办学影响力。

1.专业教材的编写与出版

加大专业教材的编写力度是拓展教育资源的关键步骤。商务英语专业的教材需要结合实际应用，覆盖从基础到高级的各个层次，确保内容的科学性、实用性和前沿性。借助专业出版机构，编写和出版适合商务英语专业部分课程需要的教材，不仅能保证教材的质量，还能扩大学院的影响力。

2.多渠道资源整合

除了专业教材的编写与出版，学院还应积极整合多渠道的教育资源。通过与国内外知名高校、科研机构、行业企业的合作，获取最新的商务英语研究成果和实战案例，丰富教学内容。例如，可以引进国外优秀的商务英语教材和多媒体教学资源，或邀请行业专家和学者来校讲学，为学生提供更为广泛和深刻的学习体验。

3.教学资源平台建设

建立现代化的教学平台资源可以实现资源的共享和利用。通过在线平台，教师和学生可以随时随地访问丰富的教学资源，如电子教材、课件、视频课程、案例分析等。平台还可以提供互动功能，如在线讨论、作业提交和批改、测试等，提升教学的互动性和参与度。通过现代化的信息技术手段，促进教学资源的高效利用和管理。

二、研究方向

目前，商务英语学科仍然被视为商务学科和英语学科的交叉领域。然而，随着研究的深入和体系化发展，它有望发展为一门具有相对自主性的学科，即商务语言学。黎运汉提出的商务语言学概念，强调这是一门研究商业主体如何运用商务语言进行交际以实现商业目的的科学。[①] 这门交叉学科主要研究商务语用现象，揭示商务语用规律，阐明运用商务语用规律的原则，并指导商务语用实践。研究内容包括商务语言的心理机制、文化积淀、语用原则、体态语言、礼貌和禁忌，以及商务活动中语言的使用情况。通过这些研究，可以初步勾勒出商务语言学的轮廓，表明其在商务领域中语言使用具有特点和规律性。

尽管现有研究为商务语言学提供了基础框架，但其研究范围和视角仍要扩展。商务语言学作为商务学科和语言学科的交叉领域，不仅应研究语言的使用，还应包括与之共生的商务行为。商务语言学的研究还应

[①] 黎运汉.商务语言教程[M].广州：暨南大学出版社，2005：3.

涵盖人才培养方面，着重培养既懂商务又精通语言的专业人才。未来，商务语言学的发展方向应包括深化理论研究，建立系统的理论框架，探讨语言在商务交流中的作用和特点；拓展研究领域，从多角度研究商务语言，揭示其在不同情境中的使用规律；提升教育质量，构建完善的教育体系，培养跨学科人才；加强国际交流，吸收国际先进研究成果，提升商务语言学的国际影响力。通过这些努力，商务语言学将不断完善和发展，成为一门独立且具有重要实际应用价值的学科。

第二章　商务英语能力认知

第一节　商务英语能力的概念界定

一、能力概念界定

中文中的"能力"一词，根据《现代汉语词典》的解释，意为"能胜任某项工作或事务的主观条件"。具体来说，能力有两层含义：一种是个人目前实际具备的能力，另一种是个人可通过学习或刺激而展现出的潜在能力。

在英语中，"能力"主要有两个词来表示：ability 和 competence。ability 来自古法语中的 ableté，意为"做或进行某种行为的能力"。根据《牛津高阶双解词典》的解释，ability 意为"某人或物能够做某事的事实"或"才能、本领、才智"。competence 则源于法语中的 compétence，最初意为"供应充足或者竞争"，这一含义现已不再使用。17 世纪 30 年代起，其意义逐渐演变为"有充足的手段保证安逸的生活"。在现代用法中，《牛津高阶双解词典》将 competence 解释为"做某事的能力；胜任"或作为技术术语表示某个特定工作或任务所需的"技能或本领"。综合比较这两个词的细微差别，在描述语言能力时，competence 更为适合。实际上，语言学家在评价语言能力时，常使用 competence 一词，因为它更准确地表达了语言能力的概念。

二、语言能力概念与内涵

（一）语言能力概念界定

语言能力是指一个人对特定语言系统或语法的内在掌握，这种能力包括理解和产生语言的潜在能力。它不仅涵盖了对语言规则和结构的知识，还涉及在实际交流中对这些知识的应用。语言能力可以分为两个层面：一是语言系统的知识，即对语法和词汇的理解；二是语言运用，即在实际交流中如何使用这些语言知识。语言运用过程中涉及言语理解和产生的心理因素，因此，语言能力不是对语言规则的机械掌握，而是一种动态的、在具体情境中体现的能力。

语言能力的研究不仅关注语法和词汇知识，还强调其在实际交流中的应用。这一概念被进一步扩展为交际能力，即能够准确且恰当地使用语言的能力。交际能力包括语法性、适合性、得体性和现实性等方面，强调语言的社会文化属性。在此基础上，交际能力被分为几个具体的子能力，包括语法能力、社会语言能力、话语能力和策略能力。语法能力涉及对语言结构的掌握，社会语言能力关注语言在社会文化中的适用性，话语能力涉及连贯和一致地组织语言，策略能力则是指在特定情境中评估、策划和执行语言使用的能力。

巴赫曼（Bachman）将语言能力与实际应用紧密结合，提出了综合语言能力模型。这个模型将语言知识、策略能力和心理生理机制结合在一起，强调在具体情境中恰当使用语言知识的能力。语言知识分为组织能力和语用能力，前者包括语法能力和篇章能力，后者则包括以言行事能力和社会语言能力。策略能力结合语言知识、使用者的知识结构和语境，起到评估、策划和执行的作用。心理生理机制则涉及语言使用的渠道和模式，如视觉、听觉的接受和产生。通过这些综合性的研究，语言能力不只被视为静态的知识体系，更被理解为一种动态的、互动的、在具体情境中展现的综合能力。

从语言教学和社会需求的实际出发，语言能力被定义为语言理解和表达的能力，即语言使用者或学习者运用自己的语言知识、非语言知识以及各种策略，参与特定情境下某种话题的语言活动时所体现出的语言理解能力和表达能力。这种能力不仅要求掌握语法和词汇，还要求能够在实际交流中灵活运用这些知识，适应不同的交际情境，准确且得体地表达思想和理解他人。因此，语言能力的培养需要注重综合能力的发展，使学习者在真实的语言环境中提升语言使用的实际能力。

（二）语言能力组成要素

语言能力包括语言理解能力和语言表达能力两个维度。语言理解能力可以进一步分为口语语言信息理解能力和书面语言信息理解能力。口语语言信息理解能力，即听力理解能力，指的是理解口头语言信息的能力。书面语言信息理解能力，即阅读理解能力，指的是理解书面语言信息的能力。这两个方面共同构成了语言理解的基础，涵盖了人们在实际交流中对口头和书面信息的全面理解。语言表达能力则涉及在不同话题和内容下有效表达思想的能力。现实生活中，由于人们对语言知识和策略的掌握及运用程度不同，语言表达能力会有所差异。具体来说，语言表达能力包括准确使用语法和词汇的能力，以及在特定情境下恰当地组织和表达思想的能力。话题和内容的复杂性和熟悉度对语言的理解和表达能力也有显著影响。因此，语言表达不仅依赖于语言知识的掌握，还受到语境、话题和个人经验的影响。

1.语言理解能力

语言理解能力指的是语言使用者或学习者理解他人运用语言传达信息的能力。这是一种复杂的动态认知过程，包括信息的识别、提取、概括、分析、批判和评价等层次，具有从低到高的特征。语言理解能力可以分为听力理解能力和阅读理解能力两部分。

听力理解能力涉及过滤信息、组织信息和综合运用信息的认知活动。过滤信息包括注意和理解，组织信息指解释所听到的内容，而综合运用信息涉及存储和回忆。听力理解能力是一种潜在的行为能力，要求交际者具备足够的知识和能力，并运用适当的听力技巧在相应环境下达到特定的交际目的。听力理解能力还包括识别与提取口头信息的能力,即对所听材料做出准确辨认并复述具体信息,以及概括与分析口头信息的能力,即对所听材料的整体把握和合理判断、预测的能力。

阅读理解能力是指语言使用者或学习者在阅读文本或书面材料时运用各种知识和策略建构意义的能力。这是一个复杂的信息处理过程,涉及识别能力、理解能力和推断能力等要素。阅读理解能力要求对词汇知识、语法知识以及阅读策略的综合运用,以有效理解和处理书面信息。通过识别文本中的具体信息、理解其含义,并对内容进行合理的推断和分析,读者能够全面把握文本的整体意义和细节信息。

2. 语言表达能力

语言表达能力指的是语言使用者或学习者运用语言来表达自己信息的能力。这种能力的动机可以是为了告知、说明或者劝说。语言表达能力可以分为口头表达能力和书面表达能力。

口头表达能力是指在一定情境中用口语进行交际的能力。它包括说话人内在的语言知识以及口语在具体场合的使用。尽管对口语能力发展的阶段性特征及其描述未达成共识,但描述口语能力的切入点相对明确,主要从认知角度或语言交际的角度来进行。口头表达能力涉及语言使用者在交流过程中如何组织和传递信息,以及在不同情境中如何灵活应对和互动。书面表达能力,即写作能力,是为了与别人交流而进行的书面表达行为。本质上,它是一种语言产出能力,既是一种认知活动,又具有社会文化的属性。在特定的写作环境中,写作者需要采用多种写作策略,协调各种认知活动,才能完成写作任务。写作不仅要求准确使用语言规则和词汇,还需要考虑读者、写作目的以及写作环境等因素,以实现有效的书面交流。

(三)《欧洲语言共同参考框架》下的语言能力等级

1.《欧洲语言共同参考框架》(CEFR)简介

《欧洲语言共同参考框架》(CEFR)由欧洲委员会制定,是一个用于指导全欧洲语言教学、学习和评测的标准。它为编写教学大纲、设计课程、编写教材和制定考试题目提供了统一的参考标准,有助于提高外语课程、教学大纲和证书的透明度,促进国际教育与合作。通过制定评估语言能力的客观标准,不同学习环境下取得的语言证书可以被相互认可,从而支持全欧洲人员的自由流动。

CEFR 在外语教学的目标、内容和方法上提供了清晰的规范,确保教学过程的统一性和透明度。它详细描述了外语学习者为了实现有效沟通所需要掌握的知识和能力,包括心理学和教育学方面的复杂问题,并对这些能力进行了详细分类。CEFR 认识到每个学习者的独特性及其与社会群体的互动关系,认为外语教学的一个重要目标是通过学习不同的语言和文化,丰富个人经验,促进学习者个性的发展与世界的和谐统一。在教学过程中,教师和学习者共同努力,培养出多样化、平衡和健康的个性。

CEFR 设定了明确的语言能力等级,便于学习者在不同阶段评估自己的语言进步。这些标准帮助外语教育工作者,包括教育部门、教学大纲设计者、教师、培训师和考评官员,反思和改进他们的日常工作。通过这些评估标准,CEFR 促进了外语教育的专业发展和质量提升,为学生提供了一个可靠的自我评估和持续进步的框架。CEFR 强调语言学习的个体差异和社会性,认识到学习者在社会群体中的独特性。外语教学不仅是语言技能的培养,更是通过语言学习促进个人成长和社会融合。学习异域语言和文化不仅丰富了个人的阅历,还促进了文化理解和社会和谐。在这个过程中,教师和学习者共同塑造丰富、多样且健康的个性,推动语言教育的全面发展。

2.《欧洲语言共同参考框架》(CEFR)对语言能力等级的界定

在界定过程中,《欧洲语言共同参考框架》(CEFR)考虑了四个标准,涉及语言水平等级的描述和评定两个关键问题。第一个问题是对于语言水平等级的描述,CEFR 认为量表应超越任何具体场合的局限,并且描述语言能力必须以相关的语言能力理论为指导。第二个问题是对于语言水平的评定,CEFR 强调评估的等级需要客观制定,确保确定的语言水平级数能够准确反映来自不同学习者的学习进度。

CEFR 采用直观判断和定性定量相结合的方法,将语言学习者或使用者的语言能力和水平划分为"三等六级",并为每个等级提供了详细的语言能力描述。这三等分别是:初级阶段(A)、独立(中级)阶段(B)和精通(高级)阶段(C)。具体的六个级别为:

A1: 入门级(Breakthrough)

A2: 初级(Waystage)

B1: 中级(Threshold)

B2: 中高级(Vantage)

C1: 高级(Effective Operational Proficiency)

C2: 精通级(Mastery)

A1 级别为最低等级,C2 级别为最高等级。这种划分方法使语言能力的评估更加科学和系统,能够有效地反映学习者在不同阶段的语言水平和进展。

除了对语言学习者或使用者的语言水平进行分级,《欧洲语言共同参考框架》(CEFR)还列出了详细的"三等六级"测试指标,并提供了供参考的自我评价表及听、说、读、写能力量表。这些工具帮助学习者自我评估和教师进行系统化的教学和评估。

CEFR 提出了语言应用的四个主要领域:公共领域、职场领域、教育领域及个人领域。每个领域都有特定的语言使用情境和需求,语言学习者需要掌握相关的词汇和表达方式,以便在不同场景中有效沟通。CEFR 还强调了文化背景中的适用性;语用能力则关注语言在具体情境中的实际应用和交际策略。语言活动被划分为四大类型:输入、输出、互动和中介(口笔译)。输入包括听和读,指接收和理解语言信息;输出包括说和写,指表达和传递语言信息;互动涉及双向交流,如对话和讨论;中介则指翻译和口译,桥接不同语言之间的沟通。

CEFR 强调语言的交流和学习是一个行动型模式,核心在于处理语言使用者和学习者的策略与特定环境下需要完成的任务之间的关系。任务的性质决定了需要采取的策略。语言性质的任务需要语言活动相关的策略,如听力理解、口头表达等;非语言性质的任务则需要非语言活动相关的策略，如文化适应或社会交往技能。

三、英语语言能力概念内涵

英语作为一门国际语言，是国际交流的重要媒介，已成为人们生活中不可或缺的一部分。英语在我国的教育体系中占据重要地位，从小学三年级开始正式开设英语课程，并在高考中作为重要科目之一，影响学生的升学选择。英语不仅是各大学的必修课程，其四、六级考试也是衡量学生学业水平的重要标准。各类英语学习机构也为不同年龄段的学生提供语言学习服务，这些都体现了英语在我国教育环境中的重要性。

根据对语言能力的定义，英语语言能力可以分为英语语言理解能力和英语语言表达能力。英语语言理解能力包括英语口头语言理解能力和英语书面语言理解能力。口头语言理解能力指的是英语学习者或使用者对口语信息的理解能力，如听力理解；书面语言理解能力则是对书面信息的理解能力，如阅读理解。两者都涉及识别、提取、概括、分析和评估信息的能力。英语语言表达能力也可以细分为英语口语表达能力和英语书面表达能力。口语表达能力指的是在不同情境下有效使用口语进行交流的能力，包括清晰表达思想和有效回应他人的能力；书面表达能力则指在书面形式中准确且连贯地表达思想的能力，如写作能力。表达能力既受语言知识的掌握和运用策略的影响，也受到话题和内容的复杂性影响。

英语语言能力不仅是静态的知识掌握，更是动态的认知过程，涉及在特定情景下运用语言知识和策略完成交际任务的能力。有效的英语语言能力要求学习者在实际交流中灵活应用语言知识，调整表达方式以适应不同的话题和情景，从而实现高效的沟通和交流。这种能力的发展需要系统地训练和实践，以提高学习者在真实情景中的语言应用水平。

四、商务英语能力概念内涵

参考 CEFR 对英语语言能力的定义，商务英语语言能力亦可以区分为商务英语语言理解能力和商务英语语言表达能力。商务英语语言理解能力根据运用语言的方式的不同，细分为商务英语听力理解能力和商务英语阅读理解能力。商务英语语言表达能力也分为口头商务英语语言表达能力和书面商务英语语言表达能力。

（一）商务英语语言理解能力

商务英语听力理解能力指的是商务英语使用者或学习者在接受和处理一个或多个讲话人的口头商务英语信息时，运用各种知识和策略建构意义的能力。这种能力包括准确识别并提取口头商务英语信息的关键内容，整体把握信息并对其进行合理的判断和预测，以及对接收到的信息进行反思和评判，将其与已有知识综合，进行批判性分析和评价。这些能力共同构成了商务英语听力理解的核心，使学习者能够在实际商务情境中有效地理解和处理口头信息，从而做出适当的反应和决策。

商务英语阅读理解能力是指商务英语使用者或学习者在进行商务文本阅读时，运用各种知识和策略建构意义的能力。这种能力包括准确识别和提取书面商务英语文本中的关键信息，整体把握文本内容并对其进行概括和分析，形成合理的理解和预测，以及对文本中的信息进行判断和评价，将其与已有知识相结合，进行综合分析和批判性思考。学习者能够在阅读商务文本时有效地理解和处理信息，形成对文本的全面理解，从而提升商务决策和沟通的能力。

（二）商务英语语言表达能力

商务英语语言表达能力指的是商务英语学习者或使用者运用语言传达商务信息的能力。这种能力包括口头表达和书面表达两种形式，涵盖了在各种商务情境中有效交流的技能。

口头商务英语表达能力是指通过口头语言形式传达商务信息的能力。商务英语学习者或使用者通过描述、介绍、说明、演讲、辩论、对话、讨论等方式，向一个或多个听众表达自己的观点和信息。这种能力不仅要求清晰准确地表达内容，还需要在不同情境下灵活运用语言策略，以达到有效沟通的目的。书面商务英语表达能力是指通过书面形式传达商务信息的能力。商务英语学习者或使用者通过填表、写报告、撰写说明、撰写论文、写信函等方式，实现告知、说明和劝说等交流意图。书面表达要求逻辑清晰、结构合理，并能根据不同的写作目的和受众调整语言风格和内容，以确保信息传递的准确性和有效性。

商务英语语言表达能力的核心在于有效运用语言知识和策略，以适应不同的商务情境和交流需求。无论是口头表达还是书面表达，学习者都需要具备良好的语言基础和实际应用能力，通过不断练习和实践，提升在真实商务环境中的沟通效果。这种综合能力不仅有助于提高个人的商务交流水平，也在整体上提升了商务活动的效率和质量。

第二节　商务英语能力标准的设定

目前，我国在制定商务英语能力标准方面的研究存在一定的不足。商务英语能力标准的设定研究应符合国家的改革政策方针，并获得对外贸易行业和企业的广泛认可。国内外已有的相关研究可以为读者提供宝贵的借鉴和指导。

一、参照相关外语能力标准

（一）部分发达国家的外语能力标准

在20世纪80年代之前，国际上基于学业素养的外语能力标准主要采用"输入驱动"的内容标准，多以教学大纲的形式呈现，详细规定各年级的教学目标和具体教学内容。这些标准的制定依据是学生在学业水平测试中的实际表现。20世纪80年代以后，"输出驱动"的规范性标准逐渐成为主流。外语能力标准的编排和设计模式主要有三类：以美国为代表的能力水平案例例证模式，以英国和欧盟为代表的跨年级连续性尺度模式，以及以澳大利亚和加拿大为代表的分年级成就图模式。

在北美地区，外语能力标准的研究始于二战后的《口语能力等级量表》。20世纪80年代，美国在此基础上制定了美国外语教学委员会语言能力标准（ACTFL标准），对各阶段外语学习者的学习目标进行了具体描述。20世纪末，美国发布了《21世纪外语学习标准》（SFLL），进一步详细描述了不同学习阶段的外语学习目标。加拿大于2000年颁布了《加拿大语言能力标准》（CLB），作为全国统一的语言能力标准，适用于各类语言学习者。CLB不仅用于评估语言能力，还为课程开发和语言政策制定提供了依据。澳大利亚的《国际第二语言水平标准》（ISLPR）不仅用于评估青少年和成人二语学习者的语言能力，还为语言课程开发、外语教育科研及语言政策制定提供了参考。欧洲的语言能力测评和教学主要参照2001年发布的《欧洲语言共同参考框架：学习、教学、评估》（CEFR）。CEFR为各国提供了统一的参考标准，促进了跨国教育合作和语言能力评估的标准化。

（二）企业商务英语应用能力与评估标准

2019年，广东省企业培训研究会编制了《企业商务英语应用能力与评估标准》（以下简称《标准》），以对外贸易企业在招聘、选用、考核和评定员工时的需求为基础，对商务英语写作和商务英语会话进行了等级量化规范。这一标准在企业人才培育方面具有重要的现实意义。

《标准》基于商务环境，以商务语言情景为背景，评估被测评人的商务语言实操能力和商业运作逻辑能力。商务英语写作和会话能力被分为7个技能等级，从1级到7级分别表示从基础水平到专业水平。这种等级划分详细描述了各级别的能力要求，与普通英语标准形成了明显的差异，强调了商务应用的实际需求。《标准》制定后，可进一步研发相应的教材、教学法和教员培训流程，以促进其推广和提升社会认可度。《标准》有望成为企业评定人才商务英语应用能力、评估培训教学成果，以及员工晋升考核的有效依据。

这一标准填补了现有国际商务英语评估体系在本土企业应用中的空白。它不仅考虑了实际商务操作的需求，还反映了本土企业在国际化发展进程中的独特需求。《标准》的推广和应用，使企业能够更准确地评估和培养员工的商务英语能力，从而提升整体竞争力。这为企业提供了一个系统化、标准化的评估工具，有助于优化人才选拔和培训机制。

二、参照外语教学及人才培养标准

（一）《高等学校商务英语专业本科教学质量国家标准》

随着我国企业对复合型商务人才的需求不断增加，《高等学校商务英语专业本科教学质量国家标准》应运而生。这一标准对商务英语专业人才提出了具体的五项能力要求：英语应用能力、跨文化交际能力、商务实践能力、思辨与创新能力、自主学习能力。这些能力要求旨在培养能够熟练使用外语并具备贸易、建筑、法律、财务等多个领域知识的复合型人才，解决当前对外贸易人才供需失衡的问题。通过实施这一标准，高等教育将更加注重培养学生在实际商务环境中的应用能力和综合素质，满足现代企业对高素质商务人才的需求，并提高整体教育质量和国际竞争力。

（二）教育部商务英语专业人才培养标准

教育部2018年修订的商务英语专业人才培养方案明确了培养目标，即培养全面发展、适应区域经济社会需求的高素质技术技能型专门人才。这些人才应具备良好的职业道德、人文素养、创新精神和实践能力，掌握国际商务基本理论和业务流程，并具备较强的英语应用能力。具体要求包括：学习新知识、新技能的能力和创新创业能力；商务英语的听、说、读、写、译能力；进出口贸易相关单证操作能力；市场分析和产品营销能力；综合运用语言和商务知识解决实际问题的能力；管理与组织协调能力以及用英语从事国际商务工作的能力和良好的人际沟通与独立工作能力。这一标准为研究和制定商务英语能力标准提供了明确的理论依据，强调了实际操作能力和综合素质的培养，以满足现代商务环境对高素质人才的需求。

三、参照相关英语能力量表

（一）中国英语能力等级量表

《中国英语能力等级量表》（简称《量表》）根据中国的具体情况和需求制定，强调科学性、实用性和可操作性。《量表》不仅在英语测评方面提供了具体的指导，还对英语学习和教学等相关工作具有重要的参考和促进作用。它的学科基础涵盖外国语言文学等领域，特别强调商务英语的实际运用能力。通过设立明确的外语能力等级标准，《量表》为英语教学和学习提供了科学、全面和精确的标准。这不仅有助于教育者评估英语教育的质量，也使学习者能够有效检验自己的学习成果，为各级各类英语教学和能力标准的研究与制定奠定了坚实基础。

《中国英语能力等级量表》历时三年制定而成，通过对中国英语学习者实际能力数据的比对分析，凝练出 3 个阶段、9 个等级和近 3000 条能力特征。根据量表的语言能力框架，语言知识的描述分为 4 个参数层级。语言知识是一级参数，二级参数包括组构知识和语用知识。组构知识细分为语法知识、语篇知识和语言特征三个三级参数，语用知识细分为功能知识、社会语言知识和得体性三个三级参数。三级参数中的语法知识进一步分为词汇知识、句法知识、语音系统和书写形式知识四个四级参数，语篇知识则分为衔接知识和修辞或会话知识两个四级参数。虽然语言特征涉及流利度、复杂度和准确度三个四级参数，但由于与其他语言技能存在交叉，目前量表中并未包括这方面的描述。通过这些详细的分类，《量表》为英语语言能力提供了系统和全面的评估框架。

（二）商务英语能力量表

商务英语能力量表专为中国商务英语学习者设计，旨在指导我国商务英语专业课程的教学，培养学生的跨文化交际能力以及听、说、读、写、译等语言实际运用能力。这一量表的制定不仅是为了适应新形势和新需求的要求，也是为了填补国内在商务英语能力研究方面的空白，推动应用型英语教育的发展。量表通过设立明确的商务英语能力标准，为教育者和学习者提供了科学的指导。这些标准有助于确保学生在各个语言能力方面达到预期水平，使他们能够在实际商务环境中自如地运用英语进行交流和操作。量表的制定过程严格遵循科学的语言测评理论，结合中国实际情况和国际商务交流的需求，力求全面、系统地反映商务英语学习者的能力水平。

商务英语能力量表从语言实际运用的角度出发，将学生的商务英语能力划分为不同等级，并对每个等级的能力特征进行详细描述。量表涵盖了商务英语的五大核心能力：听、说、读、写、译。每一项能力都有独立的评估标准，这些标准不仅细化了各能力等级的具体要求，还提供了明确的评估指标和操作指南。通过商务英语听力能力量表，教师可以评估学生在接收和理解商务英语口头信息方面的能力；商务英语口语能力量表则用于测评学生在不同商务情境下的口头表达能力；商务英语阅读能力量表用于评估学生对商务文本的理解和分析能力；商务英语写作能力量表则关注学生在书面商务交流中的表达和组织能力；商务英语翻译能力量表则用于评估学生在跨语言商务交流中的翻译和传译能力。

研究者在制定量表时，严格遵循科学的语言有效性应用理论，梳理商务英语分项能力量表的具体指标，确保其具有前瞻性和先进性。这种系统性和科学性的设计，不仅符合国内对商务英语人才的需求，也为国际商务环境中的语言交流提供了可靠的评估工具。通过这一量表，教育者可以更准确地评估和提升学生的商务英语能力，学生也能够清晰地了解自己的学习进展和提升空间，从而进一步提升整体商务英语教学的质量和效果。

第三节 商务英语能力的重要作用

一、提高工作效率

在当今经济全球化的商业环境中,商务英语能力已经成为跨国公司员工和国际业务员不可或缺的一项技能。良好的商务英语能力不仅有助于从业者在日常工作中高效处理各种事务,还能显著减少误解和沟通障碍,从而全面提高工作效率。

（一）减少误解与沟通障碍

具备良好的商务英语能力可以大幅减少误解和沟通障碍。在跨国公司和国际业务中,员工常常需要与来自不同语言和文化背景的同事、客户、供应商等进行交流。如果语言表达不准确或理解不到位,很容易导致信息传递的失误,进而影响业务的顺利进行。例如,在邮件沟通中,商务英语能力强的员工能够清晰、准确地表达意图,确保对方正确理解,从而减少因语言误解而引发的沟通问题。在面对面交流中,良好的口语能力和听力理解能力也能确保双方在谈判、会议、讨论中高效互动,达成共识。

（二）增强书面和口头表达效果

商务英语能力的提升还意味着书面和口头表达效果的增强。这对于处理商务文书、编写报告、撰写合同等工作至关重要。清晰、准确、专业的书面表达不仅能提升公司的形象,还能确保文件内容无误,避免法律或商业纠纷。在口头表达方面,商务英语能力强的员工在会议发言、产品介绍、业务洽谈等场合能够自信流利地表达观点,增强说服力,推动业务谈判的成功。

(三)促进跨文化沟通的开展

商务英语能力还包括跨文化沟通能力,这对于跨国公司员工来说尤为重要。不同的文化背景会影响沟通方式和商务礼仪,了解并尊重这些差异能够增强交流的效果,避免因文化误解导致的冲突。具备跨文化沟通能力的员工能够更好地理解和适应不同文化的交流方式,建立良好的工作关系,提高团队合作效率。例如,在跨国项目管理中,项目团队成员往往来自不同国家,具备跨文化沟通能力的项目经理能够协调各方意见,顺利推进项目进展。

良好的商务英语能力能够大幅提升跨国公司和国际业务的工作效率。通过减少语言误解和沟通障碍,提升跨文化沟通能力,加强书面和口头表达能力,员工能够更加高效地处理日常事务和复杂的商务活动,确保业务顺利进行并取得成功。这不仅有利于个人职业发展,也能为企业带来显著的效益,提升整体竞争力。商务英语能力的培养和提升已成为现代职场中不可忽视的重要环节,值得企业和从业者共同关注和努力。

二、增强职业竞争力

具备商务英语能力的从业者在就业市场上具有显著的竞争优势,不仅能够胜任更多的国际化岗位,还能提升职业发展前景。

(一)拓宽就业渠道

具备商务英语能力的从业者在求职时拥有更广泛的就业渠道。在经济全球化的推动下,越来越多的企业走向国际市场,设立海外分支机构或与外国企业建立合作关系。这些企业在招聘时,通常优先考虑那些具有良好英语能力的候选人,因为他们能够更好地与国际客户、供应商和合作伙伴沟通。具备商务英语能力的求职者可以应聘国际贸易、跨国公司管理、国际市场营销、外贸业务等岗位,甚至有机会被派驻海外工作。这些职位不仅提供了广阔的发展空间和优厚的薪资待遇,还能积累宝贵的国际工作经验,从而在职业生涯中占据有利位置。

（二）提升职业发展潜力

商务英语能力的提升极大增强了职业发展的潜力。在职场中，拥有良好英语能力的员工通常被认为具备更强的学习能力和适应能力，能够快速掌握新知识、新技能，适应国际化的工作环境。因此，这些员工更有机会获得升职和晋升的机会。例如，在跨国公司中，能够流利使用英语进行沟通的员工更有可能被选拔参与国际项目、跨国团队协作或外派任务，这不仅有助于提升个人的专业技能和管理能力，还能拓展人脉，积累国际化的工作经验，进一步推动职业发展。此外，许多高级管理岗位，如国际业务经理、全球市场总监等，对英语能力也有着较高的要求，具备商务英语能力的员工在竞争这些职位时无疑具有更大的优势。

三、提升学习者综合素质

在学习商务英语的过程中，学习者不仅提高了语言能力，还增强了逻辑思维、问题解决和跨文化交际等综合素质，这些都对个人全面发展和职业成功起到了关键作用。

（一）提高逻辑思维与分析能力

通过学习商务英语，学习者显著提高了自己的逻辑思维和分析能力。商务英语课程通常涉及大量的专业术语、复杂的商务概念和具体的商业案例。为了理解这些内容，学习者需要具备较强的逻辑推理能力和系统思维能力。例如，分析一份市场调研报告或理解一项商务合同条款时，学习者必须能够抽丝剥茧，从大量的信息中提取关键点，并进行有效的逻辑分析。这种训练不仅提升了他们在语言运用中的逻辑思维能力，也增强了他们在其他领域的分析和解决问题的能力。此外，撰写商务计划书、进行市场分析和制定商业策略等学习任务，要求学习者具备缜密的思维和严谨的逻辑，这对他们在未来职场中的表现有着重要的帮助。

（二）增强问题解决与决策能力

学习商务英语有助于增强学习者的问题解决和决策能力。在商务英语学习中，学生经常需要面对各种模拟的商业问题，如何处理客户投诉、如何进行有效的市场推广、如何制定公司的国际化战略等。这些实际案例的分析和讨论要求学习者运用所学的语言知识和商务知识，提出合理的解决方案。在这个过程中，学习者不仅提升了他们的语言表达能力，还培养了应对复杂问题的能力。例如，在模拟谈判中，学习者需要权衡各方利益，制定出最优的谈判策略；在企业管理模拟中，他们需要分析市场动态，做出合理的商业决策。这种能力的培养，使他们在未来的职业生涯中能够更自信、更有效地处理实际问题和挑战。

四、促进企业国际化发展

企业在国际化扩展过程中，需要大量具备商务英语能力的人才，这些人才能够帮助企业顺利开展国际业务，维护海外客户关系，拓展全球市场。

（一）支持国际业务运营

具备商务英语能力的人才是企业顺利进行国际业务运营的中坚力量。在国际贸易和跨国合作中，清晰有效的沟通至关重要。商务英语人才能够准确理解和传达商业信息，确保企业在与国际客户、供应商和合作伙伴交流时无语言障碍。他们可以撰写和解释合同条款、进行市场调研、编制商业计划书，并与国际客户进行电话会议或面对面谈判。这些日常业务活动都需要高水平的英语能力，以确保信息的准确传递，避免因语言误解而产生的商业风险。通过高效的语言沟通，商务英语人才能够帮助企业抓住国际市场机会，优化资源配置，提升国际业务的运营效率。

（二）维护和发展海外客户关系

商务英语能力对于维护和发展海外客户关系至关重要。客户关系是企业成功的基石，特别是在国际市场上，建立和维护良好的客户关系更为重要。具备商务英语能力的员工能够有效地与海外客户沟通，了解他们的需求和反馈，并及时解决问题。在日常的工作中，商务英语人才通过电子邮件、电话和视频会议与客户保持紧密联系，及时解决他们的问题，提供高质量的服务。他们还能在国际展会和商务活动中与潜在客户互动，展示企业的产品和服务，增强客户对企业的信任和忠诚度。通过良好的沟通和关系维护，企业能够稳固现有的客户基础，吸引新的客户资源，从而在国际市场上建立良好的声誉和品牌形象。

（三）拓展全球市场和业务发展

商务英语人才在企业全球市场拓展和业务发展中扮演重要角色。国际化扩展需要对不同国家和地区的市场环境、法律法规、文化习俗等有深刻的理解和适应能力。具备商务英语能力的员工不仅能够进行跨文化沟通，还能帮助企业进行市场调研、分析和进入策略的制定。他们可以撰写市场调研报告，分析目标市场的需求、竞争格局和发展趋势，帮助企业制定切实可行的市场进入策略。商务英语人才在与国际业务伙伴的合作谈判中，可以准确表达企业的意图和要求，争取最有利的合作条件，从而推动企业在全球市场上的业务发展。通过这些努力，企业能够在国际市场上占据有利地位，实现全球业务的持续增长和发展。

五、促进文化交流

商务英语能力不仅涉及语言交流，还包括文化理解，能促进不同文化背景的人员之间的交流和合作，有助于建立良好的国际商务关系。

（一）增强跨文化理解与适应能力

商务英语能力的培养极大增强了从业者的跨文化理解与适应能力。在经济全球化的商业环境中，企业常常需要与来自不同文化背景的客户进行交流和合作。商务英语不仅是语言交流的工具，还承载着文化的表达和理解。具备商务英语能力的从业者能够更好地理解和尊重不同文化背景下的商业礼仪、沟通方式和行为习惯。比如，在与日本客户交流时，了解并尊重他们的谦逊和礼貌；在与德国合作伙伴打交道时，注重条理和时间观念。这种文化理解与适应能力能够有效避免因文化差异引起的误解和冲突，促进顺畅的交流和合作，为建立长期稳定的商务关系打下坚实基础。

（二）提升跨文化沟通与合作效率

商务英语能力的提升显著提高了跨文化沟通与合作的效率。在国际商务活动中，有效的沟通是成功的关键。具备商务英语能力的从业者不仅能够准确表达自己的观点和需求，还能敏锐地理解对方的意图和反馈，从而实现高效的信息交换和合作。在国际会议和谈判中，流利的商务英语表达能力使得参与者能够直接沟通，无须依赖翻译，这不仅节省了时间，还避免了信息传递中的失误和偏差。此外，通过商务英语进行跨文化交流，从业者可以更加灵活地处理文化差异，找到双方都能接受的解决方案，增强合作的效果。这样，企业在国际市场上能够更好地协调各方资源，提升整体运营效率。

（三）建立和谐的国际商务关系

商务英语能力在建立和谐的国际商务关系中起到了重要的桥梁作用。通过有效的语言交流和深刻的文化理解，具备商务英语能力的从业者能够在国际商务交往中展现出专业素养和文化敏感度，赢得合作伙伴的信任和尊重。例如，在跨国项目合作中，具备商务英语能力的项目经理能够有效协调各方资源，促进团队成员之间的协作，确保项目顺利进行。在处理国际客户关系时，商务英语能力使从业者能够更加准确地理解客户需求，提供定制化的服务，提升客户满意度和忠诚度。通过这些努力，企业能够在国际市场上建立起良好的人际关系网，获得更多的合作机会和业务增长点。

第四节 影响商务英语能力的因素

一、个人因素

（一）学习动机

内在动机是学习者提高商务英语能力的重要驱动力之一。内在动机来自学习者对语言学习本身的兴趣、对文化交流的渴望以及对个人成长的追求。当学习者具备强烈的内在动机时，他们会自发地投入更多时间和精力进行学习。当学习者对英语语言和国际文化产生浓厚兴趣时，他们就会主动寻找各种资源，如阅读英语书籍、观看英语视频、参与语言交流活动等。这种自发的学习行为不仅能够增加语言接触的机会，还能使学习过程变得更加愉快和高效。内在动机驱动下的学习者通常表现出更高的坚持性和自主性，即使在面对学习困难时也能保持积极的态度和持续的努力。长期的自我激励和坚持学习，不仅有助于语言能力的稳步提升，还能促进个人的综合素质发展，使学习者在商务英语应用中表现得更加自信和专业。外在动机同样在商务英语学习中起着重要作用。外在动机源于外部的激励因素，如职业发展需求、升职加薪机会、公司对语言能力的要求等。许多职场人士为了在竞争激烈的工作环境中脱颖而出，获得更多的职业发展机会，就必须具备良好的商务英语能力。很多跨国公司对员工的英语能力有较高的要求，能够熟练使用英语进行国际交流和业务处理的员工，更容易获得重要职位和国际项目的机会。出于职业发展的考虑，学习者会更加重视商务英语的学习，积极参加培训课程、语言考试以及公司组织的语言强化班等。这些外部激励因素能够有效促使学习者在语言学习中投入更多的时间和精力，不断提升自己的商务英语水平，从而在职业生涯中获得更大的竞争优势和发展空间。

（二）学习方法

有效的学习方法可以显著提升商务英语能力。这些学习方法包括有计划地学习、使用多种学习资源（如书籍、在线课程、应用程序等）、进行实际交流练习等。

有计划地学习是提升商务英语能力的基础。制订一个详细的学习计划可以帮助学习者明确目标，合理安排学习时间，提高学习效率。学习者可以根据自己的商务英语水平和目标，将学习内容分为不同的阶段和模块，如基础词汇和语法、商务术语和表达、听力训练和口语练习等。每个阶段设定具体的学习目标和任务，并定期进行自我评估和调整。通过这种系统化、阶段性的学习方法，学习者可以逐步夯实基础，循序渐进地提高商务英语能力。此外，有计划地学习还可以帮助学习者养成良好的学习习惯，增强学习的自律性和持续性，从而在长期的学习过程中保持稳定的进步。

在执行学习计划时，学习者可以利用各种工具和方法来增强学习效果。例如，制订每日或每周的学习任务清单，记录完成情况和学习心得；利用时间管理工具，如日程表、提醒软件等，合理分配学习时间和任务；设定学习奖励机制，如完成某个阶段的学习任务后给自己一个小奖励，以保持学习动力和积极性。这些方法不仅有助于提高学习效率，还能增强学习的乐趣和成就感。

使用多种学习资源是学习者提高商务英语能力的重要手段。不同类型的学习资源可以提供丰富的学习材料和多样的学习体验，帮助学习者全面提升语言能力。传统的学习资源如书籍和教材，通常系统地介绍商务英语的基础知识、语法规则、词汇和表达方式，是学习的基础。学习者还可以利用现代科技提供的丰富资源，如在线课程、学习应用程序、电子书和音频材料等，这些资源通常结合了互动性和多媒体技术，能够提供更生动、直观的学习体验。

在线课程是目前非常受欢迎的学习资源之一，很多知名的教育平台和机构都提供优质的商务英语课程，这些课程通常由经验丰富的教师授课，内容涵盖了听、说、读、写等各个方面，且多采用互动式教学，能够有效提升学习者的实际运用能力。各类学习应用程序,如语言学习软件、单词记忆工具等,也为学习者提供了随时随地学习的便利条件。这些应用程序通常设计有趣、功能齐全,能够帮助学习者通过游戏化的方式记忆词汇、练习语法、提高听力和口语水平。

二、教育因素

(一)教学环境

教学环境对商务英语能力的培养影响很大,包括教师的教学方法、教学资源和学习氛围等。一个积极互动的课堂环境和丰富的教学资源有助于学习者更好地掌握商务英语。

教学环境对商务英语能力的培养有着重要影响,尤其是教师的教学方法和教学资源的运用。教师在教学过程中所采用的方法直接决定了学生的学习效果。传统的教学方法主要以讲授为主,学生处于被动接受知识的状态,这种方法在一定程度上可以传授基础知识,但对于商务英语这样应用性强的课程来说,远远不够。教师应根据学生的具体情况,灵活运用多种教学方法,激发学生的学习兴趣,增强学习效果。丰富的教学资源同样对商务英语的学习起着至关重要的作用。除了传统的教材和教辅资料,现代技术的发展为教育带来了更多可能性。多媒体教学资源,如视频、音频、电子书、在线课程等,可以为学生提供丰富的语言输入,帮助他们更好地理解和掌握商务英语。网络平台和学习应用程序也为学生提供了大量的自主学习资源,学生可以利用这些工具进行词汇记忆、听力训练、口语练习等,从而提高学习效率。

(二)教材与课程设计

优质的教材和合理的课程设计对于提升商务英语能力至关重要。教材应涵盖实用的商务英语词汇和表达方式,并结合实际商务案例。课程设计应注重实用性,涵盖听、说、读、写各方面能力的培养。

优质的教材是提升商务英语能力的基石,其内容的实用性和针对性对学习效果有着直接影响。教材应全面涵盖实用的商务英语词汇和表达方式，这些是商务沟通中必不可少的基本要素。词汇部分应包括广泛的商务术语，如市场营销、财务管理、国际贸易等领域的常用词汇，以及不同商业场景下的固定搭配和惯用表达。这不仅有助于学生在各种商务场合下准确表达自己的观点，还能提高他们对商务文件和专业文献的理解能力。教材还应注重语言的实际应用，提供大量真实的商务案例和情景模拟。通过分析案例，学生可以学习如何撰写商务报告、处理客户投诉、进行市场调研等，这些都是实际工作中常见的任务。通过与实际商务环境紧密结合的教材内容，学生能够将所学知识应用到真实情境中，培养解决实际问题的能力。

合理的课程设计是确保商务英语教学效果的关键，课程内容应注重实用性，全面涵盖听、说、读、写各方面能力的培养。课程设计应根据学生的需求和学习目标，设置不同层次和模块的课程。初级课程应重点讲解基础词汇和语法，帮助学生打好语言基础；中级课程应注重商务场景的应用，如商务信函写作、商务谈判技巧、会议记录等；高级课程则应着重培养学生的综合能力，如商业分析、跨文化交流、战略规划等。这种层次分明、内容丰富的课程设计，可以确保学生在不同阶段都能有所收获，逐步提高商务英语能力。

在具体课程安排上，听、说、读、写四大技能的培养应有机结合，互为补充。听力课程应通过大量真实的商务录音和视频材料，帮助学生适应不同的语音语调和表达方式，培养快速捕捉关键信息的能力。口语课程应强调实际交流，通过角色扮演、模拟商务谈判、演讲比赛等形式，锻炼学生的口语表达和交际能力。阅读课程应选取多种类型的商务文本，指导学生掌握阅读技巧，提高理解和分析能力。写作课程应涵盖各种商务文体的写作规范和技巧，帮助学生掌握不同文体的写作方法和格式要求。课程设计还应包括跨文化交流和专业知识的培训，使学生不仅具备语言能力，还能理解和适应不同文化背景下的商务习俗和工作方式。

（三）教师的专业素养

教师的专业素养对商务英语教学效果有着决定性的影响，尤其是教师的商务经验和实践指导能力。在商务英语教学中，具备丰富商务经验的教师能够将理论知识与实际商务场景相结合，提供更加真实和实用的指导。这种经验丰富的教师通常熟悉各种商务活动，如市场营销、国际贸易、商务谈判、项目管理等，他们能够通过亲身经历的案例和实际操作经验，向学生展示商务英语在真实商务环境中的应用。具备商务经验的教师能够为学生提供具体的职业发展建议和指导。他们可以根据自己的行业经验，帮助学生制定职业规划，提供有关就业的信息和建议，指导学生如何在求职过程中突出自己的商务英语能力和专业素养。这种指导对学生的职业发展有着重要的促进作用，使他们在步入职场时更具竞争力和适应力。

除了商务经验，教师的英语教学经验同样至关重要。具备丰富英语教学经验的教师熟悉语言教学的规律和技巧，能够根据学生的不同水平和需求，灵活运用各种教学方法，提高教学效果。优秀的商务英语教师不仅能够传授语言知识，还能培养学生的语言运用能力。具备教学经验的教师通常还具备较强的课堂管理能力，能够营造良好的学习氛围，调动学生的学习积极性。通过设计有趣和具有挑战性的学习活动，教师可以激发学生的学习兴趣，增强他们的学习动力。教师还可以通过个别辅导和反馈，帮助学生克服学习中的困难，提供针对性的指导，确保每个学生都能取得进步。

三、文化因素

（一）跨文化理解

商务英语的学习不仅涉及语言的掌握，还包括对不同文化背景的深刻理解和适应能力。文化背景影响着人们的思维方式、沟通习惯和行为模式。在国际商务环境中，忽视文化差异可能会导致严重的误解和冲突。例如，在某些文化中，直接表达意见被视为坦率和诚实，而在另一些文化中，这种方式可能被认为是不礼貌和冒犯他人。了解这些差异有助于学习者在使用商务英语时更好地理解和尊重他人的文化背景，从而有效避免不必要的误解和冲突。

学习者需要熟悉目标文化中的商业习俗、礼仪和沟通方式。例如，在与日本客户进行商务交流时，了解并尊重他们的谦逊和礼貌原则是至关重要的；而在与美国客户合作时，直接和清晰的表达方式更为有效。不同文化在时间观念、决策方式和合作风格上也存在显著差异。通过深入了解这些文化背景，学习者能够在国际商务中更加灵活和自信地运用商务英语，适应不同文化的商务环境，从而提高沟通效果和合作成功率。

（二）国际经验

学习者拥有在英语为母语的国家工作或学习的经历，可以显著提高学习者的商务英语能力。这种经历不仅使学习者在真实的语言环境中使用英语，还迫使他们在各种实际场景中应用英语，从而提高语言的流利度和准确性。在英语国家的工作环境中，学习者需要用英语处理各种商务任务，如撰写报告、参加会议、进行谈判等。这些实际应用有助于学习者巩固语言知识，提高实际运用能力，适应不同语境下的语言变化和表达需求。国际经验还能使学习者有机会接触到地道的语言表达和最新的商务术语，这些都是书本学习无法完全替代的。在与母语为英语的同事、客户和合作伙伴的交流中，学习者能够学到很多日常用语和专业术语，了解英语国家的商务文化和沟通方式。

国际经验还极大地增强了学习者的跨文化沟通技巧和适应能力。在一个完全不同的文化背景下生活和工作，学习者需要不断适应新的文化习俗和社会规范，这种经历极大地锻炼了他们的适应能力和文化敏感性。在英语国家工作时，学习者不仅要适应当地的生活习惯，还要理解和遵守当地的商务礼仪和沟通方式，如会议的组织形式、谈判的策略、客户关系的维护等。这种实际的跨文化交流经历，使他们在面对不同文化背景的商务伙伴时，能够更加自信和从容地进行交流和合作。

第三章　商务英语能力提升的理论体系

第一节　图式理论应用

一、图式理论概述

图式理论作为一个在心理学和认知科学中广泛应用的概念，其定义在不同的学者之间存在差异。安德森（Anderson）认为图式是一个抽象的概念，读者利用已有知识理解文章的知识结构。安德森的定义将图式视为理解和记忆的新信息的框架。他认为图式是一种抽象的知识结构，有助于读者在阅读过程中利用已有知识进行信息处理。这一观点强调图式在信息加工中的结构性和工具性。库克（Cook）将图式称为既存知识或头脑中的背景知识。图式是典型案例和人的心理表征，理解新信息是为了激活大脑中的相关信息。库克的定义强调图式作为背景知识在理解新信息时的作用。他认为图式是人们脑中的典型案例和心理表征，通过激活相关的背景知识来理解新信息。这一观点突出了图式在信息检索和理解中的重要性。

戴维（David）认为图式是一种有组织的思维模式，个体构建这样的模式来解释一些相关的经验。戴维将图式视为一种有组织的思维模式，用于解释和处理经验。他强调图式作为认知结构的一部分，帮助个体组织和理解经验。这一观点强调了图式的组织性和解释性。史密斯（Smith）在1994年指出，图式是一种更普遍的模式体验，是一种计划、结构、框架或过程。史密斯的定义将图式扩展为一种更普遍的模式体验，涵盖了计划、结构、框架或过程。他认为图式不仅限于特定的认知结构，而是一种广泛应用于各类认知活动的模式。这一观点强调了图式的普遍性和多功能性。

二、商务英语的图式分类

在当前的语言学研究领域，图式理论被广泛应用于解释语言理解和信息处理过程。人们普遍认同的图式主要分为三种类型：语言图式、内容图式和形式图式。这三种图式各自有着独特的功能和作用，共同构成了人类语言理解和认知的基础。

（一）语言图式

语言图式（Linguistic Schema）指的是关于语言结构和词汇的知识。这种图式帮助个体在理解和使用语言时，迅速识别和处理语言单位，如词汇、语法规则和句子结构。对于商务英语写作来说，语言图式是至关重要的。学生若没有对应的语言图式，就无法识别商务英语作文中的字、词和句，更无法调动脑中的内容图式和形式图式，从而不能很好地对文章进行深刻的理解与吸收。

图表描述是商务英语写作中的一个重要部分，能够清晰地展示数据和趋势。在这一环节，教师需要告诉学生图表的基本种类及相关的英语表达。常见的图表种类包括以下几种。

线形图（Line Graphs）：用于展示数据随时间的变化趋势。

柱状图（Bar Charts）：用于比较不同类别的数据。

饼图（Pie Charts）：用于展示数据在整体中的比例。

在讨论图表时，趋势变化是不可避免的，而趋势变化主要包括三种方向：向上、向下和不变。教师需要为学生讲解不同的趋势变化及其对应的英语表达。上升趋势的表达方式有很多。一般意义上的"上升"可以用"to increase"或"to climb"来表达；急剧上升或猛涨可以用"to skyrocket"或"to spike"；在不太好的情况下改善可以用"to ameliorate"或"to rebound";上升到极值可以用"to reach its zenith"或"to hit a new high"。每一个意义对应多种表达方式,让学生积累如此多的表达方式是为了避免学生在进行商务英语写作时词汇使用单一。

(二)内容图式

内容图式(Content Schema)涵盖学生需要掌握的关于特定国家和地区的英语知识、文化主题、常识以及背景文化。这部分教学的核心在于理解和介绍不同英语使用区域的文化背景。各地区的语言表现形式受到其文化素养、价值观、思维方式、道德规范、宗教信仰、风俗习惯及生活方式等多方面因素的影响。这些因素共同构成了独特的语言环境,即特定语境下的英语使用方式。因此,在商务英语教学中,通过多种方法丰富学生的文化背景知识,是提升其语言学习能力的重要手段。

在丰富文化背景知识的教学中,教师可以安排学生进行特定国家或地区的研究项目,深入探讨这些地区的商业文化。例如,学生可以研究加拿大的商业礼仪和交流方式,并通过小组展示的方式分享他们的发现。教师还可以展示不同文化背景的电影或纪录片,帮助学生通过视听资料感受和理解不同文化中的语言使用,如观看关于南非商业文化的纪录片,了解南非人在商务谈判中的礼仪和习惯。利用新闻、广告、社交媒体等多种传媒手段展示不同文化背景下的商务实践也是一种有效的方法,如通过分析英国的商业广告,理解英国文化对产品营销策略的影响。组织跨文化交流活动或邀请来自不同文化背景的商务人士分享经验,让学生通过互动加深对这些文化的理解也是一个有效的方法,如邀请新加坡的商务人士来分享他们在国际商务中的经验和心得。这些方法可以帮助学生全面了解和掌握不同英语使用区的背景文化,提升他们的商务英语应用能力。

(三)形式图式

形式图式(Formal Schema)指的是学生对语境与语言使用相关知识的掌握,特别是涉及交际功能和话语规则的知识。比如,在商务英语写作教学中,快速建立形式图式对于提高学生的写作能力至关重要。教师应引导学生学习商务范文，理解和把握不同商务英语写作文体之间的差异及语言表达特征，并积累相关常用套话与句式，以便能有效应用在今后的写作中。

在商务英语书信写作中，不同类型的书信有着特定的格式和表达方式。例如，写作一封道歉信时，通常的格式和步骤如下。

开头：表达诚恳的歉意

例如："We sincerely apologize for the inconvenience caused by..."

中间段落：说明错误原因

例如："This mistake was due to a system error that occurred on..."

结尾：表明采取的措施或补救方法

例如："We assure you that steps are being taken to prevent such errors in the future."

常见套语有"This is due to/The mistake was made because…. We can assure you that…."。

三、图式理论提升商务英语能力的应用

（一）帮助学生创建完整图式

图式理论认为"整体大于部分之和"，即通过整体的学习和理解来提升对各个部分的掌握。在商务英语学习中，这一理论的应用尤为重要。商务英语涵盖阅读、听力、写作等多个方面，且每一个方面都是学习整体中的一部分。在平时的训练过程中，不同的训练内容和练习中的细节共同构成了这一整体。因此，高校教师应帮助学生创建商务英语学习的整体图式，指导学生养成多角度分析学习内容的习惯。通过这种综合训练方式，学生可以在大脑中逐渐形成完整的图式，对学习内容有更深入的理解。

在阅读方面，图式理论可以帮助学生更有效地理解文章的结构和内容。通过多角度分析文章，学生可以掌握不同类型商务文本的特征，如商业信函、市场报告和合同条款等。教师可以提供范文和引导学生进行

归纳总结,帮助学生建立起对不同文体的认识和理解。通过分析不同类型的商务信函,学生可以学习到如何在正式场合表达感谢、提出请求或解决问题,这些知识在他们未来的职业生涯中将非常实用。在听力方面,教师可以通过播放不同国家和地区的商务英语录音,帮助学生适应不同口音和表达方式,从而提高他们的整体听力水平。通过长期的积累和训练,学生的大脑中会逐渐形成关于商务英语听力的完整图式,使他们能够更加精准和迅速地理解听力内容的细节。

在商务英语写作方面,图式理论同样具有重要的指导作用。教师可以通过引导学生学习和分析各种商务写作范文,帮助他们建立起对不同文体的认识和理解。商务英语写作具有其特定的格式和语言风格,如商业信函、市场分析报告和业务计划等。在写作训练中,教师应强调这些文体的独特之处,并指导学生进行模仿和练习。在撰写商业信函时,学生需要掌握如何在正式场合表达歉意、感谢或提出请求。通过对范文的深入分析和反复练习,学生可以逐渐形成对商务写作的整体图式,从而提高他们的写作能力和准确性。

(二)帮助学生提升创新能力

在商务英语学习过程中,创新意识的培养尤为关键,这是因为商务环境常常需要灵活应对和创新思维。在听力教学中,教师可以通过引导学生建立话语图式来提升他们的创新能力。听完一段语音材料后,教师应指导学生进行全面的回忆,帮助他们有效分析话语结构,综合理解内容,从而提升逻辑分析水平。这种训练方法需要学生在构建图式之前经历一个长期的探究和创造过程。教师应鼓励学生对听力材料进行深入分析和探究,提出自己的见解和疑问,并通过讨论和反馈完善他们的图式。通过这一过程,学生不仅能够提升对听力内容的理解,还能培养他们的思维能力和创新意识。

在商务英语的其他领域,如阅读教学中,图式理论同样可以用于培养学生的创新思维。在阅读教学中,教师可以鼓励学生在阅读商务文本时,不仅要理解字面意思,还要深入挖掘文本背后的逻辑关系和隐含信息。通过建立复杂的阅读图式,学生能够培养自己的批判性思维和创新意识。比如，在阅读一篇市场分析报告时，教师可以引导学生去思考报告中的数据分析方法和结论是否合理，并尝试提出自己的改进建议。这种方法不仅提升了学生的阅读理解能力，还促使他们在分析和解决问题时能够提出创新的思路和方案。

（三）帮助学生提高综合能力

图式理论强调整体性和多角度分析。在商务英语教学中，这一理论可以有效地帮助学生提高综合能力。教师在平时的商务英语课堂上通过笔译、口译、听力等训练，逐步培养学生的基本语言技能。然而，仅仅掌握这些基本技能还不够，教师需要采用更多促进学生发展的教学方式，如讨论和评价，以指导学生将已建立的图式应用于实际情境中。通过这些互动和实践，学生能够将所学知识内化为实际能力，提升他们的综合素质。

阅读原著不仅能够让学生巩固和加深已学的英语知识，还能促使他们进行语言知识的拓展。阅读英文原著，可以让学生接触到不同的英语文体和表达方式，了解英语语言的历史和文化背景，培养他们对多样化图式的理解和应用能力。在阅读经典商业文学作品时，学生可以通过分析作者的写作风格和叙事结构，深入理解英语语言的细微差别和文化内涵。这不仅提高了他们的阅读和理解能力，还为他们将来的英语学习奠定了坚实的基础。

在实际教学中，教师可以组织学生进行小组讨论和评价活动，让他们在互动中深化对商务英语知识的理解。教师可以设计情景模拟任务，如模拟商务会议、客户谈判或市场分析报告，让学生在真实情景中应用所学知识。在这些活动中，学生需要运用笔译和口译技能分析和解决实际问题，强化听力和口语能力。这种实践导向的教学方法，有助于学生将理论知识转化为实际操作能力，提升他们的综合素质。教师还可以引导学生进行跨学科的学习和研究，探索商务英语与其他学科的交叉点。教师可以引导学生研究经济学、管理学或国际关系学中的案例，运用商务英语撰写和展示他们的研究成果。这样的综合性学习不仅拓宽了学生的知识面，还培养了他们的跨学科思维和综合应用能力。通过这些多样化的教学实践，学生能够在大脑中形成复杂和多元的图式，更好地应对未来的挑战。

第二节 建构主义理论应用

一、建构主义理论概述

建构主义起源于20世纪60年代，是认知心理学派的一个重要分支。该理论的形成受到多位心理学家和教育学家的影响，包括让·皮亚杰（Jean Piaget）、列夫·维果茨基（Lev Vygotsky）、杰罗姆·布鲁纳（Jerome Bruner）等。建构主义理论强调教师的指导作用，但更加突出学习者的认知主体作用，提倡以学习者为中心的教学模式。

（一）知识在于主动建构

建构主义的核心观点之一是知识的主动建构，即知识不是通过教师传授被动接受的，而是学习者通过与环境的交互作用主动建构的。这一观点源于认知心理学的理论基础，特别是让·皮亚杰和列夫·维果茨基的研究。皮亚杰认为，认知发展是一个连续的、主动的过程，个体通过与环境的不断交互，逐步构建和重构认知结构。个体在面对新信息时，会依据先前的知识和经验，通过同化和顺应两个过程，将新信息整合到已有的认知框架中。[①] 同化是指将新信息纳入已有的认知结构，顺应则是调整认知结构以适应新信息。通过这两个过程，个体不断地丰富和修正自己的认知结构，从而实现认知发展。维果茨基则强调社会互动在知识建构中的重要性。他提出，知识建构不仅仅是个体内部的过程，更是社会互动的产物。通过与教师、同伴以及其他社会环境的互动，学习者能够获得反馈、指导和支持，从而促进知识的建构和发展。[②] 维果茨基的"最近发展区"（Zone of Proximal Development，ZPD）理论指出，学习

---

① 皮亚杰. 认识论[M]. 长春：吉林大学出版社，2004：128-135.
② 皮亚杰. 认识论[M]. 长春：吉林大学出版社，2004：128-135.

者在独立解决问题时所能达到的水平和有指导时所能达到的水平之间存在差距。教师和有经验的同伴在这一过程中扮演着"脚手架"的角色，通过提供适当的支持和挑战，帮助学习者在 ZPD 内实现更高层次的认知发展。

在建构主义框架下，学习者的主动性是知识建构过程的关键因素。学习者并不是被动地接受教师传授的知识，而是通过主动探索、发现和反思，将新信息与已有的知识经验联系起来，构建新的理解。这一过程强调学习者的参与和自我调节能力，要求他们积极投入学习活动中，主动寻求理解和解决问题的途径。例如，在科学教育中，教师可以设计实验和探究活动，鼓励学生通过观察、假设、实验和验证等方式主动建构科学知识。学生在这一过程中不仅要理解实验步骤和结果，还要反思其背后的科学原理，并将这些原理与已有知识体系相联系，从而构建新的科学理解。

这种主动性在语言学习中同样重要。语言学习者需要通过不断地实践和互动，主动建构语言知识。通过角色扮演、对话练习和项目合作等活动，学生可以在真实情境中使用语言，积极参与交流和互动。这不仅帮助他们巩固已有的语言知识，还促进了新的语言知识的建构。

（二）先前知识和体验的作用

建构主义理论高度重视先前知识和体验在新知识学习中的作用，认为学习是一个在已有知识和经验基础上构建新理解的过程。让·皮亚杰和列夫·维果茨基等心理学家的研究强调，个体在面对新信息时，会利用已有的知识和经验作为基础，通过整合和调整，构建出新的认知结构。

皮亚杰的同化与顺应理论具体描述了这一过程。同化是指个体将新信息纳入已有的认知框架，而顺应是指调整已有的认知框架以适应新信息。在这个过程中，先前的知识和经验为新信息提供了理解的框架和背景，帮助学习者识别、组织和解释新信息。例如，一个已经掌握了基本算术运算的学生，在学习代数时，会利用他对加减乘除的理解来掌握新知识。这种先前知识的应用不仅使学习过程更加顺畅，还使新知识更加容易被内化和记忆。维果茨基则进一步强调了社会文化背景对知识建构的影响，指出个体的认知发展不仅依赖于自身的经验积累，还受到社会互动和文化工具的制约和支持。先前的知识和体验在社会互动中被不断检验和修正，形成更加复杂和有组织的认知结构。通过与教师和同伴的互动，学习者能够将个人经验与他人知识相结合，从而构建更加全面和深刻的理解。

这一过程的关键在于连接新信息与已有知识的桥梁。学习者不是在空白的认知背景下接收新信息，而是通过已有的知识框架来理解和解释新信息。一个具备一定语言基础的学生在学习新语言时，会借助他对母语的理解和使用经验来掌握新的语言规则和词汇。通过对比，学习者能够识别出新语言中的规律和结构，进而构建出新的语言能力。这种知识和经验的整合过程，是学习者在新情境中快速适应和应用新知识的基础。

（三）情境学习十分重要

建构主义理论强调，学习是情境化的，知识是在具体的情境中获得和应用的。这一观点源于对认知过程和知识应用的深入理解。根据建构主义，知识不是孤立的抽象概念，而是与具体情境紧密相关的实践经验。情境学习理论由此强调，学习活动应当在真实的、有意义的情境中进行，使学习者能够在实践中理解和内化知识。这种方法不仅有助于知识的掌握和记忆，还能够培养学习者解决实际问题的能力。情境学习理论的基础可以追溯到维果茨基和皮亚杰的研究。维果茨基提出，学习是通过社会互动和文化工具实现的，个体在社会环境中，通过与他人的交流和合作，获得和应用知识。[1]皮亚杰则强调，认知发展是个体与环境互动的结果，知识是通过实践活动建构起来的。[2]情境学习理论继承了这些思想，强调学习活动的社会性和实践性，认为知识只有在具体情境中才能真正被理解和应用。

情境学习的重要性在于，它使学习者能够在真实情境中应用所学知

---

[1] 维果茨基.社会中的心智：高级心理过程的发展[M].麻彦坤，译.北京：北京师范大学出版社，2018：99-115.

[2] 皮亚杰.认识论[M].长春：吉林大学出版社，2004：128-135.

识，提升解决实际问题的能力。在医学教育中，学生通过在医院实习、亲身参与诊断和治疗过程可以将课堂上学到的理论知识应用于实际的临床实践。这不仅增强了学生对医学知识的理解，还培养了他们的临床思维和实践能力。在工程教育中，学生通过参加实际项目，能够在真实的工程环境中应用所学的理论知识，解决实际问题。这种实践经验使学生不仅掌握了专业技能，还培养了他们的创新能力和团队合作精神。

（四）批判性思维和智力开发

建构主义教育理论强调知识的主动建构，认为学习者在学习过程中应当积极探索、质疑和反思，这为培养学生的批判性思维和促进学生的智力开发提供了重要基础。批判性思维指的是一种系统化的、反思性的思维方式，它不仅涉及对信息的理解和分析，还包括评估信息的可靠性和相关性，以及根据证据进行合理推理和判断。建构主义认为，通过引导学生探究"为什么"以及"如何"去学习，教师可以帮助学生打开批判性思维的大门，进而促进他们的智力发展。

在建构主义课堂中，教师不再是知识的单纯传授者，而是学生学习的引导者和促进者。教师通过提出开放性问题和设计探究性任务，鼓励学生对所学内容进行质疑和思考。在历史课上，教师可以要求学生不仅要接受教科书中的历史叙述，还要批判性地分析不同历史来源，探讨历史事件的多种原因和影响。这种方式不仅有助于学生深入理解历史知识，还培养了他们的批判性思维能力，使他们能够在面对复杂信息时进行独立分析和评估。培养批判性思维需要在具体的学习过程中进行系统训练。在科学教育中，教师可以通过设计实验和探究活动，引导学生提出假设、进行实验、分析数据，并对实验结果进行反思。在生物课上，学生可以通过设计和实施自己的实验来探究植物生长的条件。在这个过程中，学生不仅要理解和应用科学方法，还要批判性地评估实验设计的合理性、数据的准确性和结论的可靠性。通过这种方式，学生的批判性思维得到了锻炼和提升，他们学会了如何在科学探究中进行系统地思考和评估。

二、建构主义理论提升商务英语能力的应用

(一) 主动建构语言知识

在商务英语学习中，建构主义理论的一个重要应用是通过参与实际的商务活动来主动构建语言知识。模拟商业会议、项目讨论和商务演示等实践活动提供了丰富的学习机会，使学生能够在真实情境中应用和内化商务英语词汇和表达方式。这种学习方法不仅增强了学生的语言能力，还培养了他们的实际操作能力和专业素养。

模拟商业会议是商务英语学习中一种非常有效的实践活动。在这种活动中，学生被分配不同的角色，如公司高管、市场分析师、客户代表等，通过模拟真实的商业会议场景进行沟通和讨论。模拟年度销售会议时，学生需要准备销售报告、市场分析和战略建议，并在会上用英语进行展示和讨论。通过这种方式，学生不仅要使用商务英语词汇和句型，还要掌握正式会议中的沟通技巧和礼仪。在模拟会议过程中，学生需要频繁互动和协作，这种互动不仅有助于语言的学习，还能提高他们的团队合作和问题解决能力。学生在准备和参与会议的过程中，会遇到各种实际问题，如何有效地表达自己的观点，如何应对异议，如何总结和反馈会议内容，这些真实的沟通需求促使学生主动建构语言知识。

项目讨论和商务演示是另一种有效的商务英语学习活动。在项目讨论中，学生通常被分成小组，共同完成一个商业项目，如市场推广计划、产品研发方案或财务预算报告等。每个小组成员需要分工合作，利用英语进行沟通、资料搜集、分析和报告撰写。通过这些活动，学生不仅学会了如何在团队中有效地沟通，还能掌握专业领域的特定词汇和表达方式。商务演示是对项目讨论成果的展示过程，学生需要用英语进行正式的演讲和答辩。这一过程要求学生不仅能够流利地使用商务英语，还要具备良好的演讲技巧和应变能力。例如，在进行市场推广计划的演示时，学生需要清晰地展示市场调研结果、推广策略和预期效果，并回答听众的提问。通过反复练习和教师的反馈，学生可以逐步提高他们的商务英

语表达能力和演讲技巧。

通过模拟商业会议、项目讨论和商务演示等活动,学生可以在真实情境中主动构建语言知识。这种主动参与的学习方式具有多重益处。第一,它使学生能够在实际操作中应用和内化所学的商务英语知识。理论学习与实际应用相结合,有助于学生更牢固地掌握语言知识,并能够在不同的商务情境中灵活运用。第二,这种学习方式有助于培养学生的自主学习和创新能力。在模拟和讨论过程中,学生需要自主搜集和分析信息,提出解决方案并进行表达和辩论。这不仅提高了他们的语言能力,还培养了他们的批判性思维和创新能力。第三,通过实际的商务活动,学生可以更好地理解和适应真实的商务环境。模拟商业活动提供了一个安全的练习场所,学生可以在其中尝试和改进自己的语言和技能,为未来的职业发展做好准备。这种实用性和针对性的学习方式,使学生在进入职场后能够迅速适应并胜任各种商务沟通任务。

(二)整合先前知识和体验

在商务英语学习中,整合新旧知识是一个有效的策略。建构主义理论强调,先前获得的知识和经验在新知识的学习中起着重要作用。教师可以鼓励学生利用他们已有的商务知识和经验来学习新语言,从而实现知识的整合和应用。具有市场营销背景的学生可以通过分析和讨论市场报告,运用他们已有的知识来理解新的商务英语术语和概念。这种方法不仅使学习过程更加有意义,还能帮助学生更快地掌握新内容,提升学习效果。

具有市场营销背景的学生掌握了一定的专业知识和实践经验,他们对市场分析、客户行为、营销策略等概念有一定的理解。在学习商务英语时,教师可以设计课程内容,让这些学生通过分析和讨论市场报告来学习新的商务英语术语和表达方式。在分析一份市场调研报告时,学生可以利用他们对市场细分、目标市场选择、市场定位等概念的理解,来学习相关的商务英语词汇和句型。通过这种方式,学生不仅能够理解新的语言知识,还能将其与已有的专业知识相结合,形成更为深入的理解。

在学习实践中，学生可以通过多种方式实现这种新旧知识的整合。学生可以进行小组讨论，围绕市场营销案例展开分析和辩论。在这个过程中，学生需要用商务英语表达他们的观点，解释他们的分析方法和结论。这不仅帮助他们学习新的语言知识，还培养了他们的批判性思维和沟通能力。教师还可以设计项目任务，让学生运用新学到的商务英语知识来解决实际问题。例如，教师可以要求学生编写一份市场分析报告，或者设计一项营销策略。在完成这些任务的过程中，学生需要查阅大量资料，运用他们的专业知识和新学到的商务英语词汇和句型进行分析和撰写。通过这种练习，学生能够更好地理解和掌握商务英语，提高他们的实际应用能力。

这种整合新旧知识的学习方法不仅在短期内有助于学生掌握新的商务英语知识，还具有长期的积极影响。通过不断将新知识与已有经验相结合，学生的知识体系会变得更加丰富和完善。他们不仅能够更快地学习新内容，还能在面对复杂问题时更灵活地运用已有知识和技能。这对于他们未来的职业发展具有重要意义。

（三）开展情境学习

在商务英语学习中，创造真实的商务环境是帮助学生提升实际操作能力的有效策略。通过模拟国际贸易谈判、客户沟通或商业计划撰写等情境，教师可以为学生提供接近现实的学习体验，使他们能够在真实环境中练习和应用商务英语。这种情境化学习方法不仅能够提高学生的语言技能，还能培养他们的专业素养和实际操作能力。

模拟国际贸易谈判是商务英语学习中一个非常具有实践价值的活动。在这个活动中，学生被分配不同的角色，如出口商、进口商、律师或市场分析师，通过扮演这些角色，他们能够体验和理解国际贸易谈判的复杂性和挑战性。教师可以设计一个场景，其中出口商需要与进口商谈判关于某产品的出口协议。学生需要运用商务英语进行价格谈判、合同条款讨论、付款方式选择等实际操作。在模拟谈判过程中，学生不仅需要展示他们的商务英语沟通能力，还需要展示谈判技巧和策略。在谈判价格时，学生需要运用劝说技巧、提出折中方案，甚至在必要时展示强硬立场。这种实际操作的练习，迫使学生在紧张和竞争的环境中应用所学的语言知识，提高他们的应变能力和决策能力。

除了国际贸易谈判，客户沟通和商业计划撰写也是非常重要的情境化教学活动。在客户沟通的模拟中，学生扮演客户服务代表或销售人员，与假设的客户进行沟通。这种活动可以包括电话沟通、邮件回复和面对面会议等多种形式，旨在提高学生的商务沟通能力和客户服务技能。教师可以设计一个情境，让学生处理客户的投诉，提供解决方案，并进行后续跟进。

（四）培养批判性思维

在商务环境中，批判性思维不仅帮助个人更好地理解和应对复杂的商业情境，还提升了他们的决策能力和创新能力。在商务英语课堂上，教师可以通过设计探究性任务和开放性问题，激发学生的批判性思维，促使他们进行深入的分析和讨论。

教师可以设计探究性任务，鼓励学生对实际的商务案例进行分析和批判。例如，可以让学生分析某企业的市场策略，探讨该企业成功或失败的原因，并提出改进建议。这一任务不仅要求学生理解并应用商务英语词汇和表达方式，还需要他们具备一定的商业知识和分析能力。在完成任务的过程中，学生需要查阅资料、收集数据、进行市场调研等，这一系列活动有助于他们深入理解案例背景，并进行批判性思考。在这些活动中，学生不仅能够提高语言表达能力，还能培养批判性思维和解决问题的能力。在分析企业市场策略的过程中，学生需要不断地提出问题、收集证据、评估信息和形成结论。这一过程促使他们对问题进行深入思考，增强了他们的逻辑思维能力和信息处理能力。例如，在探讨某企业失败的市场策略时，学生可能会发现市场定位不准确、营销渠道选择不当或产品质量问题等。这些发现不仅需要语言能力的支持，还需要学生具备敏锐的观察力和分析能力。

提出改进建议的过程更是批判性思维的集中体现。学生需要根据实际情况，提出具有创新性的解决方案，并论证其可行性和预期效果。这一过程不仅培养了他们的创造力,还提升了他们的决策能力和战略思维。针对企业市场策略中的不足,学生可能会提出调整目标市场、优化营销渠道或改进产品质量等建议,并用具体的数据和实例来支持他们的论点。这种实践不仅强化了他们的语言表达能力,还提升了他们的商业实战能力。

第三节 多元智能理论应用

一、多元智能理论概述

(一)多元智能理论的概念内涵

多元智能理论是美国心理学家霍华德·加德纳(Howard Gardner)于1983年提出的一种全新的人类智能观。加德纳认为,人类的智能并不是单一的、可测量的某一方面能力,而是由多种不同的智能组成的复杂体系。他提出了八种主要智能:语言智能、逻辑数学智能、空间智能、身体动觉智能、音乐智能、人际智能、自我认知智能和自然观察智能。加德纳的理论打破了传统智商理论的局限,强调了智能的多元性和个体差异性。

加德纳认为,每个人都拥有多种智能,但其发展的程度和组合方式因人而异。某些人可能在语言智能上表现突出,而另一些人可能在音乐或空间智能上更具优势。[1]这种多样性使得每个人都有其独特的智能优势组合,从而形成不同的学习和问题解决方式。加德纳还强调智能的情景化,指出智能是一种生理潜力,存在于大脑中,并且其表现形式受到个体所处的环境和文化背景的深刻影响。因此,要真正理解一个人的智能,必须考虑其所处的具体情境。智能不仅仅是个人能力的体现,更是文化

---

[1] 加德纳.多元智能新视野[M].沈致隆,译.北京:中国人民大学出版社,2012:91-96.

和经验相互作用的结果，不同文化背景下的智能表现也会有所不同。这一理论为教育实践提供了新的视角，强调了在教学中应关注个体差异，尊重每个学生的独特智能组合和发展路径。

（二）多元智能的应用与意义

加德纳的多元智能理论不仅丰富了研究者对人类智能的理解，还对教育实践产生了深远影响。传统教育体系往往重视语言智能和逻辑数学智能，忽视了其他类型的智能。这种单一的评价标准不利于全面发展个体的潜力。多元智能理论则强调应全面评估和发展学生的各种智能。这样教师就可以通过多种教学方法和活动，激发学生在不同智能方面的潜力，如通过戏剧表演发展身体动觉智能，通过小组讨论和合作学习提升人际智能，通过自然观察和实验增强自然观察智能等。

多元智能理论强调了问题解决能力的重要性。智能不仅是知识的积累，更是一种在复杂情境中解决实际问题的能力。在现代社会中，问题解决往往需要综合运用多种智能，并且在具体情境中灵活应用。加德纳指出，教育应注重培养学生在实际生活中应用所学知识和技能的能力，鼓励创造性和批判性思维。特别是在经济全球化和信息化背景下，各行各业对从业人员的要求不断提高，需要具备跨领域的知识和协作能力。在这种背景下，教育不仅要传授专业知识，还要培养学生的综合素质和应变能力，使其能够在多变的环境中有效应对各种挑战。

加德纳的多元智能理论对我国教育体系的改革具有重要启示。长期以来，我国教育重视规范与条理，逻辑思维严谨，但在培养学生的应变能力和创新能力方面相对不足。多元智能理论的引入，可以帮助教育工作者认识到每个学生都有其独特的智能优势，教育应当因材施教，促进学生的全面发展。通过增加更多适应区域特色的差异性内容，教育可以更好地满足不同学生的需求，培养适应社会发展和创新需求的高素质人才。这不仅有助于提升个体的综合素质和竞争力，也对国家整体教育水平和创新能力的提高具有重要意义。

二、多元智能理论提升商务英语能力的应用

（一）多元智能理论在商务英语广告创作中的应用

多元智能理论为商务英语教学提供了新的视角和方法，通过与广告专业的合作，可以更有效地提升学生的商务英语能力，特别是在广告创作中的应用。商务英语广告语是一种应用型语言，与普通英语有明显区别，其用词精练、唯美，具有强大的吸引力和诱导力。因此在国际商务英语课堂中，结合多元智能理论，通过实际的广告创作任务，可以全面提升学生的语言应用能力和跨文化交际能力。

在国际商务英语课堂上，教师可以与广告专业的老师或学生合作，开展广告创作的"测试任务"。这种跨学科合作不仅能激发学生的学习兴趣，还能提供真实的商务情景，让学生在实践中应用和提升他们的语言技能。广告创作任务可以分为两个部分：首先，学生需要理解广告对象的文化背景和消费心理；其次，他们需要使用商务英语设计出富有创意和吸引力的广告语。这种任务充分利用了多元智能理论中的语言智能、空间智能和人际智能。学生需要通过研究目标市场的文化特点，理解消费者的心理需求（语言智能和人际智能）；在设计广告时，他们需要考虑广告的视觉效果和布局（空间智能）。通过这种跨学科的任务，学生不仅能够锻炼他们的商务英语能力，还能提升他们的跨文化理解和创意思维能力。

商务英语广告语的创作需要突破定势思维，勇于创新，赋予广告语以秀外慧中、生动机智、幽默风趣等独特的魅力。这一过程需要学生发挥他们的语言智能和创造力。教师可以引导学生分析经典的商务广告案例，探讨其成功的原因和语言特点，然后鼓励学生尝试创作具有自己风格的广告语。例如，在一个广告创作任务中，学生可以被要求为一种新型环保产品设计广告语。首先，他们需要研究目标市场的环境保护意识和消费习惯，其次根据这些信息设计广告语，最后产出一个成功的广告语可能是："Green Power, Future Bright"，既简洁有力，富有韵律，又传

达了产品的核心理念和市场定位。通过这种实际的创作练习，学生可以深入理解商务英语在广告中的应用特点，并培养他们的创新能力和语言表达能力。

（二）多元智能理论在网络第二课堂中的应用

现代教育的快速发展使得传统课堂难以满足学生全面发展的需求。充分发挥网络第二课堂的作用，可以有效弥补课堂时间的不足，帮助学生在课后进行有效巩固和提高。多元智能理论在这一过程中具有重要的指导意义。通过利用互联网和多媒体资源，教师可以为学生提供多样化的学习体验，全面提升他们的商务英语能力。

根据多元智能理论，每个学生都有不同的智能优势组合。为了适应这一特点，高校可以大力发展网络学院，采用多种承载信息的媒体来容纳更多及时的信息，增加教学密度。网络学院可以提供丰富的学习资源，如在线课程、视频讲解、互动练习等，学生可以根据自己的学习节奏和智能特点选择适合的学习方式。例如，语言智能较强的学生可以通过在线阅读和写作练习来提升他们的语言表达能力；而空间智能较强的学生可以通过观看商务演示视频和参与模拟商务谈判来提高他们的实际操作能力。网络学院还可以引入国外的影视作品，让学生在课余时间接触更多的英语环境。这不仅能满足学生的好奇心，还能帮助他们更好地理解和体会其中的文化含义。

通过网络第二课堂，学生可以接触到丰富的文化体验，从而激发他们的多种智能。多元智能理论强调智能的多样性和情境化，网络第二课堂正好提供了这样一个丰富的情境。教师可以组织学生在线观看不同国家的商业纪录片和广告分析视频，通过对比和讨论，帮助学生理解不同文化背景下的商务实践和语言特点。这种方式不仅激发了学生的语言智能，还发展了他们的文化智能和批判性思维能力。网络第二课堂还可以通过互动平台和社交媒体，增强学生的人际智能和自我认知智能。学生可以通过在线讨论区和学习社区，与全球各地的学生交流，分享学习心得和实践经验。通过这种跨文化的互动，学生不仅提高了他们的语言能力，还发展了他们的跨文化沟通技巧和团队合作能力。此外，网络课程的自我评估和反思模块，可以帮助学生更好地认识自己的学习进展，调整学习策略，提升自我管理能力。

多元智能理论强调实践在学习中的重要性，网络第二课堂可以通过各种实践任务和即时反馈来巩固学生的学习效果。教师可以设计在线商务模拟任务，让学生扮演不同角色，进行虚拟的国际贸易谈判或市场分析。这种实战练习不仅帮助学生将所学知识应用于实际问题，还培养了他们的解决问题能力和创新思维。

即时反馈是网络第二课堂的一个重要优势。学生可以通过在线测试和互动练习，立即获得反馈，了解自己的错误和不足。教师可以根据学生的表现，提供个性化的指导和建议，帮助学生不断改进和提高。这种即时反馈机制，有助于学生在学习过程中保持高水平的参与和动力，提高学习效果。

（三）多元智能理论在商务英语考核方式改革中的应用

现代教育越来越重视学生的全面发展，而不仅仅是对理论知识的掌握。传统的期末考核方式通常以书面试卷为主，侧重理论考核，学生在考试结束后往往会遗忘大部分知识，甚至出现高分低能的现象。为了更好地反映学生在商务英语学习中的实际能力，应当引入多元智能理论，对考核方式进行改革，结合理论笔试和实训操作，全面评估学生的各项能力。

根据多元智能理论，每个学生都有不同的智能优势组合，因此，单一的考核方式有时难以全面评价学生的能力。为了全面衡量学生的商务英语能力，考核方式应当包括部分理论笔试和部分实训操作。理论笔试主要考查学生对商务英语基础知识的掌握情况，如词汇、语法和商务谈判专业术语等。实训操作则通过模拟商务情境，考查学生的实际操作能力和综合素质。

在实训操作中，教师可以设计一系列真实的商务任务，如模拟国际贸易谈判、市场调研报告撰写、客户沟通和商务演示等。学生需要在这些情境中应用所学的商务英语知识进行实际操作。这不仅考查了学生的语言应用能力，还评估了他们在实际商务环境中的应变能力、合作精神和沟通技巧。例如，在模拟谈判中，学生需要展示他们的谈判策略和语言表达能力；在市场调研报告撰写中，学生需要运用逻辑思维和分析能力。通过这种方式，学生不仅能够展示他们的语言知识，还能展示多元智能理论所强调的其他智能，如人际智能和逻辑数学智能。

多元智能理论强调智能的多样性和情境化，考核方式应当动态地评估学生在不同情境中的表现。通过小组活动和实训操作，教师可以观察和评价学生在真实商务情境中的综合表现。例如，在小组项目中，学生需要分工合作，共同完成任务。教师可以通过观察学生的合作精神、协作能力和沟通技巧，动态地评估他们的人际智能和自我认知智能。口头表达能力也是商务英语能力的重要组成部分。在考核过程中，教师可以设计商务演示或即兴演讲环节，让学生用英语进行正式的商务陈述。这不仅考查了学生的语言表达能力，还评估了他们的自信心和演讲技巧。通过这种综合考核方式，教师可以全面了解学生在商务英语学习中的实际能力，避免了单一笔试考核的局限性。

第四节　跨文化交际理论应用

一、跨文化交际理论概述

跨文化交际理论对跨文化交际行为与价值观进行系统化、抽象化和理性化的解释。该领域研究的核心问题包括文化适应、身份协商、跨文化理解、交际媒介的影响、语境、文化价值取向以及交际能力等。在跨文化交际活动中，通常会因文化差异而导致情感挫折和预期偏差。跨文化交际中的概念包括族群中心主义、刻板印象、跨文化敏感性、面子、同化以及集体主义与个体主义等，这些概念由抽象层次转换为经验层次便成了变量，跨文化交际中的命题是指概念或变量之间的因果关系的演示。下面将对跨文化交际的主要理论进行简要介绍。

(一)意义协调理论

意义协调理论(Coordinated Management of Meaning,CMM)由W·巴内特·皮尔斯(W. Barnett Pearce)和弗农·克罗农(Vernon Cronen)提出。该理论强调在交际过程中,规则对意义的协调起着至关重要的作用。具体而言,意义协调是指个人如何确立规则、创造意义、解释意义,以及这些规则在交际中的应用。

CMM 理论的核心观点包括以下几个方面:第一,规则的重要性。交际过程受到各种规则的影响与限制,这些规则在意义的创造和解释中起着关键作用。第二,意义的创造和解释。个人通过设定和遵循规则来创造和解释交际中的意义。第三,多学科基础。CMM 理论结合了哲学、心理学和教育学的研究成果,提供了一种多维度的交际分析框架。该理论为理解和分析交际中的意义协调提供了一个系统的方法,使人们能够更清晰地认识交际中的复杂性和多层次性。

意义协调理论指出交际是一个动态和互动的过程,交际双方通过不断地协商和调整,共同创造和管理意义,这一视角有助于理解交际中的变化和发展。意义协调理论强调交际双方共同努力构建社会现实,提供了关于社会构建过程的重要见解。然而,戴维·布伦德斯对意义协调理论提出疑问,他认为"个体在与他人的交谈中引入独特的语言系统"的观点不准确,因为意义是通过共享的语言和象征系统实现的。意义协调理论认为交谈中的使用规则因人而异,但这一观点可能过于宽泛,缺乏具体性,同时对共享象征意义的关注不够。这些不足之处指出了意义协调理论在解释语言系统和共享意义时的局限性,尽管如此,该理论对交际研究的贡献不可忽视,对深入理解人际交往和社会互动具有重要意义。

(二)言语代码理论

菲利普森(Philipsen)基于对文化交际的研究提出了言语代码理论。言语代码理论从文化层面审视交际行为,探讨不同文化背景下交际行为所使用的不同代码。菲利普森认为,言语代码是指在历史上形成并在社会中构建的与交际行为相关的意义和概念。这些代码不仅包括语言本身,还涵盖了交际中使用的符号、习惯和规范。言语代码理论强调,每种文化都有其独特的言语代码，这些代码在交际中起到解释和传达意义的作用。通过理解和分析不同文化的言语代码，可以更好地理解跨文化交际中的差异和共性。这一理论为跨文化交际研究提供了重要的视角，帮助人们在不同文化背景下更有效地沟通和交流。

菲利普森认为，每一次社区谈话都包含着独特的文化内涵和文化方式的痕迹。社区成员通过参与谈话，表达和传递文化特征，这种现象在各个社区普遍存在。然而，每个社区都有其独有的特点，这使得不同社区之间的交际行为存在显著差异。交际不仅发生在个人层面，还深深嵌入社区生活中，成为实现文化功能的重要资源。菲利普森等人的实证研究进一步验证了这一理论，强调文化与代码对交际的深远影响。通过运用特定的文化与代码，使自己的交谈更有意义，并影响彼此的行为。言语代码的"修辞力度"则取决于人们如何合法、连贯地使用这些代码，从而影响交际效果。

尽管言语代码理论在交际研究中具有重要意义，但它也受到了学者们的质疑。一些学者认为，该理论的内容过于宽泛，没有充分关注道德伦理和价值观念等关键因素。菲利普森未能深入研究和探讨人们如何看待和感受他们日常生活中的情境，这在一定程度上限制了理论的应用范围。然而这些质疑并不能完全否定言语代码理论的价值。相反，它们提供了改进和完善理论的契机，使其在更广泛的交际研究中发挥更大作用。言语代码理论强调，每个文化的成员共享一套独特的言语代码和交际方式，这些代码是同一言语社团内人们沟通的重要桥梁。然而，这些特定的言语代码可能不利于其他社团成员的沟通，因为不同文化背景下的言语代码存在显著差异。这种现象在跨文化交际中尤为突出，理解和尊重不同文化的言语代码对于有效沟通至关重要。通过研究和应用言语代码理论，交际者可以更好地理解和适应不同文化背景下的交际方式，提高跨文化交际的效果和效率。

（三）跨文化调适理论

跨文化调适理论的发展首先经历了集体层次的研究阶段。跨文化调适理论早期的研究由社会学家和人类学家开创，主要关注文化群体在接触不同文化背景时，其文化习俗、价值观和传统如何发生变化。这一阶段的研究重点在于原始文化群体与发达文化群体之间的互动，探索这种接触如何导致原始文化群体在习俗和价值观上的改变。例如，当一个原始文化群体接触到发达文化群体时，可能会发生语言、服饰、饮食等方面的变化，从而使其文化逐渐趋同于发达文化群体的特征。这样的研究为人们理解文化接触和变迁提供了基础性视角，揭示了文化适应的集体动态过程。

随着研究的深入，跨文化调适理论的重心逐渐从集体层次转向个体层次。这一转变主要由心理学家推动，他们开始关注文化适应对个人心理过程的影响。个体层次的研究强调文化适应过程中个体所经历的心理变化，以及这些变化如何影响其适应过程。研究表明，个体在适应新文化环境时，可能会经历文化震撼、孤独感、身份认同危机等心理挑战。同时个体的应对策略、心理弹性和社会支持系统在文化适应中起到关键作用。这一时期的研究为研究者提供了更为深入的心理学视角，揭示了文化适应不仅仅是外在文化因素的影响，更是个体内在心理活动和认知过程的调整。

自 20 世纪初以来，跨文化调适理论的研究不断发展，取得了显著的效果。早期的学术观点和见解为跨文化适应理论的诞生奠定了坚实基础。然而，这些初步的研究方法也为后来的研究带来了一些不便。一方面，群体研究方法以移民群体为中心，描述不同文化背景的社会群体在频繁接触后的文化变迁过程，以及因社会资源、权利、威望等不平等分配而产生的社会等级问题。另一方面，个案研究方法则通过研究个人在旅居国的适应活动，分析个人心理表现与旅居社会的融合程度。尽管这两种方法各有优缺点，但它们共同为跨文化调适理论的发展提供了重要的基础。

由于传统研究方法的不足，金荣渊提出了一套新的跨文化调适理论，归纳出一套系统、全面、综合的理论。[①] 金荣渊的理论强调跨文化调适现

---

① 金荣渊.长期跨文化适应：整体理论的培训含意[M]//丹·兰迪斯，珍妮特·M.贝内特，米尔顿·J.贝内特.跨文化培训指南：第3版.关世杰，何明智，陈征，巩向飞，译.北京：北京大学出版社，2009：471-504.

象的客观性，主张通过培养在新文化中的交际能力来提高适应性。反之，如果缺乏这种能力，适应性会减弱。金荣渊的理论不仅关注移民在新文化环境中的心理和行为变化，还强调了个体如何通过交际和互动实现有效调适。这一理论创新为理解跨文化适应提供了新的视角，强调适应过程中的动态性和复杂性。跨文化调适理论还强调，通过持续的努力和目标导向的调适，一些微妙的下意识行为改变将会出现，这将加速人们的情感的成熟。随着时间的推移，压力和调适将促进跨文化身份感的加深。在这一过程中，人们旧有的文化身份并不会被新文化身份完全取代，而是会形成一种新旧并存的状态。这种身份整合使人们在面对文化差异时变得更加包容和理解，同时增强了个人应对变化和不确定性的能力。金荣渊的理论不仅揭示了跨文化调适的心理和行为机制，还提供了实用的指导，帮助个体更好地适应和融入新的文化环境。

跨文化调适理论在实际应用中展现出重要的指导意义，但也有进一步研究和完善的空间。例如，对不同文化背景下的具体调适过程和策略的研究，以及如何在教育和培训中有效应用调适理论，都是未来研究的重要方向。此外，跨文化调适理论强调个体在新文化环境中的成长和变化，这为心理学、社会学和人类学等多个学科的跨学科研究提供了新的契机。通过不断地理论发展和实践应用，跨文化调适理论将继续为经济全球化背景下的文化交流和融合提供重要的理论支持和实践指导。

二、跨文化交际理论在提升商务英语能力中的应用

（一）意义协调理论在提升商务英语能力中的应用

1. 理解交际规则的建立与应用

在商务英语中，理解和应用交际规则是至关重要的。CMM 理论强调规则在交际中的核心作用，这些规则包括语言的使用、文化礼仪和商务惯例。通过学习和掌握这些规则，商务英语学习者可以更好地理解和适应不同文化背景下的商务环境。例如，在不同文化中，邮件的开头和

结尾、会议的礼仪以及谈判的策略可能有所不同。了解并应用这些规则，可以提升学习者的商务交际能力，使其在跨文化商务环境中更具竞争力。

2. 提升语言与非语言交际能力

意义协调理论不仅关注语言的使用，还强调非语言交际的重要性。在商务英语中，语言和非语言交际能力同样重要。学习者可以通过CMM理论，提升自己的语言表达和非语言交际能力。在商务场合中，语调、手势、表情等非语言符号常常传递重要的信息。通过观察和模仿，学习者可以提高自己的非语言交际技巧，增强在商务环境中的表达效果。例如，在商务演示中，恰当的眼神交流和手势可以增强演示的说服力和吸引力。

3. 加强实践与反思

CMM理论强调交际中的实践和反思过程。商务英语学习者可以通过实际的商务交际活动，如模拟谈判、商务写作和跨文化交流，来实践所学的理论和技巧。在实践过程中，学习者应不断反思和总结自己的表现，寻找改进的方向。例如，在一次模拟商务谈判后，学习者可以反思自己的表达是否清晰、是否遵循了交际规则、是否理解了对方的文化背景和立场等。通过反思，学习者可以逐步提高自己的商务交际能力。

4. 持续学习与适应

意义协调理论指出，交际过程是动态和不断变化的。商务英语学习者应保持开放的心态，持续学习和适应新的文化和交际环境。通过不断更新自己的知识和技能，学习者可以应对不同的商务挑战，提升自己的职业竞争力。在商务英语学习过程中，关注国际商务趋势、学习新的商务英语表达、了解不同国家的商务文化等，都是提升商务交际能力的重要途径。

（二）言语代码理论在提升商务英语能力中的应用

1. 理解和掌握文化特定的言语代码

言语代码理论强调不同文化有各自独特的言语代码，这些代码包含语言习惯、表达方式和交际规则。在提升商务英语能力时，理解和掌握这些文化特定的言语代码是关键。商务英语学习者需要学习和适应目标文化中的语言习惯和表达方式。在英语商务环境中，邮件写作、会议语言、谈判技巧等都有其特定的言语代码。通过学习这些代码，学习者可以更准确地理解和使用商务英语，从而避免因语言误解而造成的交际障碍。具体方法包括：研究商务英语范例，参加跨文化商务培训课程，与母语为英语的商务人士进行交流和实践。通过不断学习和实践，商务英语学习者可以熟练掌握目标文化中的言语代码，提升自己的商务交际能力。

2.培养跨文化言语敏感性

言语代码理论还强调，言语代码反映了文化的心理学和社会学体系，包括人们的态度、价值观和社会规范。商务英语学习者需要培养跨文化言语敏感性，即对不同文化的言语代码及其背后的文化内涵有深刻的理解和敏感性。这可以通过多种途径实现。学习者可以通过阅读和研究目标文化的商务案例和文献，了解其文化背景和社会规范；学习者可以参加跨文化交流活动，与来自不同文化背景的商务人士进行互动和交流，从实践中体会和理解不同的言语代码；学习者可以通过观察和模仿目标文化中的言语行为，学习其语言风格和交际习惯。培养跨文化言语敏感性，可以帮助商务英语学习者在跨文化商务环境中更有效地进行沟通，避免因文化差异引发的误解和冲突，从而提升其商务交际能力。

3.强化言语代码在实际商务情境中的应用

掌握和理解言语代码的理论知识只是基础，更重要的是能够在实际商务情境中灵活应用这些言语代码。商务英语学习者需要通过实际练习来强化言语代码的应用能力。具体方法包括模拟商务情境、参与跨文化商务演练和真实的商务互动。通过模拟商务情境，如模拟会议和谈判等，学习者可以在安全的环境中练习和应用所学的言语代码，获得实际操作经验。参与跨文化商务演练，通过角色扮演和情景模拟，学习者可以感受到不同文化背景下的语言使用和交际方式，从而提高自己的应变能力和适应能力。积极参与真实的商务互动，如跨国公司的项目合作、国际商务会议和跨文化团队工作，在真实的商务环境中应用和验证所学的言语代码知识。通过这种实践和应用，商务英语学习者不仅可以提高自己的语言能力，还能提升在跨文化商务环境中的沟通效果和专业形象。

（三）跨文化调适理论在提升商务英语能力中的应用

1. 培养跨文化适应能力

跨文化调适理论（Cross-Cultural Adaptation Theory）强调适应是人类应对新环境的自然过程，特别是在跨文化环境中尤为重要。商务英语学习者可以通过参加系统的跨文化培训课程，了解目标文化的历史、社会规范、商务礼仪和价值观等，从而培养自己的跨文化适应能力。短期留学、商务旅行或国际志愿服务等体验式学习方式能够让他们亲身体验目标文化的日常生活和商务实践，增强适应能力。同时增强心理弹性和开放心态，积极面对文化差异和挑战，学会从多角度看待问题，有助于避免文化冲击和文化偏见。通过这些方法，学习者可以提高对目标文化的理解和适应能力，增强在跨文化商务环境中的信心和灵活性，从而提升商务英语的实际运用能力。

2. 管理跨文化压力和挑战

跨文化调适理论的"压力—调适—成长"模型强调，跨文化适应过程中不可避免地会遇到心理压力和挑战。商务英语学习者需要学会识别跨文化适应中的压力源，如语言障碍、文化误解和社交孤立等，以便更好地适应和成长。采用积极的应对策略，如寻求社会支持、参加心理辅导和保持积极心态，能够帮助学习者应对这些压力。通过冥想、运动和兴趣爱好等方式调节情绪，缓解压力，也可以在面对跨文化压力时保持心理平衡，提高适应能力。这些方法能够帮助学习者在跨文化商务环境中更加高效和自信地使用英语进行交流。

3. 促进跨文化身份认同

跨文化调适理论指出，在适应新文化环境的过程中，个体会经历身份认同的变化。商务英语学习者需要通过自我反思来理解自己的文化背景和价值观，并识别在新文化中的身份变化。学会在保持自身文化特色的同时，接受和融合目标文化的元素，形成多文化身份，有助于促进跨文化身份认同。建立和维护跨文化人际网络，通过与不同文化背景的商务人士建立联系，可以丰富学习者的跨文化经验。这些方法可以帮助学习者在跨文化环境中找到身份认同，增强对本民族文化的认同感和归属感，从而在商务交际中更加自信和自然地使用英语，提升跨文化商务交际的效果。

第四章　商务英语课程优化

第一节　商务英语课程的构成要素

一、课程的概念

在历史的演进中，对"课程"一词的理解和应用经历了多次变化。早在唐宋时期，古代的学者已经开始使用这一概念，当时它更多指代了学习内容的安排和次序，如孔颖达和朱熹的论述，侧重于学习进程的组织而非教学方法本身。到了近代，随着西方教育理念的引入，特别是赫尔巴特学派的"五段教学法"，"课程"逐渐被理解为包括教学程序和设计在内的更全面的教育活动，标志着从单一的学习内容安排向教育方法和过程的转变。

在英美等国，人们对于"课程"的理解更加多元和复杂，尚无统一的定义，但其词源"curriculum"在19世纪中叶被引入教育领域研究，暗示了教育的路径和进程。这一词源本身包含名词和动词两种用法，分别暗示了固定的学习路径和主动的学习过程。名词形式强调设定的学习轨迹，为学生提供一种传统的、结构化的学习体系；而动词形式则强调教育的动态性和个性化，促使教育者重视每个学生的独特经验和自我构建的过程。"课程"一词的内涵主要体现在以下三个方面。

（一）课程就是教材

在教育史上，课程内容经常被视为学生需要习得的知识，并且这种知识传递通常以教材为基础。这种对课程的理解强调了学科中心的教育目标，其中教材被认为是课程内容的主要载体。这样的教育观点源于夸美纽斯等人的理论，他们认为教材中所组织的知识体系正是学生所需要学习的内容。在这种观念下，教材不仅定义了教学的内容，也指导了教学的结构和进程，从而使得课程设计和实施围绕着如何有效地传达这些组织好的知识体系展开。这种课程观念强调了教育的知识传递功能，课程被设计为向学生系统地介绍某一学科领域的知识。教材因此成为课程实施的核心，教师的角色主要是解释和阐述教材内容，学生的任务则是理解和记忆这些内容。这种方法在传统教育实践中占据了核心地位，尽管它在现代教育理论中逐渐被批评为缺乏对学生个性化需求的关注。

（二）课程就是教育活动

在现代教育理念中，将课程定义为一种活动或进程是对传统课程观念的重要拓展。这种理解强调课程不仅是静态的知识结构，而是动态生成的教育经验，是教师与学生共同参与和创造的过程。在这种观点下，课程不再仅作为固定的知识载体存在，而是变成了一个开放和灵活的探索新知的场所。这意味着课程的发展不是预先设定且固定不变的，而是可以根据教学实际和学生需求进行调整和改进的。将课程视为活动还强调了教学过程中师生互动的重要性，课程成为师生之间追求意义、探索价值并实现共同成长的平台。这种课程理解还认为教学活动应超越教室的物理空间，成为师生共同经历的连续事件，每一次互动都是学习体验的一部分，允许师生在真实的教育情境中动态地生成知识和经验。然而，将课程理解为动态和生成的活动对教师的能力和素养提出了更高的要求。教师需要具备灵活处理课程内容与学生互动的能力，确保教学活动既有序又深具影响力，避免活动沦为无目的的忙碌或表面的体验。在实践中，这种课程观需要教师精心设计与引导，确保每个学习活动都富有教育意义并能有效促进学生的全面发展。

（三）课程就是学习经验

在现代教育理论中，课程被理解为学习经验本身，即学生与其外部环境之间的动态相互作用。这种理念强调真正的教育不应仅仅是展示知识，而应是促进学生主动参与和体验的过程。在这个框架下，学生被视为学习的主体，其学习的深度和广度由他们自身的活动决定，而不是由教师单方面传授的课程内容决定。根据这种观点，教师的角色转变为设计和构建各种符合学生能力和兴趣的学习情境的引导者，以便为每位学生提供富有意义的经验。教育的目的在于激发学生的探索欲望和参与意识，使他们能够在实际的环境中学习并获得必要的知识和技能。

从历史发展的角度看，课程的概念和内涵在教师、学生和知识经验之间不断变化，受到不同时代教育价值观的影响。例如新人类教育更加注重生存教育，强调将教师的引导和学生的探索性活动结合起来，形成一种生态性的知识经验。这种经验不仅传承了人类的文化轨迹，而且在不断地发现中创新和超越，展示了教育在继承与创新中的统一。

二、商务英语课程的概念

商务英语作为专门用途英语（ESP）的一个分支，集中于满足特定职业领域的语言需求。这种课程体现了语言学习与特定商务环境的紧密结合，旨在培养学生在国际商贸活动中的实际沟通能力。商务英语不仅关注基本的语言结构和功能训练，更重视如何将这些语言技能应用于商务实践中，使学生能够在经济、贸易、管理和法律等商务相关领域中有效交流。在教学内容和方法上，商务英语课程强调与特定专业和职业活动的相关性，涵盖从句法、词汇到话语和语义等各个层面，专注于满足学生的具体需求。这种课程设计原则体现了 ESP 的核心理念，即所有的教学决策都基于学习者的实际学习目的。因此，商务英语课程不仅是传授语言知识，更是一种以学习者为中心的教学方式，目标是让学生能够在特定的工作环境下进行有效的职业交流。

商务英语课程教学还具有一定的灵活性，可以根据具体的学习需求和环境调整教学重点，有时可能只专注于培养某一特定的语言技能。这种灵活的教学安排使商务英语能够更精准地回应学习者的个性化需求，从而更有效地支持他们在商务世界中的专业发展和成功。

三、构成要素分析

商务英语课程由三种要素组成：商务背景知识、商务背景下使用的语言以及商务交际技能。这三要素相辅相成，共同构成了商务英语课程的核心内容。

商务背景决定了交际技能和语言技能的需求。它包括对行业术语、市场动态、法律法规和专业流程的理解。掌握相关专业知识是有效进行商务交流的基础，不熟悉这些内容会影响词汇选择和信息传达的准确性。在具体情境中使用的语言是由商务背景的内容和交际技能决定的。商务交际的内容决定了词汇的选择，不同专业的术语在不同上下文中的含义可能有所不同。准确的翻译和表达需要对相关专业知识和上下文的关注。

商务交际技能指从事商务交际活动所必备的技能，包括语言和非语言方面的能力。语言技能方面表现在接听电话，洽谈，演示，书写信函、报告、备忘录等。交际技能决定了句型选择、篇章结构、文体风格、语调和节奏的变化。这些技能包括会议、谈判、演示、商务写作和电话交流等，是有效沟通和合作的关键。

商务英语课程结合了商务背景知识、商务语言使用和商务交际技能三个关键要素，以全面培养学生在实际商务环境中的应用能力。这种课程不仅教授语言，更深入商务实务的各个层面，确保学生能够理解和参与到真实的商业活动中去。在制定教学目标和课程设计时，教育者需深入考虑学生的专业背景和具体需求，确保教学内容和方法既符合学术要求也适应市场需求。例如，英语专业的学生通常在语言学习方面具备较强基础，但在商务专业知识和实践技能上可能存在不足。因此，商务英语课程的设计应重点强化这两个方面，不仅提供必要的商务理论知识，还要加强实际应用的训练。

在这一教学框架中，教师的角色尤为关键，理想的商务英语教师应具备丰富的行业经验，能够为学生提供实际案例分析，引导学生从实践中学习和解决问题。这样的教学模式能够确保学生不仅学习到实用的语言技能，还能深入理解商务操作的复杂性，从而在未来的职业生涯中能够胜任国际商务的各种挑战。

第二节　商务英语课程设置的原则

一、理论研究与应用研究并重

商务英语是一门理论与应用并重的学科，其理论性和应用性相辅相成。在理论研究方面，商务英语的研究旨在找出其发展规律和学科特点。商务英语作为一个概括性很强的功能语体，包含许多次语体，如商业英语、贸易英语、财经英语、会计英语、金融英语和法律英语。这些次语体各自具备特定的语法和词汇特点，反映了不同商务活动的专业需求。使用应用文体学的研究方法，对商务英语的结构特征进行定量分析，可以揭示其语义和词汇特征。这种方法能够帮助学习者更为科学和系统地理解商务英语的内在规律，为课程设置提供坚实的理论基础。

商务英语作为一门新兴的交叉型应用学科，源于应用语言学与经济学、管理学的相互交叉和融合，旨在应对社会发展的需求。理论研究在商务英语课程设置中起到至关重要的作用，通过找出其发展规律和学科特点，为课程设计提供理论基础。然而，商务英语不仅限于理论探讨，其应用性是重要的特点之一。因此，在课程设置过程中，必须注重提高学生的实际应用能力，确保学科在现实生活中的应用程度。应用研究在商务英语教学中发挥关键作用，解决一系列与教学相关的问题，如教学大纲的制定、课程设置、教材编写、语言技能培训、测量和评估以及教学方法选择等。通过结合理论研究和实际应用，商务英语教学可以更好地满足学生的职业需求，提升他们在国际商务环境中的沟通和解决问题的能力。

商务英语教学必须充分认识到应用语言学的复杂性和多学科性。语言教学是一个涉及诸多因素的系统工程，这些因素相互影响、互为补充。由于教学目标的多样性，各个因素在教学过程中所起的作用并不一致，因此必须因地制宜、因时制宜地制定不同的教学方案。应用语言学将相关学科的理论和科研成果应用于外语教学，涉及心理语言学、社会语言学等边缘学科，以及教育理论、教育测量、多媒体教学手段等。商务英语具有交叉性和多学科性，其应用研究不仅强调实践，还肩负着理论研究的责任，即建立一个与商务英语学习者相关的语言模型。通过综合运用这些理论和方法，商务英语教学可以更有效地培养学生的综合语言能力和实际应用能力，促进其在复杂的商务环境中取得成功。

商务英语课程的设置原则必须遵循理论研究和应用研究的发展需要，根据这两方面的研究确定具体开设的课程、课程范畴和标准。通过明确这些基础，才能进一步确定相关的教学材料、教学手段和教学方法。因此，无论在何种状况下，设置课程时必须考虑到商务英语理论与应用并重的特点。所设置的课程应当反映出理论与应用之间的紧密联系，能够有机地结合两者，而不是单纯地为了理论而理论，或为了应用而应用。

在设置商务英语课程时，设置者不仅需要开设理论和应用课程，还需科学安排理论课程与实践课程的比例和关系。科学、合理的理论能够推进实践的发展，不科学、不合理的理论则会对实践发展造成负面影响。因此商务英语课程设置应确保理论课程与实践课程的有机结合，注重两者之间的权重关系。合理的课程设计不仅能够帮助学生掌握必要的理论知识，还能提升他们在实际商务环境中的应用能力，从而实现理论与应用的双重发展目标。

二、注重前瞻性和时效性

商务英语学科起源于国外的商务实践，由于各个国家经济发展水平不同，因此西方发达国家在该领域的发展领先于发展中国家。我国在商务英语领域虽然取得了快速进步，但整体上仍存在一定不足。这种不足主要体现在国民的整体外语能力、对外经济贸易能力，以及国际商务谈判的经验较少等方面。这些差距在商务英语课程设置中较为明显，一些教学内容无法满足当前培养目标。

在商务英语课程设置中，前瞻性原则至关重要。这意味着商务英语课程内容必须与时俱进，紧跟全球商务发展的最新趋势和需求。通过引入和更新国际结算、国际物流等前沿课程，可以有效弥补当前课程设置的不足，确保学生掌握最新的国际商务知识和技能。前瞻性课程设置不仅能够提升学生的实际操作能力，还能增强他们在国际市场中的竞争力。为了实现这一目标，商务英语课程应借鉴其他国家的先进经验，结合我国实际情况，制定科学合理的课程规划。这样的课程设置，不仅能够满足市场对高素质商务英语人才的需求，还能推动我国商务英语教育的发展，为我国在国际经济贸易中的地位提升作出贡献。

前瞻性是商务英语课程设置的一个重要原则，注重对研究对象的潜在性和发展性的挖掘与把握。前瞻性研究需要预先确定研究对象和方案，并根据预定方案进行持续地追踪研究和分析。在商务英语课程设置中，这意味着需要持续关注和分析全球商务环境的变化及其对语言要求的影响。通过对这些因素的深入研究，可以确定哪些课程内容和教学方法具有长期有效性和前瞻性。具体来说，商务英语课程应定期更新和调整，纳入最新的国际商务趋势和技术发展，如电子商务、数字营销、跨文化管理等领域的最新知识。这种动态调整和前瞻性研究不仅有助于确保课程内容的实用性和前沿性，还能帮助学生在不断变化的国际商务环境中保持竞争力和适应性。通过前瞻性研究，教育机构可以提前把握具有潜力的研究对象和发展方向，从而在教学中引入新的理论和实践方法，培养学生的创新能力和解决问题的能力。

前瞻性原则不仅体现在研究方法上，还在于对社会经济发展的引领作用。商务英语作为一门应用型学科，必须与时俱进，积极响应并引导社会经济发展的需求。通过对经济全球化实际情况和变化的总结和分析，商务英语学科能够创新研究，推动学科的发展，并在社会经济发展中发挥重要作用。在课程设置中，除了传授学生相关的商务知识和技能，还应注重培养学生的学习能力和创新能力。教师可以通过问题式学习的方法，在课堂上提出实际的商务问题，鼓励学生进行独立思考和解决问题的训练来实现。良好的学习习惯和行为习惯的养成，对于实现教育目标至关重要。在此基础上，商务英语课程应包括原理和案例分析课程，帮助学生掌握系统的知识和技能，并在此基础上发展出创新能力。通过这样的教育模式，学生不仅能够预测和适应商务英语领域的发展，还能通过创新推动学科的进步和国际商务的发展，最终对社会经济的发展起到引领作用。这样一来，商务英语课程设置不仅是知识和技能的传授，更是培养具备前瞻性思维和创新能力的国际商务人才的过程。

商务英语课程设置必须遵循时效性原则，以确保学生所学知识和技能能够跟上时代需求。当前课程设置中存在的主要问题是学生的知识储备和技能训练无法满足现代商务环境的要求。为了克服这一问题，应充分借鉴国际上的先进经验，并结合我国的实际情况进行课程的重新组合和安排。这意味着在课程设计中要引入国外成熟的课程内容，吸收其他国家在国际商务英语教学中的先进思想、方法和课程内容。通过这种方式，商务英语课程体系可以站在较高的起点上，使课程内容更加合理和实用。具体措施包括增加实践教学课时，确保学生在四年的学习中能够获得充分的实际操作经验，增强其在真实商务环境中的应对能力。通过这种与国际接轨的方法，可以显著提升商务英语教育的质量，满足时代对高素质商务人才的需求。

在吸收国际先进经验时，商务英语课程设置必须考虑到中国的实际情况，实现"中国化"。这类似于马克思主义在中国的发展过程，即必须与中国国情相结合，才能形成具有中国特色的社会主义理论。全盘照抄国外的课程设置和教材并不可取，因为这些内容未必适合中国学生的需求。例如，许多从国外引进的商务英语教材以西欧和北美的商业文化为背景，假设了一个通用的商务模式，这些模式可能并不适用于中国的商务环境。因此，有必要对这些教材进行改编，或者编写适合中国学习者的商务英语教材，使其更贴近中国的实际需求。在课程设置和教学方法上，也应避免"全盘西化"，要结合中国的文化和商业实践，设计出既能反映国际商务趋势又具有中国特色的课程体系。通过这种中西结合的方式，商务英语课程不仅能够提高学生的国际商务沟通能力，还能增强其对中国商务环境的适应能力，真正实现时效性原则，进而推动我国商务英语教育的现代化和国际化发展。

三、注重层次性和多元化

商务英语课程设置应遵循层次性原则，以确保不同层次的知识能够系统地传递和内化。根据安德森（Anderson）和克拉斯霍尔（Krathwohl）的知识维度理论，不同院校在课程设置上对知识维度的侧重点各有不同。例如，广东外语外贸大学在事实知识和元认知知识方面的课程占有很大的比例，这反映了该校注重培养学生的基础知识和自我认知能力。对外经济贸易大学则更加注重事实知识与程序知识的传递，强调学生的语言基本功和商务特殊技能的培养。上海对外贸易学院侧重于概念知识和程序知识，旨在增强学生对商务理论的理解和商务特殊技能的掌握。这种层次性课程设置有助于学生在不同阶段逐步深化对商务英语的理解和应用，从基础知识到高级技能，再到自我认知和创新能力的培养。层次性原则要求课程设置不仅要考虑知识的广度，还要考虑知识的深度和复杂性，确保学生能够在系统学习过程中，逐步提升综合素质和能力。

商务英语课程设置还应遵循多元化原则，以培养学生的全面素质和跨文化沟通能力。除了语言和商务技能的课程，还应加入人文素养方面的课程，包括中国文化元素等。这不仅有助于学生了解本国文化，还能在国际交流中更好地推广中华文化。随着经济全球化的发展，中国文化的影响力不断增强，孔子学院的设立和"汉语桥"活动的开展都证明了这一点。学习外语的学生，特别是未来准备从事涉外工作的学生，更应该深刻了解和认同自己的文化。融入中国元素的课程设置使教师可以引导学生在学习外语的过程中不断增强文化自信，提升跨文化沟通能力。多元化的课程设置还包括结合国际先进经验，设计出既符合中国国情又具国际视野的课程内容。这种多元化的课程设计，不仅能满足学生的个性化需求，还能培养其综合能力，使其在国际商务环境中具备竞争力和适应力。因此多元化原则在商务英语课程设置中不可或缺，是培养全面发展的高素质国际化人才的关键。

四、体现针对性和方向性

在商务英语专业下分设不同方向时，专业方向课应该具有高度的针对性和方向性。这意味着课程设置需要根据不同的专业方向，提供专门的课程内容和教学资源。例如，对于国际贸易方向，可以开设国际贸易理论、国际贸易实务、国际市场营销等课程；对于金融方向，可以开设国际金融、金融市场与机构、投资学等课程。专业方向课程的设置应根据市场需求和学生职业发展的需要，提供具有针对性的知识和技能培训。教师在设计课程时还应结合最新的行业动态和实践经验，确保课程内容的实用性和前沿性。通过这样的课程设置，学生不仅能够掌握专业知识，还能具备解决实际问题的能力，从而提高他们在特定领域的竞争力和职业发展潜力。

五、注重广度和深度的结合

商务英语专业的课程设置应避免浅尝辄止，注重广度和深度的结合，并开发精品课程。广度意味着课程内容应涵盖商务英语的各个重要领域，如国际贸易、市场营销、金融管理等，使学生能够掌握全面的知识体系。深度则要求每门课程内容深入讲解，帮助学生深刻理解和掌握相关知识和技能。在市场营销课程中，不仅要教授基本概念，还应通过案例分析、项目实践等方式，让学生深入了解市场调研、品牌管理、消费者行为等方面的具体操作。开发精品课程意味着要精选教学内容，精心设计教学环节，确保每门课程都具有高质量的教学效果。这种广度与深度并重的课程设计能够满足学生的多样化需求，培养他们的综合素质和专业能力。

第三节　商务英语课程设置的依据

不同高校之间在课程设计上的差异是显而易见的。一方面，这些差异反映了不同教育机构对商务英语职能和目标的不同理解；另一方面，它也显示了各高校对市场需求的不同回应。一些高校可能侧重于基础英语技能的教授，如高级英语语法、商务写作技巧等，另一些高校则可能更注重实际商务操作能力的培养，如国际贸易实务、跨文化沟通等。这种课程设置的不一致不仅来源于高校的教育定位，也与其师资力量、资源配备，以及与企业合作的深度有关。商务英语课程设置也显示了对应用实践的不同重视程度。一些高校可能会设置更多的案例分析课、模拟商务谈判和实习等实践环节，以增强学生的实战能力。这类课程能够帮助学生更好地理解和应用理论知识，使他们在毕业后能够迅速适应工作环境。然而也有一些高校可能因为资源限制，更多侧重于理论知识的教授，导致学生在实际工作中可能需要较长时间的适应期。这种课程设置的差异直接影响了学生的就业竞争力和职业发展。

从教材和教学模式的选择上，也能反映出商务英语课程设置的现状。在某些高校中，教材可能偏向于传统的商务英语教材，而忽视了数字化、信息化趋势下新兴商务模式的内容。教学方式可能仍然采用传统的讲授法，较少运用互动式或者基于项目的学习方法。这种情况在一定程度上限制了学生创新思维和实际操作能力的培养。与此同时，一些高校已经开始尝试融入在线教学资源，使用案例研究和团队项目，以促进学生的主动学习和批判性思维能力的发展。从课程内容的更新与调整来看，有的高校能够根据全球商务环境的变化及时更新课程内容，引入数字化商务、电子商务等现代商务概念和实务，保持教学内容的前沿性和相关性。然而也有部分高校的课程更新滞后，未能充分反映国际商务的最新趋势和需求。这种课程内容的落后不仅影响学生的学习兴趣，也会降低毕业生的市场竞争力。为了更好地分析商务英语的课程设置依据，众多专家、学者依据自身对商务英语学科的研究，提出了几点相关的课程设置依据。比较有代表性的有以下几点。

学者莫莉莉强调了在商务英语课程设置中实践的重要性，认为不能仅仅依赖理论框架或专家观点来设计课程。[①]这种方法认为，课程设计应该以实际教学和学习的实践为出发点，通过行动研究的方式，不断探索和改进教学方法和内容，从而确保课程能够有效地满足学习者的实际需求。商务英语课程的设置应以学习者为中心，这意味着课程设计应充分考虑学生的具体需求和背景。教师需要调查学生的专业背景、未来职业目标以及他们在商务英语中遇到的具体挑战，然后再定制课程内容。这种学习者中心的方法不仅可以提高学习的相关性和实用性，而且也能够增强学生的学习动机和效果。

商务英语课程设计还应注重实践与理论的结合。如莫莉莉所提，行动研究可以作为一种桥梁，将教师和学习者的实际教学经验与理论研究相结合。教师可以在实际教学中进行教学实验和案例研究，进而发展出适应具体教学需求的方法和技术，同时可以为教学理论的发展作出贡献。商务英语课程设置需要充分利用现代技术，特别是网络和多媒体资源。根据建构主义理论，学习是一个主动的、建构的过程，网络化的教学环境可以提供丰富的信息资源、强大的交互性和多样的学习方式，这些都是传统教室所难以比拟的。通过网络教学，学生可以在一个更加开放和灵活的学习环境中，更加主动地探索和构建知识，从而更好地适应未来的商务环境。

莫莉莉还提出，尽管 ESP 课程需要考虑其特殊的教学需求和属性，但课程的设计和实施仍应遵循一定的教学设计原则和理论基础，以确保教学活动的系统性和科学性。这包括确保课程内容的连贯性、适应性和前瞻性，以及评估和调整教学策略以满足不断变化的教育需求和技术发展的要求。

莫莉莉表示，从建构主义的角度审视商务英语的课程设计，商务英

---

① 莫莉莉.专门用途英语教学与研究[M].杭州：浙江大学出版社，2008：26-32.

语课程应设计为富有情境性的学习环境，以促进意义的构建。①首先，建构主义理论强调知识不是被动接受的，而是通过学习者在特定情境中的主动探索和实践而建构的。在商务英语的教学中，这意味着课程不应仅仅传授语言知识和商务技能，而应创建一个模拟真实商务环境的框架，让学生能够通过角色扮演、案例分析和项目实施等活动，体验并应用语言在具体商务情境中的使用。其次，课程设计应强调协作与交流，提高学习的互动性。建构主义理论认为学习是一个社会性的过程，依赖于学习者之间以及学习者与教师之间的互动。在商务英语教学中，这要求教师设计课程时，应充分考虑到促进学生之间以及师生之间的有效沟通和协作的机会。

鲍文在对商务英语课程体系设置依据的分析中提出，要以需求分析为商务英语课程设置的基石。②需求分析在教育课程设计中的作用尤为重要，它涉及对学生未来职业角色的详细考察，包括他们将要从事的具体工作、必须掌握的技能以及所需的语言能力。在商务英语的教学中，需求分析帮助教师和课程设计者明确学生在实际工作中会遇到的具体语言应用情景，如商务会议、谈判、报告编写等，确保教学内容和教学方法能够直接对应学生的实际需要。这种基于需求的课程设计方法不仅提升了教学的针对性和效率，也使学生能够在学习过程中获得更多实战经验，更好地为未来职场做准备。

鲍文还提到了专业协会与团体意见在商务英语课程设置中的重要作用。专业协会通常具有行业的权威性和前瞻性，他们对行业趋势和技能需求有深入的了解和独到的见解。通过与这些组织的合作，课程设计者可以获得关于行业最新发展的第一手资料，确保课程内容不仅符合当前的行业标准，而且能够预见并适应未来的变化。专业协会还可能提供认证或者专业评估，这些都是提升课程质量和学生就业力的重要因素。因此，整合这些团体的意见和建议，对于设计一个符合行业标准、能够有效培养学生专业能力的商务英语课程至关重要。

---

① 莫莉莉.专门用途英语教学与研究[M].杭州：浙江大学出版社，2008：26-32.
② 鲍文.国际商务英语学科论[M].北京：国防工业出版社，2009：46-51.

随着中国加入世界贸易组织并在国际商务领域快速发展，商务英语课程的设计与设置需求显得尤为重要。该课程的设计必须充分反映出行业的发展需求，适应国际商务的动态变化，并提供给学生必要的知识和技能以应对这些挑战。基于当前的学科形势和对未来发展趋势分析，构建一个系统性的商务英语课程体系是至关重要的。这意味着课程不仅要覆盖基础的语言学习，更要涉及专业的商务知识，如国际贸易法规、市场营销、企业管理等。同时，课程设置应注重实用性和灵活性，能够适应不断变化的商务环境和技术发展。通过集成化的课程体系，可以更全面地培养学生的商务沟通能力、批判性思维和解决问题的能力。从当前的学科形势和对未来发展趋势的展望看，商务英语课程体系建设的依据还要包括以下几方面的内容。

一、紧密结合国家的人才发展战略

在经济全球化的竞争环境中，商务英语课程的设置必须紧密结合国家的人才发展战略。政府部门，尤其是人才发展规划部门和教育部门，对高等教育的指导和规划具有决定性的影响。在我国，政府已明确将高端国际化人才的培养作为国家竞争力提升的关键。这种战略定位不仅反映了国家层面对人才培养的重视，也为高校商务英语课程的设计提供了明确的方向。因此，商务英语的课程设置必须与国家的人才培养战略保持一致，确保教学内容和国家发展需求同步，为培养具备国际视野和专业能力的商务人才打下坚实基础。

将政府部门的教育规划纳入商务英语课程设计的实践中意味着必须对课程内容进行持续的更新和优化。根据教育部的指导，商务英语课程应避免重复性教学，注重课程的实用性和专业性。教育部提出的"将大学英语教学与专业课教学相结合，培养学生的专业英语应用能力"提供了课程整合的方向。这一指导原则表明，商务英语课程应不仅限于传统的语言教学，而应涵盖与商务专业知识相结合的实际应用，如法律英语、财务英语等，以增强学生的职业适应能力和竞争力。课程设计还应考虑到新兴的商务模式和技术的应用，确保学生能够掌握最前沿的商务知识和技能。因此，商务英语课程的设置需要定期评估和调整，以保证课程内容的时效性和教学质量的高标准。

商务英语课程的系统性建设是确保教育质量和满足政府人才发展规划的关键。系统性建设不仅涉及课程内容的广度和深度，也包括教学方法的创新和教育资源的充分利用。为实现这一目标，高校需要建立一套完整的课程体系，覆盖从基础英语能力到高级商务交流的全方位教学。同时应通过与行业界的合作，引入实际的商务案例和专家讲座，增强学生的实战经验和问题解决能力。利用现代信息技术如在线学习平台和多媒体教学工具，可以提高教学的互动性和学生的学习效率。通过这样的系统性建设，商务英语课程能够更好地满足社会和行业的发展需求，培养出符合国家战略需求的高质量国际商务人才。

二、聚焦于提高学生的综合素质

商务英语课程设置的核心应聚焦于提高学生的综合素质，确保其在未来的职场中拥有足够的竞争力。为实现这一目标，课程设计必须全面考虑理论知识和技能的培养。在理论知识方面，商务英语课程应涵盖广泛的英语专业知识，包括语言学、文学以及应用语言学等，同时重点强化商务英语的专业知识，如国际贸易、商务谈判和跨文化交流等。这样的知识结构不仅为学生提供了理论上的深度和广度，还为其将来的专业活动打下坚实的基础。科研能力的培养也应纳入课程体系中，通过课题研究、论文撰写等学术活动，增强学生的独立思考和创新能力，从而使学生能够在学术和实际工作中都能展现出较高的专业素养。

商务英语课程设置必须突出实践技能的培养，以满足学生将来在商务环境中的实际操作需求。这包括但不限于商务写作、会议演讲、谈判技巧及客户关系管理等实际工作能力的系统训练。通过模拟实际商务场景的教学方法，如案例分析、角色扮演和模拟商务会议等，课程应让学生在仿真的商业环境中应用理论知识，从而提高其解决实际问题的能力。实习也应作为课程的一部分，与企业合作提供学生实地体验的机会，让学生在真实的工作环境中练习并提升自己的商务英语应用能力，确保学生毕业时具备即战力。

面对复杂多变的国际商务环境，商务英语课程应注重复合型人才的培养。这不仅仅是指学生需要掌握广泛的英语知识和技能，更包括系统的商科知识，如经济学、管理学和市场营销等。专业素质的培养是提高学生职业竞争力的关键，因此课程设置应有清晰的专业定位，深入探讨商务英语与这些相关领域的交叉融合。为全面提高学生的人文素养和创新能力，课程设计还应包括选修课程，如文化、艺术及第二课堂活动等，这些能够帮助学生在专业技能之外，培养更为全面的人格魅力和社会责任感。通过这种多维度的教育模式，商务英语教育不仅能够培养学生的专业能力，更能在更广泛的社会文化背景中培养学生深刻的理解与应用能力。

三、重视文化多样性和平等性的必要性

在商务英语教育中，课程设计需要深入理解和尊重文化的多样性及其平等性。文化不应该被简单地划分为优劣。这种认识是构建跨文化沟通和理解的基础。商务英语课程应引导学生认识到任何一种文化都不应自视为优越，避免陷入民族中心主义的误区。因此，商务英语课程应包含丰富的跨文化交流内容，帮助学生了解不同文化背景下的交流方式和文化差异。这种教育不仅限于理解西方文化的传统和行为，更包括对全球多元文化的广泛涉猎，确保学生能在经济全球化的商务环境中有效沟通和操作。通过这样的课程设置，学生可以更好地理解国际商务中遇到的各种文化挑战，并学会如何在多文化背景下建立有效的商务关系。

当前的商务英语教育在强调西方文化的同时，往往忽略了中国传统文化的重要性。为了培养具有国际视野的商务专业人才，商务英语课程应该在强化西方文化教育的同时，更加重视中国传统文化的教学。课程中应该包括中国的历史、文化、风俗习惯等内容，使学生能够在国际交流中自信地展示和解释中国文化。通过开设中国历史文化、中国地理旅游等课程，不仅可以增强学生对本国文化的理解和自豪感，还可以使他们在商务谈判和交流中有效地介绍和阐释中国的文化背景。这种文化的

双向理解和尊重是构建国际商务成功的关键，可以帮助商务英语学生在全球竞争中占据有利位置。

商务英语的课程设置应该全面考虑提高学生的文化素质，构建一个涵盖东西方文化知识的课程体系。这不仅涉及传统的英美文学和文化课程，更应包括专门针对商务环境的文化课程，如西方商科文化、国际市场行为等。同时，也应该加强对中国传统文化特别是在商务环境下的应用和实践的教学。通过这样的课程设计，可以确保学生既能掌握必要的商务英语技能，也能深入理解和应对来自不同文化背景的商务挑战。课程还应加强实践环节，如模拟国际商务谈判、跨文化交流训练等，确保学生能将理论知识有效转化为实践能力，从而在经济全球化的商务环境中更加自如地成长。

第四节 商务英语课程的实施

一、完善教学内容，优化课程结构

在商务英语课程实施的过程中，完善教学内容、优化课程结构是提高教学质量和效率的关键。课程实施应基于对学生需求、行业需求及专家建议的多维度分析，确保课程内容与职业能力培养的目标紧密相连。课程应通过精简、重组和增设等方法，进行结构改革，以增强系统性和完整性。通过合理安排职业能力基础课程与专业课程、理论课与实践课的比例，以及必修课程与选修课程的搭配，可以形成一个全面且高效的教学体系。课程中相近的部分应进行综合与融合，优化课程结构，使不同课程模块之间能够相互补充，增强学生的学习体验和知识掌握的深度。这种系统的课程设置不仅方便教学实施，还能提高学生的学习效率，帮助学生更好地适应快速变化的国际商务环境，达到优质的教学效果。

在商务英语课程实施中，采用"精简、重组、增设"的策略来改革课程结构是至关重要的。这种方法不仅使课程结构更具系统性和完整性，还能提升教学的方便性和效率。精简旨在剔除过时或重复的课程内容，使课程更加聚焦和高效。重组则是对现有课程进行重新排序和优化，以确保学习内容的逻辑性和连贯性，帮助学生更好地理解和吸收知识。增设的目的是填补课程中的空白，尤其是那些对于培养学生未来职业生涯至关重要的新兴领域和技能。这种综合性的课程结构调整不仅应对教育资源进行合理配置，也需要考虑教学方法的创新，如采用项目化学习、情景模拟等互动式和实践导向的教学方式。这样的课程改革既可以更好地适应快速变化的国际商务环境，也能提高学生的学习兴趣和动机，从而达到更优的教学效果。

具体到实训课程的设计与实施，如"国际商务模拟"这样的课程是提高学生职业技能的关键。这种课程通过模拟真实的国际商务工作流程，为学生提供了从国际商务办公、国际商务谈判到国际商务单证处理等一系列实际工作任务的实训机会。每个学习任务都设计有独立的教学情境，每个情境都是基于实际商务活动的项目化组合，不仅各自独立，而且在功能上与其他项目相互衔接，构成了一个有机整体。这种设计能够确保学生在掌握专业知识的同时，获得必要的实际操作能力和决策能力。通过这样的实训课程，学生能够在校园内模拟出的真实商务环境中得到充分练习，为其将来的职业生涯奠定坚实的基础。

二、推进专业实训教材编写

在商务英语专业实训教材的编写中，首要考虑的是其紧密贴合实训大纲和工作任务的要求，以确保教材内容的实用性和目标导向性。实训教材应跨越传统学科界限，集成多领域知识，反映商务环境的复杂性和多样性。教材应以实际的商务流程为主体，利用英语语言作为实训的载体，确保学生可以在实际商务环境中应用英语进行有效沟通。在具体编写过程中，教材需要明确列出学习目标和具体的工作任务，详细描述工作流程、关键任务点以及完成这些任务所需的理论知识和实践技能。教材还应提供如何制订工作计划、解决工作中遇到的问题以及如何评估任务完成情况的指导，帮助学生系统地理解和掌握整个工作任务的流程。

通过这种方式，实训教材不仅促进学生知识的系统学习，还强调了实际操作能力的培养，使学生能够在真实的商务环境中更加自如地运用所学技能。

在商务英语实训教材的编写中，分层性和逐步深入的教学策略是至关重要的。这种方法确保学生能够从基础知识开始，逐步掌握更为复杂的概念和技能。初级层次应侧重于基础技能的培养，如语音、词汇、基本语法等，这些都是商务英语沟通的基石。对于英语语音实训，教材应特别注意列举和纠正那些常见的发音错误，通过重复练习和口语模拟来加强学生的语音能力。随着学生基础的夯实，教材应逐渐引入更多关于商务文化、商务谈判技巧、报告编写等专业技能的训练，这些内容更具挑战性，需要学生在扎实的基础上进一步拓展其专业能力。

教材的编写还应确保知识点之间的连续性和学科之间的衔接性。每一个章节或模块不仅要在知识上形成闭环，确保学生能够从一个概念自然过渡到另一个概念，还需要在不同学科之间建立联系，使学生可以在实训中看到不同学科知识的实际应用。例如，将语言学习与实际的商务情景相结合，使学生在学习语言的同时，能够了解和练习如何在商务交流中有效使用这些语言技能。通过这种方式，教材不仅提供了系统的学习路径，还激发了学生的学习兴趣和主动探索的欲望。

为了提升教材的实用性和教学的互动性，商务英语实训教材的编写应充分利用案例分析、情景模拟以及多媒体材料等教学资源。教材中应包括丰富的图表、图像以及视频内容，简明扼要地展示复杂的商务概念和流程，使学生能够直观地理解和记忆。教材应设计各种商务场景的模拟活动，如客户服务管理、现场急救、商务礼仪等，不仅涵盖专业的商务技能，还包括日常工作中可能需要的基本技能。这种全面的教材设计使学生能够在模拟的真实场景中实践所学知识，提前熟悉可能遇到的各种商务情况，从而在实际工作中能够迅速做出反应并有效处理问题。通过这样的实训教材，学生不仅能够提升自己的专业能力，还能够在综合素质上得到全面提升，为成为现代商务领域的高素质人才打下坚实的基础。

三、成立商务英语专业管理委员会

为加强商务英语专业的管理和推动专业建设与发展，高职院校可以成立专门的商务英语专业管理委员会。该委员会的主要任务是定期举行会议，进行行业调研和考察，以明确本专业的发展方向并提出建设性的意见。委员会应聘请大型企业的管理人员、政府官员及行业协会代表等，利用他们的专业知识和行业经验，审定专业教学计划，确保教学内容与市场需求紧密相连。通过这种产学研结合的育人模式，委员会可以帮助学院制定具有自身特色的课程体系，同时协调管理学生的实训活动，确保实践教学环节的有效实施。此外，委员会还应负责建立校外实训基地、开展订单培养计划，并通过建立专业指导委员会来确保课程体系的总体框架和具体技能培养方案的实施，从而为企业提供服务并推荐合格的毕业生。

商务英语专业管理委员会还应负责与企业进行定期的交流和沟通，确保高校的教学活动与区域经济及行业发展保持同步。通过对各行各业的知名企业进行行业登记造册，学院可以更准确地掌握企业对人才的需求标准，包括所需的人才数量、专业背景和技能岗位。学院可以与企业共同研发资格考试证书，签订定向就业协议，这不仅为学生提供了明确的职业发展路径，也为企业培养了合适的人才。委员会还应组织学生暂停校内学习，安排他们到企业基层进行实习和培训，使学生能在实践中检验理论知识，及时发现并解决问题。通过这种方式，学院与企业之间建立了紧密的产学合作机制，不仅能有效提高学生的综合能力，还能提升其就业竞争力。特别是在经济发达的沿海地区城市，这种合作为高职毕业生提供了广阔的实习和就业平台，促进了学生的职业发展和学院的教育质量提升。

四、优化实践教学环节

在高职商务英语课程的实施中，优化实践教学环节是提升教育质量的关键。这包括确保课程内容不仅覆盖语言基本技能，如听、说、读、写、译，还要涵盖国际商务的基本操作技能。实践课程应特别强调商务英语的专门用途，围绕具体商务活动，如公司介绍、产品演示、工作报告撰写、市场调研、商务会议和谈判等进行教学。这些内容应设计为模拟活动，让学生在尽可能贴近真实商务环境的情境中学习和应用英语。为实现这一目标，教师需要提供充足的语料库和实际商务情境，鼓励学生积极利用各种资源进行信息和资料的收集，从而在实际语言使用中提高其商务交际能力。通过这种教学方法，不仅能有效提升学生的语言实用技能，还能增强其对专业知识的理解和应用能力。

商务英语课程的实践教学旨在增强学生的专业应用能力和社会适应能力。这一目标可通过系列的课内外活动实现，包括商务谈判、编写商务函电、制作进出口单证等外贸实践技能训练。这类活动不仅是技能训练，更是学生职业能力的实际检验。高职院校应积极创造条件，让学生有更多机会接触到企业管理框架、运行模式及企业文化，如通过实习、认知实习、岗位实践等形式，使学生能够直接体验并学习企业中的实际操作。高校还可以举办各类学术讲座和专业教育活动，增加学生的行业知识和激发其学习兴趣。通过这些综合性的实践活动，学生可以在校园外的真实工作环境中测试和完善自己的商务英语能力及其他职业技能，为将来的职场生涯做好充分准备。这种以学生为中心的教学模式不仅促进了学生技能的实际应用，也帮助他们更好地适应社会和职业的需求。

为了提升商务英语课程的教学效果和拓宽学生的知识视野，定期邀请具有丰富企业工作经验及教学经验的专业人士来校内进行专题讲座是一种非常有效的方法。这些讲座能够直接向学生传授最新的行业知识，介绍专业领域的最新动态及未来趋势，同时解析社会对该专业人才的需求和期望。通过这种互动的学习方式，不仅能够树立学生的职业意识，还能显著激发学生对所学专业的热爱和兴趣。专业讲座可以帮助学生提前了解未来就业市场的实际需求，对其职业规划和未来就业方向具有重要指导意义。实施这一策略，高校应确保邀请的讲师既有深厚的专业背景，也能够进行有效的信息传递，以确保讲座内容的实用性和教育效果。

商务英语课程的实施还应重视校外实训基地的建设和利用，通过提供真实的工作环境来增强学生的实际应用能力。通过组织学生参与各种形式的实习和社会实践活动，如参加国际商品展览会、在酒店实习或参与社区服务等，学生不仅可以将课堂上学到的理论知识应用于实际工作中，还能够通过这些经历深入了解相关行业的运作模式和管理流程。这些实践活动帮助学生提前融入社会，了解职业环境，增强职业认知，并培养其职业技能。此外，实践活动也是检验和巩固学生学习成果的有效方式，能够在真实的社会环境中培养学生的职业素养，如团队协作、问题解决和专业沟通能力。因此，高校应与各大企业和社会机构建立稳固的合作关系，为学生提供丰富多样的实习机会，确保他们能在实践中最大限度地成长和发展。

第五章 创新的商务英语人才培养模式

第一节 商务英语人才培养的目标

一、培养复合型人才

(一) 英语专业发展新方向

商务英语专业的发展是对传统英语教育模式的一种适应和升级，是为了应对社会经济发展的新需求。在过去，英语专业主要侧重于语言文学的教学，但随着经济全球化的推进和市场经济的发展，社会对英语人才的需求已从单一的语言掌握扩展到需要具备多种专业知识和技能的复合型人才。商务英语专业的课程设计和教学目标调整，正是为了解决传统英语教育在思想观念、人才培养方式、课程设置、学生能力结构以及教学管理等方面的不适应。商务英语不仅仅教授语言，更强调实际商业环境中的应用，如商业写作、会议交流、专业翻译等，这些都是传统英语教育中较少涉及的。这种教育模式的调整，目标是培养学生不仅具备扎实的英语基本功，还要有宽广的知识面和一定的专业知识，这样的人才能够在复杂的国际商务环境中胜任多样的跨文化交流和商务谈判等工作。

教育部发布的《关于外语专业面向21世纪本科教育改革的若干意见》中明确提出了对复合型外语人才的培养，这不仅是对外语教育改革的一种推动，也是对社会发展需求的直接回应。复合型人才意味着学生不仅要学习语言知识，还需要掌握与其他专业领域（经济、管理、法律等）相关的知识。这种教育模式要求商务英语专业的学生具备较强的专业知识和实际能力，能够在多变的商务环境中灵活运用英语技能解决实际问题。这样的教育方向有利于学生的全面发展，使他们能够更好地适应国际化的工作环境，满足社会对高素质复合型外语人才的需求。通过这种方式，教育不仅提高了学生的语言能力，也极大地拓宽了他们的视野和职业发展空间，使他们能够在未来的职业生涯中更加具有竞争力。

英语语言与商务的结合不仅造就了新型人才，也对两个重要社会活动领域——英语和商务的未来发展产生了积极的影响。在产业结构升级的过程中，英语作为一个工具，其对经济实践的贡献将变得更加显著。

（二）特色是适应市场的选择

经济全球化和经济转型的交叉推进，导致中国的经济外向度日益增高，这种趋势也推动了英语教育向"复合化"发展，尤其是英语与经济贸易等学科的融合，从而促成了商务英语学科在中国的兴起。尽管复合型人才培养已成为一种趋势，但它并不构成人才的特色。所谓"特色"应包含独特性（人无我有）、优质性（人有我优）和创新性（人优我新）三个层面。在经济不景气的环境下，没有特色的高等教育机构可能会失去对资源的特殊权利，并可能成为削减预算时的首要对象。相反，那些能够展示独特教育特色的院校更可能获得公共当局的支持和奖励。这说明在高等教育领域，发展具有特色的教育模式和课程是至关重要的。

商务英语专业虽然目前具有一定的特色，但随着社会对复合型人才需求的增加，这种特色可能很快会成为基本要求，从而不再显得突出。在人才培养方面，不仅是商务英语，经济类和管理类学科也在加强与英语语言的结合，并制定复合式战略目标和培养策略，显示出跨学科整合的普遍趋势。市场更看重的是人才的综合素质，而不是人才的专业背景。因此商务英语专业想要保持自己的竞争力，就需要构建出与其他竞争对手不同的专业特色。

第五章　创新的商务英语人才培养模式

在讨论大学的办学特色时,学者徐斯亮提出了将办学特色内容分为显性内容和隐性内容两大类的观点。[①] 显性内容主要是指那些可以直观感受到的物质化产品和精神性行为,如高校的自然环境、学科环境、内部运行机制和规章制度、高校徽标等。隐性内容则包括高校的办学理念、价值取向、道德规范、学术氛围和高校精神等。办学特色的可感知程度和抽象程度可以进一步划分为物化层、行为特征层和理念层。物化层涉及高校的自然环境、建筑物、教学科研设施等,行为特征层涵盖组织行为和个体行为的共性特征,理念层则是办学特色系统的核心和灵魂,包括高校的办学理念和精神等。这些层次共同构成了大学办学特色的完整框架,指导和影响着高校的整体发展和个性化表达。

对于商务英语专业的人才培养,经济和社会的需求是多层次的,既要满足当前的一般需求,又要主动适应未来发展的需要。各高等教育机构在开设商务英语专业时,面对的挑战是如何在广泛的国际商务活动需求中找到特定的教育定位和培养目标。由于没有单一院校能完全覆盖所有国际商务活动的职业需求,这种现状为各院校提供了培养具有独特特色的商务英语人才的机会。

例如,对外经济贸易大学利用其在英语语言训练和经济贸易学科方面的强势,通过高层次的理论和实践教学,培养学生的语言能力和商务实践管理能力。这使得该校的商务英语专业毕业生不仅具备强大的研究能力,还能胜任高层次的商务活动,如翻译、谈判和企业管理等。河北经贸大学则从地方应用型院校的角度出发,依托自身的会计学强势专业,制定了双学位的人才培养目标,旨在拓宽学生的就业渠道。这种策略有效地实现了人才培养"生态位"的确定和与其他院校的区分。广东外语外贸大学则依托其深厚的语言教学实力和商务专业优势,设定了培养"国际通用型商务人才"的目标。通过全英语的教学方式,结合国际通用的原版教材和丰富的跨文化商务交际课程,以及创造的目标语浸泡环境,这些措施共同保证了商务英语专业人才培养的特色和质量。

[①] 徐斯亮.略论高校办学特色建设[J].高等教育研究,2001(6):79.

二、培养国际化人才

（一）国际化人才含义

国际化人才首先是指那些具有国际视野和跨文化胸怀的个体，他们不仅理解多元文化，而且能够在多文化环境中有效沟通和工作。这类人才具备国际一流的知识结构和视野，能够在国际竞争中把握机遇，争取主动。具体来说，他们能够熟练使用一门或多门外语，通晓不同国家和地区的专业国际惯例，具有较强的文化适应能力和国际合作能力。通过高水平的专业教育，这些人才不仅获得了深厚的专业知识，还具备了处理国际事务的能力。在工作和生活中，他们能够自如地跨越文化和地域的界限，展现出卓越的国际化专业能力和人际交往能力。

高等教育机构在国际化人才培养方面扮演着关键角色，其培养目标和教育理念直接影响着学生的国际化竞争力。从理想主义的维度来看，高校强调培养学生的全球意识，通过教育增进国际理解，使学生能够理解和尊重不同文化的价值观，形成全球公民的身份意识。而从实用主义的维度出发，高校注重培养学生具备必要的国际环境工作技能，如国际法规知识、国际商务谈判技巧等，确保学生未来能在国际舞台上有效地工作和竞争。这些教育活动通过课程设计、国际交流项目、双语教学等方式实施，旨在使学生具备在经济全球化环境下的生存和发展的能力。

美国和日本等发达国家在高等教育国际化和国际化人才培养方面走在前列，通过制定相关的法律和政策，加强对高等教育国际化的支持和推广。这些政策不仅加强了国际视野的培养，还促进了国际合作和国际问题研究的深化，进一步推动了这些国家政治、经济、文化的全球化扩展。中国虽然起步较晚，但也在加速推进高等教育的国际化进程，通过建立更多的国际合作项目和提高教育的国际接轨水平，旨在培养能够在全球舞台上为国家利益服务的一流人才。

（二）商务英语国际化人才培养的意义

商务英语国际化人才的培养至关重要，尤其是在当前经济全球化和知识经济快速发展的背景下。商务英语专业学生未来将直接参与国际贸易和涉外商务活动，他们的国际化属性对于提升国家的国际竞争力尤为关键。

1. 决策层面

在经济全球化的商务环境中，国际商务活动的复杂性不断增加，需要商务英语人才具备国际视野和战略眼光。具有国际化思维的商务英语人才能够从全球视角出发，以更全面和前瞻性的视角对商务策略进行规划和执行。这种能力使他们能够在复杂的国际市场环境中准确把握机遇，有效应对挑战。他们能够通过深入了解不同市场的特点和需求，设计出符合国际标准且具有竞争力的商务策略。因此，培养具有国际视野的商务英语人才对于企业在全球市场中实现长期成功至关重要。

2. 操作层面

在具体的商务操作中，遵循国际贸易规则和了解不同国家的商业习惯是确保交易顺利进行的关键。商务英语人才作为国际商务的从业者，必须精通世界贸易组织（WTO）的贸易规则以及其他国际商务准则，以保护企业利益并避免潜在的经济损失。对不同国家文化和商业习惯的了解能够帮助商务人员在国际交易中避免误解和冲突，从而提高业务效率和成功率。这些能力的培养是商务英语教育中不可或缺的一部分，确保学生能在国际舞台上有效操作和管理跨国商务活动。

3. 交际层面

国际商务本质上是跨文化的交流活动，要求商务英语人才具备高效的跨文化交际能力。这包括能够理解和尊重不同文化背景下的交流习惯和思维方式，以及能够有效地传达信息和观点。克服民族中心主义，培养能够适应多种文化背景的交际技巧，是国际商务成功的关键。这方面的教育可以帮助商务英语学生克服文化障碍，使他们能够在多元文化的国际环境中更有效地工作和交流，从而在国际商务活动中取得成功。

（三）商务英语国际化人才的构成要素

商务英语国际化人才的构成要素涵盖了国际化意识、国际化知识和国际化能力这三个核心部分，每个部分都对商务英语人才的培养和实际业务执行具有决定性的影响。

1. 国际化意识

国际化意识是国际化商务英语人才的基础，它包括对国际理解、相互依存、和平发展以及国际正义的深刻认识。具备国际化意识的人才能够保持广阔的视野，加强对不同文化背景的理解与尊重，这是处理跨文化交际活动中遇到的挑战和复杂情况的关键。通过培养国际化意识，商务英语专业的学生能够在全球范围内更有效地进行沟通和交流，促进不同文化和地域间的理解与合作。这种意识使个人在国际商务环境中能够正确地评估和应对各种情况，帮助他们在经济全球化的发展进程中作出更加合理和有效的决策。

2. 国际化知识

国际化知识的掌握是构成国际化商务英语人才的另一个重要方面。这包括对英语语言的深入理解、国际商务的专业知识，以及对国际时事、政治、世界发展历史、东西方文化对比、各国宗教和世界地理的广泛了解。这些知识的积累不仅有助于商务英语人才了解全球经济和文化的动态，还能够增进他们与国际贸易伙伴的交流与理解，从而在国际舞台上更有效地推动和完成商务交易。掌握这些国际化知识使得商务英语专业人才能在多变的国际环境中灵活应对，有效推动企业的国际化发展。

3. 国际化能力

国际化能力的培养是商务英语国际化人才成长的关键，涵盖了独立思考能力、跨文化交际能力、参与竞争能力、信息处理能力、终身学习能力、创新能力和经受挫折的能力等。这些能力的综合体现能够使商务英语人才在全球竞争中立于不败之地。具备这些能力的商务英语专业人才能够以国际化的思维导向，在跨文化的商务交流中展现卓越的适应性和创新性，不断地通过学习和信息处理提升自己的业务操作效率，同时具备应对挫折的韧性,为企业开拓新的业务领域和市场,推动行业的发展和进步。

三、培养创新型人才

(一)创新型人才含义

创新型人才的定义在不同领域有所不同,但都强调了创新意识、能力和实践的重要性。教育界、科学界和实业界对创新型人才有各自独特的理解和期望。

在教育界,创新型人才被视为那些具有创新和创造潜能的个体。这种定义强调了创新不仅仅是一种能力,而是一种潜在的品质,需要在教育过程中被发掘和培养。教育界认为,真正的创新型人才应该能够突破传统知识的学习方式,通过批判性思维和问题解决能力来创造新知识和新解决方案。这要求教育者不仅要向学生传授知识,而且应培养学生的独立思考能力和创新精神,使他们能够在未来的学术或职业生涯中进行创新和创造。科学界将创新型人才定义为那些能进行科学发现和发明创造的个体,即科学的开拓者和发明家。这些人才通常在科学研究和技术开发领域展示出极高的创新能力,他们的工作往往能推动科学界的边界向前延伸。科学界特别重视这类人才的原创思维和实验技能,他们通过实验和理论创新,提出新的科学假说或发明新技术,对社会和经济发展产生深远影响。

与教育界和科学界的定义相比,实业界对创新型人才的期待更加偏向于其能够创立新企业并推动产业发展的能力。实业界看重的是那些能将知识、技术和管理融为一体,具备创业能力的人才。这类人才通常具有敏锐的市场洞察力、强健的体魄和无限的创造力,能在竞争激烈的市场中创立新的商业模式或产品,带动整个产业的创新和进步。实业界认为,这种创新型人才的出现是推动经济增长和社会发展的关键因素。

（二）商务英语创新型人才特点

创新能力是商务英语创新型人才的核心特征。在不断变化和复杂的商务环境中，创新型人才能有效应对各种挑战和不可预测的问题。这种能力不仅限于找到新的解决方案，而是包括能够以新的方式思考和应对商业问题。创新型人才通过不遵循传统思维模式，而是采用与众不同的方法来分析和解决问题，从而驱动业务和行业向前发展。他们能够在面对新的市场挑战时，提出创造性的策略和产品，有力地推动企业的创新和竞争力。创新型人才的培养强调个性的充分发展，认为个性的独特性是创造性思维的基础。在商务英语教育中，应注重学生个性的培养，让学生在学习过程中能够表达自我、发挥个人特长和创造力。这种教育方式鼓励学生在学习过程中寻找自己的兴趣和激情，而不仅仅是被动接受知识。通过这样的教育，学生能够发展成为具有自我驱动力的创新者，这种驱动力是他们未来在复杂商务环境中成功的关键。

为了培养具有创新能力的商务英语人才，教育机构必须创造一个有利于创新的学习环境和氛围。这包括在学制设计、课程设置、教学活动和教学评价体系中引入灵活性和自由度，以激发学生的创造性思维和独立性。教育机构应鼓励开放的思想交流、批判性思维和问题解决技能的发展。学生可以自由探索、实验和创新，进而能够在真实的商务环境中以创新的方式作出反应。

四、培养区域型人才

（一）区域型人才含义

区域型人才通常指的是那些专门为满足特定地区或区域发展需求而培养的人才。这类人才具备特定地区所需的专业知识、技能和能力，能够在该区域的社会、经济、文化或政治发展中发挥关键作用。区域型人才特别强调对本地或区域特有需求的适应与贡献，这类人才通常具备深厚的本地化专业知识，了解地方行业需求、本地法规和文化习俗等。对这种人才的培养往往是为了满足特定地区在经济或社会发展中的具体需求，如针对地方重点发展的行业或服务领域。区域型人才直接服务于本地经济的繁荣和发展，他们在地方企业或机构中的作用不可小觑，通过其专业技能和知识的应用，能有效推动地方创新和增长。

与区域型人才相比，国际化人才的培养更侧重于形成全球视野，使人才能够在国际竞争和合作中占据优势地位。这类人才通常需要掌握国际商务知识、具备跨文化交流能力和多语种能力，以适应和参与全球市场的需求。国际化人才旨在服务于全球市场，具备跨国界工作的能力和广阔的适应性。而他们的培养策略通常包括国际交流、海外学习经验和多国文化的融合，强调全球视野的形成和国际合作的能力，与侧重于本地教育资源利用和深入了解本地实际情况的区域型人才培养策略形成鲜明对比。

（二）商务英语区域型人才培养的意义

高等教育区域化是全球教育发展的重要趋势，这一趋势在西方发达国家的高等教育发展历程中体现得尤为明显。这种趋势不仅促进了区域经济发展，还对社会进步产生了积极影响。历史上，许多重要的教育发展里程碑都标志着高等教育区域化的加深。1826年创立的伦敦大学以及美国在1861年通过《赠地法案》创建的大量赠地学院，都是为了满足当地社区和区域的教育需求，并支持本地经济和社会发展。这些学院和大学通常提供与当地经济密切相关的课程和专业，从而直接回应地方的劳动力和技术需求。20世纪美国社区学院的迅速发展以及联邦德国采取地方承担高等教育发展的主要职责的策略，都进一步证明了高等教育区域化的有效性。美国的社区学院特别注重为学生提供实用技能培训和继续教育，以促进学生直接就业或继续深造，有效支持了地方社区的经济发展和社会服务。在德国，地方政府对高等教育机构的支持确保了教育资源的合理分配和利用，加强了学术研究与地方产业的联系，促进了区域经济的创新与增长。

地方经济的发展依赖于区域产业结构，这种结构直接影响着对人才的需求类型和规格。由于不同行业和企业对技能和专业知识的需求各异，地方高校的人才培养计划需要紧密结合这一点。商务英语作为一个重要的专业，其培养的人才应能满足地方涉外经济活动的具体需求，如国际贸易、跨文化交流和外向型企业管理等领域。在中国高等教育体系中，地方性大学占据了绝大多数，这些高校主要由地方政府管理。这些院校的核心任务是培养能够支持和推动地方经济发展的人才。这就要求这些大学必须有明确的人才培养定位，确保其教育方案与地方经济的实际需求高度一致。失去这种定位的地方高校将难以在促进地方经济和社会发展中发挥应有的作用。

尽管地方高校在过去几年中大幅扩张了招生规模，从总量上基本满足了地方人才的需求，但在人才供给的结构上往往存在不匹配的问题。这种错位现象导致许多地方企业，尤其是涉外企业感受到专业英语人才的短缺，而部分毕业生却难以找到与其专业对口的工作。因此地方高校需要重新思考和调整其人才培养策略，以更好地适应地方经济的具体需求。为了解决人才培养与社会需求脱节的问题，地方高校应当调整其教育方案，强化与地方企业和行业的合作，实时了解和响应市场变化。这包括增强课程的实用性和应用性，如通过实习、案例研究和项目合作等方式，使学生能够更好地了解并适应地方市场的实际需求。

（三）商务英语区域型人才特征

商务英语区域型人才的特征主要体现在其与地方经济发展的密切结合和对地方需求的响应上。商务英语区域型人才能够适应地方市场的具体条件和需求。这不仅包括语言技能的应用，更涉及能够在具体商务环境中应用这些技能的能力。他们了解本地市场的商业习惯、法律法规及文化特点，能在这些框架内有效地工作，从而在地方经济中发挥关键作用。

区域型人才直接影响地方经济的增长和国际竞争力。通过他们的专业活动，如国际贸易、外向型企业服务等，这些人才不仅促进了地方经济的国际化进程，也帮助地方企业在全球市场中找到竞争优势。他们的工作成果往往直接关联地方经济的繁荣和区域品牌的建设。区域型商务英语人才主要服务于本地市场，尤其是那些依赖国际交易和外部沟通的行业。他们的职业路径和发展机会通常与地方经济的特点紧密相关，使他们成为推动地方经济发展和提升地方形象的关键力量。例如，河北省秦皇岛是一个外向型经济较发达的城市，当地可以培养偏向国际会展、国际合作方向的商务英语人才。内陆地区外向型经济还不太发达，可以突出本地需要来培养人才，如招商引资方面、本地土特产出口方面、当地特色旅游方面的商务英语人才。

第二节 商务英语人才培养的理念

一、人才培养理念影响要素

有一种观点认为，商务英语专业人才培养教育理念可以概括成一句话：把握人才培养 WH6 要素（Who—培养什么人、How—怎样培养、Why—为什么、What—培养什么、Who—谁来教、Where—在哪儿教）。

（一）人才定位（Who）

人才定位（Who）要求大学明确培养目标，即培养什么样的商务英语专业人才。大学应根据区域经济发展的实际需要，结合当地企业对人才的具体需求，制定课程体系。商务英语专业的学生应被培养成能够在外贸机构、合资企业、外资企业等外向型企事业单位中发挥作用的高素质应用型专门人才。这涉及学生不仅需要具备强大的英语语言能力，还应掌握必要的商务知识和跨文化交际能力。

（二）教学方法（How）

在教学方法方面，应采用与时俱进的教育模式，如工学结合、订单式培养等，这些都是高职教育中的先进培养方式。教育理念应以就业为导向，通过校企合作开展实践教学，以学生为中心，不断改革教学模式以适应学生的学习习惯和职业发展需求。此外，应通过任务驱动的教学方法推动项目课程的改革，并实施"双证书"制度，以增强学生的职业技能和市场竞争力。

（三）专业定位（Why）

专业定位（Why）是确定大学商务英语专业的教育目标和方向。这包括理解该专业在整个高等教育体系中的位置、在经济社会发展中的角色、在大学内部的地位及其与同类专业的关系。只有清晰了解了这些定位，大学才能有效地制定教育策略，确定教育重心，从而有效地配合社会和经济的需求。

（四）课程内容（What）

课程内容（What）的设计应紧密结合商务英语专业人才的实际需求。教育内容不仅要包括基础的英语语言训练，还要涵盖国际贸易、全球市场营销、国际法律等商务相关知识。这种课程设置旨在使学生在毕业后直接投入国际商务活动中，具备一定的操作能力和解决实际问题的能力。

（五）教师资源（who）

对于教师资源而言，大学需要构建一支与人才培养目标和模式相适应的专业教学团队。在商务英语教育中，这意味着教师不仅应具备扎实的英语教学能力，更应具有丰富的商务实践经验。这种"双师型"教师团队能够将理论与实际相结合，提供符合行业标准的教学内容，同时通过自身的经验传授给学生实际操作的技巧和解决问题的方法。因此，教师的选拔和培训应重点关注其专业知识及实际经验，确保他们能够满足教学需求。

（六）教学环境（Where）

教学环境（Where）不仅关系到传统的教室教学场所，更涉及校内外实训基地的建设。为了使商务英语学生能够获得尽可能真实的行业体验，大学应投资建设配备先进设施的模拟商务环境，如模拟会议室、交易操作室等。这些实训基地能为学生提供实际操作的平台，让他们在学习期间就能接触到行业内的实际工作流程和挑战，从而提前适应未来的工作环境。此外，与企业的合作也是构建有效教学环境的一部分，通过校企合作，学生可以直接参与到企业项目中，获得宝贵的实践机会。

二、OBE 人才培养理念

（一）核心理念

在教育领域中，"成果"指的是学生在一段重要的学习经历结束时所展示的具体、可测量的学习成效。这些成果重点在于学生能够如何运用所学的知识和技能去执行具体的任务或解决实际问题，而不仅仅是学习过程中的知识积累或理论理解。

成果的核心在于"做事的能力"，即学生在学习后能够实际操作或表现出来的技能和知识。这种能力通常通过行为和表现来体现，如学生能够运用所学的知识来设计一个项目、解释一个复杂概念、制作一个业务计划或进行一次有效的演示。在定义学习成果时，使用可观察的行为动词至关重要，因为它们具体描述了学生在学习结束时所能执行的具体行动。例如，"描述""解释""设计"或"制作"等动词都明确指出了学生需要展示的具体技能。这与"知道""理解""相信"或"思考"等动词不同，后者更多指内在心理过程，难以通过外在行为直接观察和测量。

成果导向教育（Outcome-Based Education, OBE）是一种以学生的最终学习成果为中心的教育模式，这种教育理念主要关注学生完成教育过程后能具备的知识、技能和态度。OBE 的核心在于，教育活动的设计和实施都应以学生能够达到的预定学习成果为导向。这一点与传统教育模式有显著不同，后者通常更侧重于教学过程本身及教育输入。在 OBE 理念下，教育机构需要首先明确教育的具体目标，即学生在学习过程中应达到的具体能力。这些能力可以是知识掌握、技能熟练或情感态度的改变等。所有的课程设计、教学方法和评估方式都必须围绕这些预设的学习成果进行。这种做法要求教育者对教育成果进行精确的定义，并据此制订出一套可行的教学计划。

OBE 理念强调的是结果的可测量性，即学习成果应当是可以被具体评估和量化的。这一点确保了教育质量的可控性和透明度，使得教育过程更加客观和公正。通过设定明确的成果目标，教育者不仅能够更有效地评估教学方法和课程内容的有效性，也方便对学生的学习进度进行监控和调整。例如，一个商务英语课程的目标是让学生能够熟练地运用商务英语进行谈判，那么这一成果可以通过模拟谈判的表现来具体评估，如学生的语言使用、谈判策略的应用等，可以通过评分标准具体量化。在OBE模式下，所有学生的评估标准都是明确且一致的，学生的评价基于他们是否达到了设定的学习成果，而非教师的主观感受或偏好。这种方式减少了个人偏差的影响，使评价过程更加公正。

（二）基本原理和假设

成果导向教育的基本原理是"所有学习者均可成功"，这一原理基于几个关键假设，这些假设形成了其教育理念的核心。OBE坚信每个学生都具备成功的潜力和独特才能，教育系统的责任在于发现并培养这些才能，而不仅仅是关注学生的不足。OBE认为，如果教育者设定高而可达的目标并提供必要的支持，那么每位学生都有能力达到卓越的学术成就。OBE倡导的教育环境强调学生之间的合作而非竞争，以促进学生全面发展，并防止竞争带来的负面影响。高校在OBE体系中扮演的是一个关键角色，负责为每个学生找到适合其学习风格、背景和需求的成功路径，确保教育资源和实践能够针对每位学生发挥最大效用，从而实现个体的最优学习成果。

（三）成果导向教育金字塔

斯巴迪（Spady）提出成果导向教育金字塔，即一个执行范例、两个关键目的、三个关键前提、四个执行原则、五个通用领域实践。

一个执行范例是提出愿景（或范例）的做事方法，特别强调从学生的最终成功出发，设想所有学生都有能力成为成功的学习者。这种方法要求教育系统全面考虑并提供支持每个学生成功所需的各种条件，包括教育资源、学习环境以及支持服务的全面配置。这种以结果为导向的策略促使教育机构重组教学内容和方法，确保它们都能有效地支持学生达成学习目标。

两个关键目的，首先是构建成果蓝图，明确标示学生毕业前必须掌握的知识、技能和品质，其次是营造成功的学习场景和机会，确保每个学生都有公平的条件去实现这些预设的学习成果。在实施过程中，成果导向教育的三个关键前提为教育实践提供了基础指导，即：第一，所有学生具有成功的潜力，尽管他们可能需要不同的学习方法；第二，成功能够促进更大的成功，即早期的成功体验可以增强学生的自信和进一步的学习动力；第三，高校能够通过提供适宜的学习环境和资源来控制和促进学生的成功。

成果导向教育的四个执行原则为教育提供了清晰的指导，确保学习活动与预定成果紧密对应。第一个原则是清楚聚焦，这要求课程设计和教学过程关注学生应达成的学习成果，同时鼓励学生将个人学习目标与这些成果对齐。第二个原则是扩大机会，强调教育系统需要适应每位学生的个别差异，确保所有学生都获得必要的时间和资源来实现教育目标。第三个原则是提高期待，涉及设置挑战性的学习标准，以激励学生更深入地学习，这有助于学生在学术和个人成长上取得更大的成功。第四个原则是反向设计，这种方法从学生需要达到的最终学习成果出发，反向规划整个教学过程，从而确保教学活动的每一个步骤都是为了实现这些成果而精心设计的。

在成果导向教育的实践中，第一件要做的事情就是清楚地定义教育成果，这包括关键成果、具体成果、评价标准及表现指标。关键成果是指那些每个学生都应该达到的核心能力，如批判性思维、解决问题的能力等。具体成果则是对这些关键成果的具体化，如在数学课程中解决复杂问题的能力。评价标准和表现指标是具体衡量学生是否达到这些成果的工具和方法。这一阶段的透明度和具体性是非常重要的，因为它们直接关系到教育质量的保证和教育目标的实现。

在课程设计方面，成果导向教育要求教育者从期望的学习成果出发，反向设计课程内容和教学活动。这意味着教育者必须整合课程架构、教学方法、测验及认证等多个方面，确保每一部分都服务于最终的学习成果。这种设计不仅关注学科知识的传授，还重视学生能力的培养，强调与真实生活情境的结合，以及跨学科和跨年级的课程整合。通过这种方法，教育不再是孤立的、碎片化的知识传授，而是成为一个连贯的、综合的学习过程，旨在全面提升学生的能力和应用知识。在教学授课阶段，教师的角色变得尤为关键。教师需要通过多样化的教学策略来促进学生的能力发展和知识应用，鼓励学生进行批判思考、有效沟通、推理、评论及积极行动。成果导向教育还强调采用多元评价方法，以确保评价过程公正且全面，强调学生达到的最高成就标准，而非简单比较学生间的差异。成果导向教育还提倡在教学和学习过程中不断进行决策和调整，以适应不同学生的学习需要，确保每个学生都有机会获得最佳的教育效果。

成果导向教育的课程设计有两个黄金规则。第一个黄金规则是反向设计，这要求教育者先确定期望学生达到的最终学习成果目标，再基于这些成果来规划整个教育过程，包括课程内容、教学方法及评估方式。这种设计逻辑确保教育活动不偏离其最终目的，即培养学生达到预设的知识和能力水平。通过这样的设计，每一课程单元、每一教学活动都紧密连接，共同支撑学生达到这一最终目标。例如，在设计一个科学课程时，最终成果是让学生能够设计和实施实验，那么教育者需要规划出支持这一成果的具体教学活动，如实验方法的教学、数据分析技能的培养等。

第二个黄金规则强调课程内容的相关性和必要性。这一规则要求教育者细致审视课程中的每一个元素，确保所有内容都直接支持最终的学习成果。如果某些内容与最终成果仅有轻微或无直接联系，那么这些内容应当被修改或剔除，以保持课程的精练和高效。这种方法不仅提高了教学效率，还帮助学生将注意力集中在最关键的学习目标上。例如，在进行商业管理课程设计时，如果分析财务报表的能力是一个关键学习成果，那么所有相关的会计和财务知识都应被纳入课程，而与之关联性较低的内容，如历史上的经济理论等，可能需要被缩减或删除。经过这样的筛选和集中，成果导向教育就能保证每个学生都能在完成学业时具备必要的知识和能力，从而为其未来学习或职业生涯打下坚实基础。

成果导向教育理念已在全球范围内影响了众多国家的教育改

革,特别是在工程教育领域。美国工程技术评审委员会(ABET)的"Engineering Criteria 2000"(EC2000)标准是一个显著的例子,它采用了成果导向的认证规范,以确保教育质量和毕业生的实际能力符合工业界的需求。这种以成果为导向的教育模式不是一个教育质量保证过程,而是一个全面的教育理念,旨在通过明确定义学习成果和相应的评估方法,来提高教学的有效性和透明度。ABET的实践激励了全球范围内的工程教育改革,引导了包括英国、澳大利亚、加拿大、新西兰、南非、日本和爱尔兰在内的多个国家调整其认证标准。通过这种方式,成果导向教育促进了全球工程教育领域的标准化和国际化,使不同国家的工程教育系统能够在相互认可的基础上进行合作和交流。

2013年,中国作为《华盛顿协议》的签约成员之一,也开始将成果导向教育理念应用于工程教育乃至更广泛的高等教育领域。这种教育改革的目的在于确保教育活动和评估机制能够全面地反映和促进学生的核心能力发展,如解决问题的能力、创新能力和团队合作能力等。这种改革不仅有助于提高教育系统的国际竞争力,而且还确保毕业生能够满足国际职业市场的需求。通过实施成果导向教育,教育者被要求从教学设计到评估实施过程中,始终以学生的学习成果为中心,这不仅改变了教育的内容和方法,还改变了评价学生学习成果的方式,使之更加注重学生能力的实际应用和发展。这样的教育模式强调实践和理论的结合,提高了教育的适应性和前瞻性,使得教育更加符合社会和经济发展的需要。

第三节 商务英语人才培养模式现状

商务英语教育在中国经历了一段长期而复杂的发展历程,从最初的"外贸英语"课程演变成今天的成熟专业,这一过程中的多样化培养模式彰显了专业逐渐适应经济全球化和市场需求变化的轨迹。

在我国,商务英语的教学可以追溯到20世纪50年代,最初被称为"外贸英语",主要教授基础的商务交流技能,如书信写作等,直到80年代这一命名和教学内容开始发生变化。随着时间的推移和市场需求的增加，这一领域的课程设置和专业名称经历了多次更迭，如"财经英语""经贸英语"和"商贸英语"，最终确定为今天的"商务英语"。这些变化不仅反映了教育领域对市场需求变化的响应，也显示了商务英语作为学科的逐步成熟和专业化。商务英语的人才培养模式经历了多种变革，反映了教育者对于如何有效整合英语能力和商务知识的不断探索。

当前高校商务英语专业在人才培养方面存在一些挑战，主要体现在教育模式与市场需求之间的不匹配。尽管高校尝试采用新的教学方法和策略，但在实际操作中仍然沿用了传统的英语语言文学的教学模式。这种"穿新鞋，走老路"的情况导致了培养模式与实际的职业需求存在一定差距，进而影响了毕业生的就业效果和用人单位的满意度。传统商务英语人才培养模式的问题主要存在于培养路径、课程设置、教学体系和人才培养评价体系几个方面。

一、培养路径有待完善

传统商务英语人才培养模式面临多种挑战，这些挑战主要源于课程结构和教学方法与市场需求之间的不匹配。以下是对现有三种主要培养路径的分析。

（一）英语+商务知识

这种模式试图在传统英语课程中融入商务知识，如经贸英语、外经贸英语写作等。然而这种结合方式往往只能提供浅层次的商务知识，未能构建起一个完整的商务知识体系，学生的商务实操能力也因此未得到充分培养。课程内容的不够深入导致学生对国际商务的理解仅停留在术语和概念层面，难以满足职场对深度和实用性的要求。

（二）英语+汉语商务课程

在这种模式中，除了英语课程，还增加了使用汉语授课的商务课程，由商科教师讲授较为系统的商贸理论和操作。尽管理论教学较为系统，但由于是用汉语授课，未涉及英语语言技能的训练，学生无法将学到的商务知识通过英语实际运用。汉英术语不一致的问题也限制了学生将来用英语从事商务工作的能力。因此，这种模式虽然在商务知识传授上有所增强，但未能实现语言与专业知识的有效融合。

（三）通用英语＋商务英语

在该模式下，学生前两年主要学习通用英语语言应用课程和文化课程，后两年转向商务英语相关课程。虽然后期商务英语类课程系列丰富，知识体系较为完整，但前两年的通用英语学习与后期的商务英语学习在内容上存在断层。通用语言课程未能为后期复杂的商务语言环境提供足够支持，导致学生在实际商务环境中难以应用所学知识，效果不佳。

二、课程设置有待改进

尽管《高等高校商务英语专业本科教学要求（试行）》为商务英语专业设计了涵盖语言知识与技能课程群、商务知识与技能课程群和人文素养课程群三大课程模块的课程体系。然而在具体实施过程中，许多院校的课程设置还有很大的改进空间，主要体现在以下四个方面。

（一）师资力量不足

师资力量的不足是一个显著问题。许多院校因缺乏合格的商务英语教师，导致无法提供足够的英语或双语授课。这种情况下，很多商务课程只能采用中文授课，而不能有效实现语言与商务知识的融合。即便是英语授课的商务课程也往往局限于语言知识的基础训练，没有实现与商务实际操作能力的结合。这种师资力量的缺乏削弱了商务英语教育的实效性，限制了学生在真实商务环境中应用英语的能力。

（二）通识教育课程设置不合理

通识教育课程在商务英语专业中的设置同样面临不足。当前的教育体系中，人文素养课程的设置往往不够全面，未能涵盖足够广泛的人文知识，如中外哲学体系、文化体系、政治和宗教等重要领域。选修课程中缺乏能够帮助学生深入分析世界形势、理解不同文化背景的课程，这限制了学生视野的拓展和对全球化商务环境的理解。缺乏系统的人文教育，学生难以培养出在复杂商务环境下运用综合知识解决问题的能力，同时削弱了他们的创新意识和批判性思维能力，这些都是现代商务活动中极为重要的素质。

（三）过渡课程缺失

从通用英语到专业商务英语的过渡课程的缺失是另一个重要问题。在没有恰当的过渡性课程支持下，学生在完成通用英语学习后直接进入商务英语学习，很容易感到不适应。这种突然的跨越往往使学生难以掌握商务领域的专业词汇和表达方式，影响了他们对商务知识的深入理解和语言的有效运用。因此，缺乏有效的过渡性课程设置不利于学生实现从语言学习到商务实际应用的平滑过渡，进而影响了教育质量和学生的未来发展。

（四）实践课程不足

商务英语专业的人才培养在实践课程方面存在显著不足，这对学生的应用能力和创新能力培养构成了重大挑战。部分商务英语课程设置过于理论化，实践环节占比极小，这一现象部分源自高校对实践课程的忽视，认为理论教学相比之下更为重要或易于管理。部分高校缺乏合适的实践平台，例如与企业的合作不够广泛或深入，导致学生缺乏将所学知识应用到真实商务场景中的机会。这种偏重理论而忽视实践的教育模式，既不利于学生在将来的职场中直接应用其在高校学到的知识和技能，也不利于培养学生面对复杂问题时的独立思考和创新解决方案的能力。

三、教学体系有待更新

商务英语教学体系存在的问题主要涵盖以下几个关键领域，这些问题共同影响了教育质量和学生的综合能力发展。

在传统的商务英语教学体系中，教学方法的陈旧性是影响教学效果的主要挑战之一。尽管教育政策鼓励以学生为中心的教学方法，许多教师由于长期沉浸于传统的教学模式中，难以完全转变思维方式和教学策略。这种教学模式往往未能充分激发学生的主动学习、研究能力和问题解决能力。即便部分教师尝试通过组织各类课堂活动来提高教学互动性和学生参与度，但由于缺乏对"以学生为中心"教学法的深入理解和实践经验，这些尝试往往未能达到预期效果。同时教学改革缺乏相应的评价体系支持，使得教师在尝试创新教学方法时缺乏动力和信心，因此，整体上的教学改革进展缓慢，未能形成广泛的影响。

商务英语教学体系面临的另一个显著挑战是教材的科学性不足。当前商务英语教材普遍存在层次性不足、缺乏实用性和综合性的问题。这些教材要么过度强调语言技能的训练而忽视商务内容的系统性，要么单纯聚焦于商务知识的介绍而忽略对语言能力的均衡发展。由于教材设计没有合理地融合语言训练和商务知识学习，学生在向更高阶段的专业学习过渡时往往感到困难重重，难以平衡语言能力与商务理解的发展。许多教材的内容选材缺乏针对性和系统性，国外文献材料的使用往往片段化，缺乏前后连贯性，这不利于学生通过系统学习来提升其实际应用能力。当前的商务英语教学体系缺乏有效的实践教学平台，尤其是在校企合作方面存在一定的困难。虽然理论上工学结合被认为是商务英语教育中最理想的实践教学模式，但在实际执行过程中，这种合作模式在中国的多数地区并不顺利。主要的阻碍来自企业方面的工作考虑。企业通常出于对自身利益的考虑，在建立与教育机构的合作关系时表现得相对消极，因为与高校不同，企业的主要任务不是培养人才，而是追求利润。在没有直接的利益驱动下，企业对参与教育项目的积极性通常不高。

四、人才培养评价体系有待完善

商务英语教学体系缺乏一个全面的人才培养评价体系。多年来，高等教育评价主要依赖于权威机构对高校的评价，这些评价机制通常较为单一，过度依赖于量化的研究成果。这种偏重研究产出的评价体系在很大程度上忽略了人才培养的质量和效果，未能全面反映学生的学习成果和专业能力的发展。例如，广东管理科学院武书连等学者所制定的大学研究与发展评价自1991年起就一直是中国高等教育领域具有影响力的排行榜之一。尽管该排行榜在2000年开始将"人才培养"纳入评价体系，使之成为一个综合性的办学成果排行榜，但其评价指标仍主要集中在博士后、博士、硕士和本科生的产出数量上。这种以产出数量为主的评价方式难以全面反映人才培养的实际效果，尤其是对于商务英语这类应用型专业来说，这种评价体系无法有效衡量学生的实际应用能力和创新思维。

因此，对于商务英语专业而言，构建一个更为全面的人才培养评价体系至关重要。这个体系应能综合评估学生的专业知识掌握、实际应用能力及创新能力等多方面的成果。只有这样，才能真正监督和促进高校人才培养的质量，帮助教育机构摆脱仅以科研成果和高学位人才数量作为教育质量评价的局限，从而更好地培养适应社会和市场需求的高质量商务英语专业人才。

第四节 商务英语人才培养模式创新

一、学习者为中心模式

商务英语人才培养正在经历一场关于培养模式的革新，其中核心是树立以学习者为中心的培养模式。这种理念强调的是学生在学习过程中的主体性，即学生不仅是知识的接受者，还是学习过程的主导者。这一转变意味着教学活动不再以教师为中心，而是围绕学生的学习需求进行设计和实施。

在实际教学中，这种以学生为中心的培养模式强调通过实际的商务交流任务和活动来培养学生的语言运用能力。这种教学不是简单地传授语法、词汇或句型，而是让学生通过参与设计的商务交流任务，如模拟商务谈判、市场调研报告编写等，来实际运用语言。通过这样的任务，学生能够在真实或仿真的商务环境中使用语言，从而更好地理解和内化新知识，加深对语言和商务概念的理解。教师在这一模式中扮演的是设计者和引导者的角色，他们的任务是创造一个富有挑战性的学习环境，提供必要的语言输入，并通过有效的教学策略促进学生的语言输出。这种教学方式要求教师不只是传授知识，更重要的是激发学生的学习兴趣，培养学生的自主学习能力和批判性思维能力。教师需要根据学生的具体需求和学习进度调整教学计划和方法，确保学生能够在实践中学习和成长。

二、复合型培养模式

商务英语人才培养模式创新的核心在于实现真正的复合培养，这需要一个彻底融合英语语言和商务学科知识的教学路径。首先要考虑到复合型人才培养的目标，培养模式必须从入学开始就将英语语言技能与商务学科基础知识结合起来，逐步深化这一整合。具体来说，从大一开始制订的培养计划就应当既包括专业化的语言学习，同时引入商务学科的基本概念。教师要通过全英语授课的方式，确保学生在语言学习的同时，对商务学科的理解逐渐加深。进入大二和大三，课程的设置应进一步深化语言与专业知识的整合，强化学生在实际商务环境中使用英语的能力。此阶段的课程既要深化学生的语言技能，也要加强其商务知识的专业性，使学生能够在更复杂的商务交流中熟练使用英语。到了大三，学生应有机会选择一个具体的商务领域进行深入学习，这种选择性的深化学习有助于学生根据个人兴趣和未来职业规划精准定位其专业方向，同时避免了商务知识的泛化，提高了教学的针对性和实用性。

三、第二课堂实践模式

（一）第二课堂实践模式含义

第二课堂实践模式是高等教育体系中一个关键的补充教学策略，旨在通过课外活动提升学生的专业能力及综合素质。这一教育模式扩展了传统课堂教学的边界，为学生提供了一个更加灵活和多元的学习环境。在第二课堂中，学生参与各种非正式的教育活动，包括但不限于学术研究、社会服务、体育运动、文艺表演等，这些活动不仅丰富了学生的校园生活，也促进了其个人能力的全面发展。

广义上的第二课堂不仅涵盖专业技能的提升，还包括政治教育、文化娱乐和身体健康等方面的发展。这种教学模式认为学生的成长不应仅限于学术知识的获取，还应包括身心的全面发展和社会责任感的培养。通过参与第二课堂活动，学生能够在实际操作中应用所学知识，增强解决现实问题的能力，同时，这些活动有助于学生建立团队协作精神和领导能力。

狭义上的第二课堂更专注于提高学生的专业技能。这部分的第二课堂通常包括与专业直接相关的科研项目、工作坊、模拟训练等，专门设计来强化学生的职业技能和实践经验。这种做法使学生能够在真实或模拟的专业环境中深化理论知识的应用，优化其职业准备过程。

（二）设计商务英语第二课堂的原则

1. 统筹兼顾原则

第二课堂应当是第一课堂的有效补充，它需要综合并且平衡专业性和通用性教育的需求。这意味着在设计活动时，应充分考虑到商务英语学习的专业需求，同时不能忽视对基本商务英语技能的培养。活动设计应包含专业商务英语实践，如商务谈判模拟，以及更广泛的语言技能训练，如商务写作和口语交流。这种统筹兼顾的方法有助于学生在商务英语的各个领域都能获得均衡发展。

2. 趣味与实用原则

第二课堂活动的设计还需要注重趣味性和实用性，这有助于提高学生的参与度和学习效果。活动应紧贴学生的实际生活和未来职业需求，通过有趣的方式加强学生的实践和应用能力。教师可以通过组织企业参观、模拟公司运营等方式，让学生在轻松愉快的环境中学习和应用商务英语。这样的活动设计不仅提高了学生学习的兴趣，也强化了他们的实际应用能力。

3. 创新驱动原则

创新精神是第二课堂设计的核心。在活动设计中应融入新的教育理念和教学方法，鼓励学生展现创造力和首创精神。教师可以引入最新的商务英语教学技术和工具，或者设计一些开放式的项目，让学生在解决实际商务问题的过程中发挥创新精神。这种以创新为核心的第二课堂活动不仅能够激发学生的学习热情，也能培养他们适应快速变化的商务环境的能力。

（三）第二课堂实践的具体方式

1. 开展学术科技与创业实践活动

在商务英语人才培养中，第二课堂实践模式的核心是开展学术科技与创业实践活动，这些活动特别强调将商务英语教学与学术研究、科技创新及创业活动结合。这种实践模式允许学生将在商务英语课堂上学习到的语言技能和商业理论应用到真实世界的商业和技术挑战中，从而增强其专业能力和市场适应性。具体而言，商务英语学习者可以参与到研究项目中，这些项目可能涉及新产品的市场调查、商业计划的制订或是新技术的商业化过程。通过这样的课外活动，学生不仅能够深化对商务英语的理解，还能获得实际操作经验，如学习如何撰写科研论文和商业提案，以及如何在学术和商业环境中有效地沟通和展示自己的想法。

参与教师指导的科研团队或科技创新项目，可以让学生在专业指导下，应用商务英语技能来解决实际问题，如在国际科研合作中承担沟通和协调的角色，或在国际会议上展示研究成果。这种跨学科的合作经验不仅提升了学生的语言实际应用能力，也增强了他们的职业竞争力。

2. 参与社会实践与志愿服务类活动

商务英语专业的学生通过参与社会实践与志愿服务类活动，能够将课堂上学到的理论知识应用于实际情境中，从而达到知识与实践的有机结合。这种第二课堂的模式不仅仅是对学术知识的一种补充，更是一种全面提升个人综合素质的有效途径。在实践活动中,学生有机会参与到真实的商务谈判、市场调研、项目策划等商务实践中,这些经历能够显著提高他们解决实际问题的能力,增强其对专业知识的理解和运用。参与志愿服务能引导学生在服务社会的同时培养自己的社会责任感和使命感。他们可以参与到社区英语教学、跨文化交流活动的组织与实施中,这不仅帮助他们提升语言运用能力,更能够锻炼他们的组织协调和人际交往能力。这种实践模式的核心在于通过真实的社会接触,让学生能够深刻理解和体验社会运作的各个层面,从而更好地准备自己未来的职业生涯。

3.搭建商务英语互动平台

在现代教育环境中,利用微信等社交媒体平台建立商务英语的互动学习环境,为商务英语学习者提供了一个新颖且有效的第二课堂实践模式。教师可创建专门的微信公众号和微信群,并在这些平台上发布与商务英语相关的各类信息,如经济新闻摘要、热门话题讨论以及实时的商务交流模拟。这种模式强调学习的主体性和自由性,使学习者能够根据个人兴趣和需求选择学习内容和参与形式,增强了学习的灵活性和个性化。

教师可设置"微新闻"板块,让学习者可以接触到最新的商业和经济新闻,用英语进行解读和讨论,从而提高他们的语言实用能力和对国际经济形势的理解。在"微话题"板块中,学生可以围绕当前的经济热点问题进行讨论,这不仅增进了他们的批判性思维能力,还能提高他们解决问题的能力。"微店"功能的引入则是鼓励学生利用所学知识尝试创业,这种模拟实践活动有助于学生了解和掌握商务操作的实际流程。在这种基于微信的互动平台中,商务英语教师可以在课前通过群聊发布学习任务,学习者在小组内进行资料的搜集和整理,互相讨论,分享资源。课中和课后,教师可以利用视频对话功能进行实时反馈和指导,确保学习的有效性。这种互动性强的学习方式不仅增强了学生的学习动力,还有助于提高他们的实际操作能力和团队协作能力,为将来的职业生涯奠定坚实的基础。

四、校外实践教学模式

（一）企业专业实践模式

企业专业实践模式可以帮助学生更深入地将课堂所学理论知识与企业的实际工作需求相结合。这种教学模式不仅仅是理论知识的传授，更重要的是提供了一个真实的商业环境，让学生在实际的商务活动中进行学习和实践。在这种模式下，学生能够在企业的实际操作中学习到怎样有效地解决工作问题，如何在商务交流中进行有效沟通，以及如何应对商业环境中突发的各种挑战。这些经验不仅提高了他们的专业能力，也锻炼了他们的应变能力。在实际的企业环境中，商务英语学习者会被安排在不同的工作岗位上，根据"做中学"和"学中做"的学习策略，他们能够在实践中深化对商务英语的理解和应用。这种实践方式允许学生在完成专业课程和基本实践技能训练后，直接参与到企业的日常运营中，从而获得第一手的行业经验。这种实践还促进了学生对企业文化的理解和职业技能的提升，为他们日后的职业生涯提供了宝贵的资本。

企业实践不仅限于技能的培养，同样重要的是通过这种方式培养学生的职业道德和团队合作精神。在企业的日常工作中，学生需要学习如何在团队内部有效沟通，如何在遵守公司规章制度的同时展现个人能力。这些学习经验使学生可以更好地理解和适应未来职场的需求，同时能够理解和尊重不同文化背景下的商务行为规范，为成为国际商务领域的专业人士打下坚实的基础。根据高校和地理位置的不同，这种实践通常可以安排在学生的大一至大三期间，时间可以是暑期或学期中的4至7月，持续2至4周。为了强调这一活动的重要性，高校可为完成实践的学生提供单独的学分。实践内容广泛，包括商务函电、企业宣传、商务接待、市场调查、售后服务、会展服务、广告策划、商务翻译、货物代理、物流管理、银行理财、旅游策划、跨境电商服务等，涉及多个商业领域和技能。

学生可以以小组形式（每组3至5人）参与到校外的商务英语实践

125

基地或自行联系企业进行实践。这种团队合作的模式不仅提升了学生的职业技能，还强化了团队协作与沟通能力。如果实践单位和学生双方一致同意，实践时间可以延长至整个暑期的 8 周，为学生提供更为深入的工作体验。在实践结束后，学生需要提交一系列文档，包括实践表格、实习笔记、2000 字的实习报告（需企业指导老师签名并盖章）、实践照片和视频。学生还需准备以小组为单位的英语实习成果演示文稿，并在返校后的实习报告会上进行展示，展示内容应体现团队合作精神及其他核心价值。

（二）毕业实习模式

毕业实习在商务英语人才培养中扮演着至关重要的角色，它不仅是学习者实践所学知识的机会，更是他们为未来职业生涯做准备的关键步骤。此模式的设计强调了实习的综合性和目的性，特别是在就业准备方面。通过参加毕业实习，学生能够在真实的工作环境中应用和深化他们的基础理论知识、专业知识以及基本技能。这一过程不仅帮助他们解决实际工作中的问题，还能够完善他们的知识结构，提升其将理论与实践相结合的能力。

在实施毕业实习时，高校应当根据学生的学习阶段和职业意向进行个性化的指导和安排。实习单位的选择应当允许学生根据自己的职业规划自主选择，以便他们能够在对自己未来有利的岗位上获得实践经验。这种灵活的实习安排可以减轻实习基地的压力，同时为学生的个人发展和就业竞争力增添砝码。通过实习，学生可以更好地理解社会主义市场经济下的国际贸易环境，掌握相关的法律法规和政策方针，从而为他们将来的职业生涯奠定坚实的基础。为了确保毕业实习的有效性，高校需要在实习前进行周密的计划和安排。这包括明确实习的具体目标、扩展实践教学形式以及建立与企业合作的实践教学基地。这样的措施不仅增强实习的实用性和教育性，还可以提供一个更加丰富和多元的学习环境，帮助学生适应快速变化的商务环境。

为了提高企业实践的资源利用效率，高校应当与企业合作，定期评估实践教学的效果，制定和修订实习评价标准。这样的评估和反馈机制**能够确保实习质量，帮助高校和企业双方理解实习成效，并根据**反馈进行调整。建立支撑条件，如实习指导、安全教育和文化适应指导等，也是高校确保实习成功的重要因素。在这些综合措施的保障下，毕业实习不仅能为学生提供宝贵的职场经验，还能够促进他们的全面发展，使他们成为具备国际视野和高级专业能力的商务英语人才。

（三）海外实践模式

海外实践模式在商务英语人才培养中具有不同的国际化特征，这种模式允许学生直接在国外的公司和企业中进行实习，从而更加深入地理解和应用国际商务的实际操作。在实践中学生不仅能够提升自己的商务英语技能，还能够在跨文化环境中增强自己的国际商务行为能力。海外实践的设置使学生能够直接接触到不同国家和地区的商业环境，这种经历是无法在本土获得的。学生在国外的实践活动中能够学习到如何在不同文化背景下进行有效沟通，理解和尊重不同的商务礼仪和法律法规，这对于培养能够在全球范围内运作的商务人才至关重要。

上海外国语大学的海外实训体系就是一个典型的案例，该系统根据美国高校的海外实习模式进行设计，关注国际化职业发展的需求。学生可以在国外的企业中进行为期 3 周到 12 个月的实习，实习形式包括长期和短期项目。这种灵活的设计让学生可以根据自己的学习和职业规划选择合适的实习期限。高校还通过与国外企业和国际组织建立直接联系或通过非政府组织等渠道拓宽实习机会，增加了实习项目的多样性和实用性。

在实施海外商务英语实习的过程中，高校必须考虑一些可能出现的问题和挑战。比如，为了保证实习的质量和安全，高校需要建立健全项目管理和服务体系，确保学生在海外的学习和生活得到适当的支持和指导。然而，上海外国语大学的案例所示，海外实习的服务与管理往往相对简单，风险控制形式也较为单一，这些都是需要改进的地方。高校应该制定更加完善的配套政策，如提供紧急联系方式、安全培训和文化适应指导等，以应对可能的风险和挑战。高校还需要考虑实习的持续性和可持续发展。这包括定期评估与国外合作单位的合作效果，根据反馈调整实习项目，确保教育质量与国际标准保持一致。相信在这些措施的保障下，海外实习不仅能够提供给学生宝贵的学习机会，还能够促进学生的全面发展，使他们成为具备高度国际化视野和强大跨文化交流能力的商务英语专业人才。

五、校企联合实践教学模式

校企联合教学模式是现代教育与企业实践的一种高效结合，旨在通过教育与商务实践的整合，共同培养具有全面素质和创新能力的商务人才。此模式基于优势互补的原则，让学校为学生提供理论知识，而企业则提供实践经验和市场敏感度训练。在这种教学模式中，学生可以在真实的商务环境中学习和应用他们在课堂上学到的知识。

在校企联合教学模式中，合作的形式多样，包括联合课堂、联合项目和产学研的紧密结合。联合课堂允许企业的实践专家进入课堂，与学术教师共同授课，为学生提供理论与实践相结合的学习体验。联合项目则是学生在企业导师的指导下，参与真实的商务项目，从中学习项目管理和实际操作技能。产学研结合则更加深入，涉及学校和企业共同进行科研项目，解决实际商务问题，这不仅提升了学生的研究能力，还强化了他们的创新思维和解决问题的能力。

（一）双向互动课堂模式

在校企联合教学模式中，双向互动课堂作为一种重要的实践方式，既包括将企业专家引入学校课堂（请进来），也包括将学生带到企业实际环境中学习（走出去）。这种模式有效地解决了学术与实际工作环境之间的差异，增强了学生的学习体验和实际应用能力。

"请进来"策略是邀请具有丰富实践经验的商务英语专家进入课堂，为学生讲授具体的商务英语应用主题，如举办专项讲座或连续系列课程。这样的课堂不仅丰富学生的知识结构，还增强了学习的针对性和实用性。

这种方式能直接将行业最新的知识和技能带到学校中，帮助学生更好地了解当前商务英语领域的实际需求和未来趋势。"走出去"策略则更注重实践与应用，将课程的一部分转移到企业现场进行。在这种模式下，学生能够在真实的工作环境中通过企业专家的指导直接参与到商务操作中，这种实地学习方式极大地提高了学生对商务理论与实践整合的理解。通过这种互动教学，学生能够在实际工作场景中运用所学知识，有效地增强其解决实际问题的能力。

（二）项目驱动的合作教学模式

项目驱动的合作教学模式是另一种校企合作的教学策略，它依托于具体的商务项目，要求学生参与到项目的各个阶段中去。这种教学模式特别强调学生的主动参与和实际操作，使学生能够在完成具体的商务任务中运用其专业理论知识。在这种模式下，学生不仅需要掌握必要的理论知识，还需要具备一定的实际操作技能。学生要根据个人兴趣和职业目标选择适合自己的项目任务，与团队成员共同制订工作计划和分工。在教师和企业专家的指导下，学生将参与到真实的商务环境中进行调查研究和项目执行，这不仅能增强他们的职业技能，也能促进他们职业道德和创新能力的发展。

（三）社会服务模式

社会服务是高校的社会功能和角色，与学校的办学理念、教学质量、师资队伍以及文化影响力紧密相连。它是指以各种形式为社会经济发展所做的经常性、具体性、服务性的活动。社会服务可以将实践教学与社会服务进行融合并极大地提高学习者的实际应用能力与社会贡献。这种模式不仅反映了高等教育机构在社会经济发展中的积极角色，而且有效地将教学质量、师资力量与社会需求结合起来，实现了教育资源的优化配置和社会服务的最大化。

在商务英语专业中成立翻译服务社是一个引导学生参加社会服务项目的有效措施，这样，学生可以在教师的指导下，提供专业的笔译和口译服务。这不仅是一种社会服务，也是实践教学的重要组成部分。通过承接来自企业、政府、校内外团体或个人的翻译项目，学生可以在实际工作中锻炼和提升自己的语言能力和专业知识。翻译社内部成员通过团队合作实现技能的互补和经验的共享，能有效提高翻译质量和团队协作能力。

为了进一步拓展业务和提升服务质量，教师和学生可建立网络平台对接企业需求与翻译解决方案，作为连接市场与教育实践的桥梁。这种网络平台不仅可以作为业务发展的工具，也是学生职业实训的平台，有助于学生了解和适应市场需求，增强其就业竞争力。此外，商务英语专业的学生可以通过为社会提供各类培训课程，如商务口语、基础商务翻译教学以及专业英语考试培训，来实现自我能力的提升和社会服务的功能。

第六章　商务英语师资建设强化

第一节　师资队伍建设的重要性

在商务英语人才培养过程中，加强师资队伍建设很重要，这不仅关系到教学质量的提升，也直接影响到学生的职业能力和未来发展。

一、提升教学质量与效果

加强师资队伍建设，要求引入更多具有高水平教学能力和实际商务经验的教师。这些教师能够使用最新的教学方法和技术，更有效地传授商务英语的专业知识和技能，使学生能够更好地理解和应用所学知识。

具有高水平教学能力的教师能够采用多样化的教学方法来提高学生的学习兴趣和学习效率，如教师可结合传统的讲授法与案例教学、角色扮演和模拟商务谈判等互动性强的教学方法。这种教学方法的多样性不仅能适应不同学习者的学习风格，还能增强学习的实践性和趣味性，从而提高学生的学习动机和学习效果。例如，一个教师可能会在授课中使用真实的商务案例，让学生分组讨论，然后模拟商务会议来解决案例中的问题，这种方式能够让学生在实践中深化对商务英语的理解和应用。

随着科技的进步，现代教育技术的应用也成为提升教学效果的一个重要方面。教师可以利用在线平台和教学软件为学生提供更多的互动性和个性化学习资源，如使用在线模拟软件进行虚拟商务会议，不仅可以让学生在安全的环境下练习商务谈判技巧，还可以让教师及时给予反馈和指导。这种技术的应用有效地扩展了传统课堂的边界，使教学更加灵活和高效。

二、理论与实践相结合

强化师资队伍尤其是那些具有丰富实际工作经验的教师，可以帮助学生将课堂上的理论知识与真实世界的商务实践相结合。这种实践经验的传授对于学生理解复杂的商务问题和培养解决问题的能力至关重要。

教师的实际经验使他们能够将抽象的理论知识具体化，使学生能够更加直观地理解知识的应用场景。例如，一个曾在多国企业工作的商务英语教师，可以将自己参与国际会议的经历带入课堂，详细讲解在会议中遇到的语言和文化差异问题以及采取的应对策略。这种教学不仅能提升学生对理论知识的理解，还能激发学生的学习兴趣，让他们意识到学习商务英语的实际意义。具有丰富实际经验的教师还能够为学生设计接近真实商务环境的模拟活动。教师可以模拟一个跨国购买合同的谈判过程，让学生分角色进行模拟谈判，实际应用课堂上学到的商务英语表达和谈判技巧。这种实践教学不仅能帮助学生将理论知识与实践活动相结合，还能引导学生在活动中发现并填补自己在实际应用中的知识空白。

这些教师还可以利用自己的行业人脉为学生提供实习机会或者邀请业界人士进课堂，举办讲座或分享案例。教师可以邀请从事国际贸易的专业人士进入课堂，与学生分享实际工作中的案例和经验，讲解在不同国家和地区进行商务活动时需要注意的法律法规和文化习俗。这种直接与业界接触的机会将极大地增强学生的实践能力和问题解决能力。

三、更新教学内容和课程

商务环境快速变化，加强师资队伍建设可以确保教学内容的及时更新，包括最新的商务趋势、技术工具和法规变更。这样，学生可以学习到最前沿的知识，增强其市场竞争力。加强师资队伍建设，尤其是引入具有行业经验和持续接触最新商务实践的教师，可以确保课程内容紧跟商务领域的最新发展。随着数字化转型和人工智能的应用在商务领域日益增多,更新课程以包括这些内容变得非常必要。教师可以整合最新的数字营销技巧、电子商务平台的使用以及数据分析工具的应用进课程中,这些都是当下商务英语应用中不可或缺的元素。

法规变更也是商务环境中一个常见的变量,对商务交流有着直接的影响。教师通过自己的专业更新和网络资源,可以及时将国际贸易法规、知识产权保护等内容更新到课程中。教师可以定期参加专业培训或者订阅相关的行业资讯,再将这些信息通过课程分享给学生。这样不仅增强了学生对于国际商务环境变化的敏感性,也提高了他们解决跨国商务问题的能力。

教师的国际视野和教育背景也是课程内容更新的重要资源。具有国际教育背景或工作经验的教师能够引入多元文化视角和国际商务实践,这对学生理解不同商务文化和提高跨文化交流能力极为有益。教师可以结合自己在不同国家的工作经验,介绍各国的商业习惯和文化差异,使学生在学习语言的同时,获得实际应用中必需的跨文化交流能力。

四、提高学术和职业指导

经验丰富的师资队伍可以为学生提供关于职业发展的有效指导和咨询,帮助他们做好职业生涯规划,以及提供实习和就业机会的信息。师资队伍的国际化还可以开拓学生的国际职业视野,为其未来在国际舞台上的发展奠定基础。

教师可以通过个性化的职业发展指导帮助学生识别自己的兴趣和强项。例如,具有丰富国际商务经验的教师能够准确地为学生提供关于不同商务领域的详尽信息,如国际贸易、跨国公司管理、外交服务等,帮助学生根据自己的兴趣和职业目标选择适合的实习和就业方向。这种指导是基于教师自身的职业经历和对行业趋势的深入理解,能够极大地增加学生职业规划的针对性和实效性。师资队伍的国际化对于开拓学生的国际视野也尤为重要。国际化的教师团队可以带来不同文化和教育背景的混合，丰富学生的全球视角和跨文化交流能力。一位来自英国的商务英语教师可以带来英国企业的工作文化和沟通方式，而一位美国教师可能会重点介绍美国市场的营销策略。这种多元化的教学方式不仅增强学生的国际商务英语应用能力，还为他们将来在全球市场上竞争和合作奠定了基础。

五、增强研究与创新能力

在学术环境中，教师的科研能力不仅影响他们自身的职业发展，也直接影响学生的研究技能和创新能力的培养。教师作为研究的引导者和学术的传播者，对学生的学术生涯和创新思维的塑造起着决定性作用。拥有强大科研能力的教师可以通过自己的研究项目带动学生参与进来，从而让学生在实际的研究中学习和锻炼。一个专注于商务英语领域新兴市场研究的教授可能会启动一个关于市场商务沟通策略的研究项目，学生可以在此项目中担任数据收集、分析或报告编写的角色，这种参与不仅能够提升学生的研究能力，还能帮助他们学习如何批判性地分析信息，如何撰写学术论文，以及如何在学术会议上展示自己的研究成果。

教师的科研项目往往涉及最新的学术前沿和技术应用，参与这些项目的学生可以直接受益于对最新科技和理论的接触。一个研究跨文化交流中语言技术应用的教师可能会引入最新的人工智能翻译工具进行实验研究。学生在这种研究环境中不仅可以获得关于新技术的知识，还可以参与到创新的实验设计和实施过程中，这些都是极具市场价值和应用前景的技能。

教师的科研能力也可以通过编写教科书或参与学术文章的撰写来体现。如果学生有机会参与到这些写作项目中，不仅是对其学术写作能力的一种提升，也有利于在学术界建立个人的声誉。学生可以帮助教师收集资料、参与讨论或草拟文章初稿，这种经历对于学生未来寻求学术职位或争取参加进一步学术研究工作来说非常有帮助。

第二节 "双师型"教师的概念与内涵

一、"双师型"教师的概念

出于对"双师型"概念的解释和理解存在差异，不同的专家和学者从各自的角度对这一新概念进行了定义。然而，学术界对于"双师型"教师的确切定义尚未形成统一的共识。对于"双师型"教师的概念，在学术界存在多种解读和内涵，主要可以分为以下几个视角。

（一）双职称学说

该观点强调"双师型"教师应具备两种职称，即教师职称和非教师职称（如工程师职称）。这种定义的核心在于认为一个合格的"双师型"教师应当同时具备高等教育和实际工程领域的专业资格。例如，一个人既是大学讲师或教授，也是注册工程师或高级工程师。这样的教师能够将理论知识与实际操作相结合，更有效地传授应用技术和实践技能。此种观点的提出，最初意在解决职业教育中理论与实践脱节的问题，确保教师不仅能传授理论知识，还能指导实际操作，从而提高学生的职业技能。

（二）双素质说（双能说）

支持此观点的学者认为，仅拥有双重职称不足以体现"双师型"教师的全面能力，教师还应具备双重素质，即教学能力和行业实践能力。这种观点强调教师不仅需要具备深厚的学科知识，还必须拥有与之对应的行业或职业实践经验。例如，一个机械工程讲师不仅需精通机械设计理论，还应具备丰富的机械制造和维修经验。这种素质的结合能够使教师在教学过程中，更生动、实际地将复杂的理论知识转化为学生易于理解和应用的技能，同时能及时更新教学内容，使之符合行业最新的技术发展。

（三）双证说

该观点认为，专业技术教师应具备相应的专业技术职务任职资格证书以及相关的职业资格等级证书，如同时持有教师资格证和工程师资格证。这种定义方法的优点在于操作简便，易于验证，教师通过展示其资格证书即可证明其"双师型"资质。然而，这种方法也存在局限，即它不能全面评估教师的实际教学或行业技能水平。尽管如此，从行政管理和政策执行角度来看，这种方法便于教育管理部门监督和管理，因为它为教师的资格认证提供了明确的标准和依据。

（四）叠加说

叠加说是对"双师型"教师概念的一种更为全面的解释，它融合了双证说和双能说的核心观点。根据这一理论，一个合格的"双师型"教师不仅需要具备相关的职业和教师资格证书（即"双证"），而且必须显示出这些证书所要求的实际技能和专业能力。在具体操作和评价标准上，这种观点强调教师应具有深厚的专业知识和实践技能的结合。例如，教师需要拥有本专业中级或高级的职业资格，并在过去五年中主持或主要参与过校内实践教学或与技术水平提升相关的安装设计工作，并取得显著成效。此外，教师还应具备至少两年的企业基层实践工作经验，能够为学生提供实际活动的有效指导。同时，教师在应用技术研究方面应有所建树，如近五年内主持或参与的研究成果已被企业采用，并产生了良好的效果。

这种定义方式不仅要求教师在纸面上的资格证明，更强调其在实践和技术应用上的实际能力和成果。通过这种方式，教育机构能够确保教师在理论知识传授和技能训练上能够提供高质量的教育，更好地满足职业教育的双重需求：理论教育与实践应用。这样的"双师型"教师更能适应当前高等职业教育人才培养的需求，有效地链接教育与产业之间的需求和资源。

(五)"双层次"说

支持"双层次"说的学者认为"双师型"教师不仅应在专业知识的传授上具备理论深度,同时也应在技能培训上提供实际指导。此外,这一观点还强调教师应引导学生形成正确的人生观和价值观,指明他们的职业发展方向,并培养学生的职业道德。所谓的"双层次",即指教师在知识和技能传授(第一层次)以及人生价值与职业道德培养(第二层次)上都应具备高水平的能力。这种观点突出了"双师型"教师在教育过程中的复合作用,不仅是知识和技能的传递者,也是价值观和职业精神的塑造者。

(六)"一证一职"说

"一证一职"说主张"双师型"教师应同时持有教师资格证书和至少一项其他职业资格证书。对于校内全职教师,这意味着他们除了教师职称,还应具有相关的专业技术职称或职业资格;对于校外或兼职教师,则要求他们拥有教师资格证书和相应的高级专业技术职称或其他职业资格。这种观点强调证书的具体性和专业性,认为只有同时具备教学和职业双重资格的教师,才能真正实现职业教育的目标,即培养学生在理论和实践中都能够胜任工作的能力。

综合以上分析,可以看出"双师型"教师的概念核心在于教师不仅要有扎实的理论基础和教学能力,还必须拥有相应的职业技能资格证书,并在技术开发与研究实践方面具备一定的实力。这种双重资质使教师能够更有效地将理论与实践进行结合,满足职业教育旨在培养实用技术人才的根本需求。

二、"双师型"教师的内涵

(一)"双师型"教师的提出与发展

"双师型"教师这一概念最初由王义澄在1990年12月通过《中国教育报》发表的文章《建设"双师型"专科教师队伍》中提出。这一概念首次出现是以上海冶金专科学校（现上海应用技术大学）作为研究对象，强调建设"双师型"教师队伍是提高职业教育质量的关键措施。到1995年，国家教委在《国家教委关于开展建设示范性职业大学工作的通知》中正式提出需建立"专兼结合、结构合理的职业师资队伍"，并明确要求职业教育中的专业教师与实习指导教师应具备实践能力，要求"双师型"教师占教师总数的三分之一以上。1998年，教育部进一步在《面向二十一世纪深化职业教育改革的原则意见》中细化了"双师型"教师的要求和标准。1999年，国务院及其他相关部门在教育工作会议上将发展"双师型"教育队伍定位为我国职业教育未来发展的重要任务。2000年教育部发布的《教育部关于加强高职高专教育人才培养工作的意见》中强调，提升高职高校的教学水平的关键在于构建一支高素质的"双师型"教学队伍，并提出了教师要走产学研结合的发展道路，加强对职业高校教师的培训，以提高教师的"双师"素质。

  自21世纪初以来，随着社会对高素质技术人才需求的增加，中国政府加强了对职业教育教师队伍建设的重视。2005年和2006年，国务院相继发布了《关于大力发展职业教育的决定》和《关于全面提高高等职业教育教学质量的若干意见》，这两份文件都将"双师型"教师队伍的建设放在了重要位置，突显了提升职业教育师资质量的国家策略。2010年11月，教育部进一步颁布《中等职业教育改革创新行动计划（2010—2012）》，重申了政府对高职院校教师队伍建设的承诺和重视。到了2014年，教育部开始筹划新的职业教育改革，计划将全国1200所高校中的一半转型为本科职业教育院校，以适应国家社会发展的新要求，并从2015年开始进行试点。这一系列改革中，教师队伍的建设尤为关键，特别是在新的历史条件下，构建一支高素质的"双师型"教学团队成为迫切需求。根据2022年教育部办公厅发布的《关于进一步加强全国职业院校教师教学创新团队建设的通知》（教师厅函〔2022〕21号）第三条，要求"双师型"教师的占比不低于50%，进一步强调了"双师型"教师在职业教育中的核心地位和作用。这些政策和措施集中体现了我国政府对职业教育质量提升和教师专业化建设的持续关注和投入。

(二)"双师型"教师团队

"双师型"教师团队的概念扩展了单一"双师型"教师的框架，提出了在职业教育中构建一个多元化的教学团队的构想。这样的团队中，成员可能包括全职专业教师、兼职技术教师、行业专家以及科研人员，各自担负不同的教育和研究职责。专业教师主要负责理论知识的讲授，为学生提供必要的学术背景和理论框架。来自企业和工业界的兼职教师则利用自身的实践经验和技术专长，负责技术技能的教学和实际操作的指导。科研人员在团队中的作用主要是推动教学方法和技术的创新，通过最新的研究成果将前沿技术融入课程中，保证教学内容的时效性和前瞻性。这种团队配置允许教育机构利用来自不同领域的专家知识，创造一个互补的教学环境，这不仅提高了教学质量，也促进了学术与产业的紧密结合。

在"双师型"教师团队的模式下，不是每位团队成员都需要具备完整的"双师型"属性，而是通过团队成员的互补性来达成整体的"双师型"功能。这种策略能够有效地集中各方面的优势资源，形成强大的教学和研发能力，实现教育与行业的共赢。通过这种方式，可以更加灵活和有效地满足高等职业教育对于专业知识与实践技能并重的复合型人才培养需求。

(三)"双师型"教师发展方向

未来，"双师型"教师的发展方向将趋向于更加系统和标准化的培养与认证过程，以满足职业院校对于高质量教师资源的迫切需求。随着职业教育事业的不断扩展和深化，对"双师型"教师的复合型素质和能力的要求也日益提高。这种教师不仅要具备深厚的理论知识和实践技能，还需具备能够培养学生创新能力和解决实际问题能力的教学方法。

为了实现"双师型"教师的标准化发展，未来需要从以下几个方面入手进行操作。首先，教育部门需要建立一套全国统一的职业教育教师资格标准和认证系统，以解决当前缺乏统一且科学的"双师型"教师资格认证体系这一主要制约因素，明确包括教育背景、职业经验和专业技能在内的具体资格要求。其次，标准化发展需要强调理论知识与职业实践的无缝对接，要求"双师型"教师不仅在传授专业理论时熟练，还能在实际操作中提供现场指导和技能培训，确保学生能够将理论知识转化为实际操作能力。随着教育技术的快速发展和教育模式的变化，未来的"双师型"教师还需要具备使用现代教育技术的广泛能力，如熟练运用数字工具和在线教学平台。当然，为了保持"双师型"教师的竞争力，将需要他们定期参与工作坊、研讨会和继续教育课程，以更新知识体系并跟上行业发展的步伐和新的教育策略。这些措施共同作用，旨在全面提升"双师型"教师的教学质量和专业能力，满足职业教育领域的高标准需求。

第三节 "双师型"教师的主要特征

一、复合性

"双师型"教师展现了一种复合型人才特性，其特征体现在多个维度，旨在整合教育和专业实践的深度与广度。

（一）理论与应用的融合

"双师型"教师在教育与专业领域都具备深厚的理论知识和实际操作能力。这种融合不仅仅是简单的知识传授，更重要的是将教育理论与实际工作经验结合起来，能够在专业操作技能及其方法、新技术应用、设备使用与维护等方面提供实际指导。以商务英语专业为例，这类教师不仅需具备深厚的语言学理论知识，还要掌握实际商务交流的技能。在实践教学中，这种融合体现在将语言学理论应用到实际商务情境中，如通过模拟商务谈判、撰写商业报告、进行市场分析等教学活动，帮助学生理解和掌握如何在真实的商务环境中有效使用英语。这类教师还可能涉及新技术的使用，如教授学生如何利用现代信息技术工具（如 CRM 软件）来进行客户关系管理和数据分析，这些都是当前商务领域非常重视的技能。

（二）教学与研发的结合

在职业教育的环境中，"双师型"教师不只是理论和实践的教学者，也是技术的开发者和创新者。他们直接参与到与企业的技术合作与研发中，帮助解决实际的技术难题，推动技术的应用研究。这种研发能力专注于满足行业的技术需求，区别于传统学术型教师的基础理论研究，更侧重于应用性和实践性的技术创新。对于商务英语专业的"双师型"教师来说，教学与研发的结合是提升教育质量的关键。教师在这一过程中不仅传授理论知识，更通过与企业的合作，引入实际商务项目作为教学材料。例如，教师可能会带领学生参与到真实的市场调研项目中或是与企业合作开发新的市场扩张策略，这些活动既是技术创新也是教学内容的一部分。

（三）知识与技能的统一

"双师型"教师的素质结构中，知识和技能的统一是其核心特征。他们不仅具备必要的教育和专业知识背景，如教育学、专业理论知识等，同时具备强大的实践教学能力。例如，在商务英语专业中，教师不仅教授语言学理论和国际贸易的基础知识，还必须能够指导学生如何在实际商务交流中有效运用这些知识，包括进行商务谈判、撰写商业提案，以及执行跨文化沟通策略。这种统一还意味着教师能够将教室内的学术学习与教室外的实际应用无缝连接。通过组织模拟商业项目、实际案例分析以及企业实习，教师帮助学生将理论知识转化为实际操作能力，提高其解决实际问题的能力。这不仅增强了学生的职业竞争力，也使教育内容更贴近行业需求，提升了教育的实用性和效果。

（四）教育与专业的统一

"双师型"教师的职业身份融合了教育与专业领域的双重资格，这表现在他们同时持有教师资格证和专业领域的职业资格证。这种双重身份使他们能够在教育和专业实践两个领域内自如地转换角色，实现专业知识的传授和职业技能的培训，推动教育与行业的相互融合与促进，从而成为专业教育领域的关键力量。这一点在商务英语教育中尤为明显。持有教师资格证和专业领域职业资格证的教师，能够在教育传授和专业实践中游刃有余地切换角色。他们不仅在课堂上讲授商务英语的语言知识，也引导学生参与到真实的国际贸易项目中，如国际市场分析、客户关系管理以及国际合同谈判等。

通过这种角色的双重扮演，教师不仅丰富了自己的专业知识和教学技巧，也为学生提供了一种学以致用的学习模式，为他们在学术和职业之间搭建了桥梁。此外，这种融合促进了教育与行业的互动与合作，为学生提供了更多与行业接轨的机会，如行业讲座、企业参观和实习机会，这些都是"双师型"教育模式中不可或缺的一部分。

二、专业性

双师型教师作为职业教育体系中的关键人才，其专业性的形成与发展是国家教育改革政策与职业教育需求不断深化的产物。早在1985年，《中共中央关于教育体制改革的决定》首次明确提出了解决师资短缺问题的方案，指出需要建立职业技术师范院校并倡导企业专家与技术能手参与职业技术教育的过程。这一政策的实施标志着对职业教育师资专业化的早期探索，强调了教师在专业知识和实践技能两方面的兼备，为"双师型"教师的概念奠定了基础。随着职业教育的不断发展与社会对高技能人才需求的增加，教育部门进一步推动了对这一教师群体专业性标准的制定与优化，确保他们能够在教育质量和技术传授上达到更高的标准。

"双师型"教师的专业性不仅体现在持有教育和职业双重资格证书上，更在于他们能够将教育理论与职业实践紧密结合，以适应快速变化的行业需求。这种专业性的核心在于，教师必须具备深厚的学术背景和丰富的实际工作经验。例如，一个机械工程的双师型教师，不仅需要掌握机械设计的理论知识，同时应具备在实际生产线上解决问题的能力。

教育部门鼓励通过校企合作，让教师在企业实际环境中进行技术实践和研发，这不仅增强了教师的实践技能，也使得教学内容更加贴近实际工作的需求。通过这种模式，双师型教师的专业性得以在教育活动中发挥最大效用，有效地连接理论与实践，促进学生技能的全面发展。

三、应用性

（一）职业技能与实际工作的无缝对接

"双师型"教师的核心特点在于其强大的应用性，这是因为他们不仅拥有深厚的理论知识，还具备丰富的实际工作经验。例如，深圳高级技工高校的"双师型"教师大多来自行业前线，包括前企业总工程师或技术专家，这为他们的教学提供了实战背景。这种背景使教师能够将复杂的理论知识转化为学生易于理解和应用的实践技能。在教学过程中，这些教师采用理论与实操一体化的教学方法，确保教学内容与市场需求保持同步，从而极大地缩短了学生从高校到工作岗位的过渡时间。高校与多家企业建立了合作关系，这不仅为教学提供了实时的行业数据和案例，还为学生提供了实习和就业机会。这种校企合作模式使学生能够在学习期间就熟悉企业文化和工作流程，毕业时能够"零距离"地融入职场。因此，"双师型"教师在这种教育模式中起到了桥梁的作用，他们不仅传授知识和技能，更通过个人经验和行业联系，帮助学生顺利过渡到职业生涯。

（二）提升就业质量和职业发展

"双师型"教师的应用性还体现在其对学生就业质量的显著提升上。研究显示，"双师型"教师通过提高授课质量和提供课外就业指导，显著提升了高职学生的就业率和就业满意度。这类教师由于具备行业内的实际经验和技术知识，能够准确把握行业趋势和技能需求，从而在教学中注重培养学生的实际操作能力和问题解决能力。学生在这样的教学环境中不仅学习到最新的技术知识，更获得了如何在工作中应用这些知识的能力。同时，由于"双师型"教师通常具备良好的行业网络，他们能够利用这一优势为学生提供实习和就业机会。许多毕业生能够直接上岗，且表现出色，这在很大程度上归功于"双师型"教师的教育模式和他们为学生搭建的桥梁。通过这种方式，学生不仅在校期间获得了实际的行业经验，还通过教师的引导，了解了行业的职业道德和工作要求，为其职业生涯的长远发展奠定了坚实基础。

（三）在课程开发与专业建设中的核心作用

在课程开发和专业建设方面，"双师型"教师的作用尤为显著。由于这些教师通常具有丰富的行业经验和高级技术技能，他们能够准确把握行业发展趋势和技术革新，这些都是课程内容设计和更新的重要依据。在天津市高职院校的案例中，近3年内，"双师型"教师在国家级和市级精品课程建设中占主导地位，他们的专业知识和实践经验直接影响了课程的质量和实用性。

这些教师在课程设计过程中不仅关注知识的传授，更强调技能的训练和实际应用。他们与企业专家合作，共同开发符合工学结合特色的教材和教学资源，使教学内容和教学方法都能紧跟行业标准和技术发展。"双师型"教师在课程体系设计中也扮演着关键角色，他们根据职业岗位需求，合理规划课程结构，确保教学活动既能培养学生的基础知识，又能强化其专业技能。这样的课程和专业建设不仅提高了教育的针对性和有效性，也为学生的职业发展打下坚实的基础。

四、实践性

（一）理论和哲学的融合

"双师型"教师的实践性不仅是其职业功能的体现，也是其教育哲学的核心。亚里士多德将指导实践的理性称为实践智慧（phronesis），认为它只在具体的情境中证实自己，并总是置身一个由信念、习惯和价值所构成的关系之中。亚里士多德对实践智慧的理解揭示了实践不仅仅是行动的执行,更是在特定情境下的理性应用,涵盖信念、习惯和价值观的综合体现。这种哲学观点为"双师型"教师的职业实践提供了理论基础,强调教师在实际教学和职业技能传授中,不仅应用理论知识解决具体问题,而且要在道德和伦理的框架内进行教育活动。尤尔根·哈贝马斯(Jürgen Habermas)的理论进一步拓展了实践的概念,他区分了技术兴趣、实践兴趣和解放兴趣。对"双师型"教师而言,实践兴趣特别重要,它不仅是与环境相互作用的过程,也是理解和解释环境的过程。哈贝马斯认为通过语言这一媒介,实践的认识兴趣能够促使人们对自身和他人的交往活动进行深入的理解和高质量的交流。这为"双师型"教师的教学实践提供了指导,即在教育过程中应注重学生的理解、反思以及批判性思考的培养,而非仅仅传授技术或理论知识。

(二)职业发展与社区学习

在实际操作中,"双师型"教师的成长和专业发展过程也高度实践化。美国学者芬韦克所指出,教师的专业发展正在从个体学习向实践共同体的学习转变,这一转变强调教师通过与同行的互动和协作来提升自身的教学和专业技能。对于"双师型"教师而言,这种趋势尤为重要,因为它们通常需要在教育和具体职业技能两个领域内同时保持专业性和先进性。在这样的发展模式中,教师不仅在课堂内部进行知识的传授,更通过参与工作坊、研讨会,以及与行业专家的合作项目进行学习和实践。这种基于社区和团队合作的学习方式,能够有效地将理论知识与实际操作相结合,同时促进教师之间的知识共享和问题解决策略的创新。这不仅提高了教师的教学质量和职业技能,也加深了他们对职业教育价值和目标的理解,使教师能够更好地适应教育改革和市场变化的需求。

(三)职业与教育的融合

从教育实践的角度看,"双师型"教师的成长过程是一个持续的、动态的实践活动,这一过程不仅仅是个体的专业技能提升,更是一个教育与职业实践不断融合的过程。大多数"双师型"教师来自非师范类高等教育机构,他们进入教育行业之初往往缺乏必要的教育实践经验。因此,他们需要通过长期的在职培训和与企业的密切合作，不断提高自己的教育技巧和职业技能，使自己能够更好地适应职业教育的要求。国际上对"双师型"教师的要求也反映了其实践性的重要性。德国的"双元制"要求教师不仅需要博士学位，还必须具备至少五年的企业实践经验，这确保教师在进行职业教育时，能够将最新的行业知识和技术应用到教学中。美国和日本的相关规定也强调了实践经验对于职业教育教师的重要性，明确要求教师必须具备一定年限的行业工作经验。

第四节 "双师型"教师队伍的建设途径

一、加强教师培训

目前，我国高校在开展"双师型"教师培训时，虽然显示出极高的热情和重视程度，但仍面临一系列问题。第一，教育行政部门对高校施加压力，要求其必须开展相关培训，这种自上而下的压力导致培训往往为了应付检查，缺乏实质性的教学质量提升。第二，由于缺乏有效的监控机制，部分培训项目质量参差不齐，未能达到预期的教育效果。第三，培训的接受者，即高校的教师对于这种培训反应冷淡，原因包括多个方面的内容。首先培训的质量不高，不能真正提升教师的双师能力，使得教师感觉收获有限。其次现有的评价和激励机制未能有效激发教师的主动参与意愿，导致教师缺乏足够的动力投身到这种长期且可能未必有直接回报的培训中。

针对上述现象，高校商务英语专业可以从以下几个方面改进"双师型"教师的培训，以提高培训质量。

首先，高校可以采取多元化和系统化的培训策略提升培训质量。高校应制定基于高标准和高起点的"双师型"教师建设规划，注重教师队伍在职称、专业领域及年龄结构上的优化与调整；高校还应建立一个包含校内外资源、理论与实践相结合的多层次培训机制。这包括产学研合作，以及将学历教育和非学历培训并重，实现教学与科研的互动。通过这种立体化的培训模式，教师能在实际操作和理论学习中相互补充，提升其专业技能和教学能力。其次，高校应加强校本培训，推行如"双师型"教师导师制和实训与理论教师的协作制等合作性学习组织，以促进教师间的知识和技能交流。这不仅有助于建立一个支持性的教师社区，还能通过同行间的互动和协作，促进教师的职业成长和专业发展。最后，高校应强化对培训效果的评估，确保教师培训活动的制度化、规范化和常态化，从而系统性地培育和发展教师的核心专长。通过这些措施，高校能够有效提高"双师型"教师的培训质量，从而更好地适应教育发展的需求。

相比中老年教师而言，青年教师的可塑性更强。在高校中构建"双师型"教师团队，要注重对青年教师的培养，对此高校需采取多样化的策略来增强其专业实践能力和教学技能。高校应制订具体的教师培训计划，优先考虑青年教师的专业成长需求，尤其是在技能和知识更新方面。青年教师可以利用寒暑假等时间段定期进入行业企业进行实践锻炼，积累实际工作经验。安排他们参加各种短期专业实践技能培训，不仅帮助他们完成培训任务，还可以考取相应的行业资格证书，从而增强其"双师型"教师的资质。高校还可以利用国家级或省级的培训项目，选派中青年教师参加国内外的访学进修或合作研究，提高他们的应用研究能力。这种实践与理论相结合的培训模式不仅丰富了教师的教学内容，还提高了他们对行业发展的敏感性和应对能力。为了确保教师培训的实效性，高校还应强化目标管理，提出明确的岗位能力要求，确保每位教师都能在培训后展示出实际的能力提升。

根据弗雷德里克·赫茨伯格（Frederick Herzberg）的双因素理论，高校为教师提供进修和培训的机会是一种强有力的激励方式，这种方式对于那些追求个人专业成长和职业成就的"双师型"教师来说尤为重要。这种方式不仅有助于激发教师的工作热情和创新精神，还能有效提升教师的专业技能和教学水平。因此高校应该将其视为提高教师职业地位和教育质量的核心部分，积极制订和实施全面的教师培训计划。为了最大化培训效果，高校可以开发具有针对性的培训课程，包括最新的教学法、行业发展趋势以及前沿科技应用等，确保教师能够不断更新自己的知识库和技能。同时，高校还应该关注教师的实际需要，定期评估培训效果，以确保培训内容和方法的实用性和前瞻性。通过设立反馈机制，教师可以直接参与到培训计划的调整和优化过程中，这样的参与感和被重视感可以进一步增强他们的满意度和忠诚度。

综合以上措施，高校不仅能够显著提高教师队伍的整体素质，还能通过教师的专业发展来提高高校的教育质量和社会声誉。教师的成长和成功将直接反映在学生的学习成果和满意度上，而这进一步巩固了高校在教育领域的领先地位。这种全面发展的策略途径，旨在构建一个高效、动态且互相支持的教学环境，使教师、学生以及整个学术社区都能从中受益。

二、推进校企合作

在高校中提升"双师型"教师的培训质量，可以通过实施多层次的专业发展策略来实现。高校应有系统地计划选拔教师深造硕士、博士学位，以提高教师团队的学术水平。同时，针对教师在实践技能和实训指导能力方面的不足，高校应通过与职业教育培训基地合作，安排教师外出学习，更新专业知识并提升技能。特别是年轻教师，如果能在实训基地进行顶岗实习，其专业实际操作能力将有效增强。高校与企业的紧密合作也能为教师提供针对性的技能培训和评估，从而增强教师的实践动手能力。

高校还应对教师进行现代教学手段的培训，包括心理学、教育学基本理论及教学法的掌握，以及职业道德的强化，帮助教师更好地适应教育教学的要求。建立教师终身学习的制度也是提升教学质量的关键，鼓励教师不断更新知识，掌握现代科学技术，积极参与教研、科研和生产实践活动。对于新入职的教师，实施"先上岗、后上课"的策略，让他们在进入教室教学前，先在实训基地进行必要的实践锻炼，确保他们具备充分的生产技术和实践经验。这些措施共同作用，能够全面提升"双师型"教师的综合素质和教学能力。

三、拓宽聘用渠道

高校在构建"双师型"教师团队时，应拓宽聘用渠道以引进符合教学、科研和社会服务需求的人才。这包括正式聘请具有较高学历和学位的教师，以及从企业中引入具备强大实践能力的兼职人员。在招聘过程中，高校需要有针对性地对应聘者的背景和能力进行详细评估，确保其能够满足高校的具体需求和目标。

引进具有丰富实践经验的高学历人才是增强教师团队专业实践能力的重要方法。例如，德国的应用技术大学在教师招聘中强调候选人不仅需要具备博士学位（艺术类除外），还要求至少有五年的相关行业工作经验，其中三年需在高等教育机构之外。这样的政策确保了教师既具备深厚的学术背景，又有实际工作经验，能够将最新的行业知识和技能带入课堂。定期安排教师外出实践，如赴地方对口单位开展工作或进行实用研究，也是一种有效的方式。这不仅帮助教师保持与行业最新动态的联系，还促使他们不断更新和扩充自己的知识和技能。这种实践和学术能力的结合，有助于教师更好地完成教学与科研任务，从而提升整个教师团队的综合素质和教育质量。通过这些策略，高校能够更有效地培养和维护一个高素质、应用型的"双师型"教师团队。

高校在构建"双师型"教师团队时，还应采用灵活的招聘策略来引入具有丰富实践经验的行业和企业专家。这种策略允许高校有效弥补内部教师在实践经验上的不足，并提高教师团队的整体专业水平。高校需要拓宽对企业和行业中具备专业技术能力及管理经验的专家的聘用渠道，同时可适当放宽对学历的严格要求，更加注重候选人的实际操作能力和行业经验。高校还应创新兼职教师的管理方法，确保他们能够快速融入教学环境，并与全职教师形成有效的互补关系。明确和细化兼职教师的岗位职责及任务，并制定完善的合约管理制度来规范他们的行为，确保兼职教师的工作效果和积极性。为了提高兼职教师的教学质量，高校还应加强师德师风、心理学、教育学和教学法等方面的培训。

以上途径能够使得高校在招聘过程中更为精准地匹配教师队伍的需求，同时能够确保兼职教师在培养学生的实践技能方面发挥出他们的最大优势。这种聘用策略的实施有助于高校建立一个动态、互补且高效的"双师型"教师团队，有效地提升教育教学的质量和效果。

四、加强计划管理

高校需要制定一个综合的战略规划来加强"双师型"教师队伍的建设。因为规划管理作为现代管理学的首要职能，对于确保教师队伍按照高校的长远目标发展至关重要。教师队伍建设被视为高校人力资源管理的核心部分，从高校的应用型办学定位出发，确保"双师型"教师的培养和发展与高校的总体目标一致。

高校需要制定具有前瞻性的"双师型"教师队伍建设规划，这种规划不仅基于现状，更应展望未来，从而更好地适应教育行业的变化和发展需求。高校要制定长期、中期和近期的规划目标，每个阶段应有明确的目标和实施策略。每个学院也应根据自身专业的特点和需求，制定个性化的教师队伍建设规划，旨在持续提高"双师型"教师的比例和教育质量。规划还应包括定量和定性的增长目标，如提升"双师型"教师的数量、提高教师的教学和实践能力，以及增强教师的行业相关性。为了实现这些目标，高校应设计适当超前的制度，同时确保规划的实施能够适应不断变化的教育环境和市场需求，确保教师个人的专业发展与高校的战略发展紧密结合，从而形成一个高效、动态且具有高度专业性的教师团队。

高校应该关注地方经济和社会发展趋势，以及行业企业的最新动态，确保"双师型"教师的能力与市场需求保持同步。教师队伍建设规划还需要与高校内部的其他管理制度如岗位考核、职工年度培训等系统整合，避免制度间的冲突和重叠，确保各项政策的协调一致。在制定"双师型"教师队伍建设规划时，应全面考虑影响教师和高校发展的各种因素。这包括教师的教学和科研贡献、社会服务活动，以及他们在学生和同事中的评价。规划还应考虑奖惩机制，确保能有效激励教师的教学和研究工作。综合这些元素的系统化规划将有助于构建一个高效、专业且符合高校长远发展目标的"双师型"教师团队。

五、完善职称评审办法

在高校中建设"双师型"教师团队时，职称评审机制的完善是关键。职称作为教师专业成长的重要激励工具，引导教师职业发展的方向，因此需要精准反映高校的教育目标和市场需求。为了适应高层次应用型人才的培养需求，高校应调整职称评审标准，更加注重教师的实践应用能力。高校的职称评审体系应综合考量教师的职业道德修养、实践应用能力、课程教学能力等多个维度，其中实践应用能力的比重应当是最高的。这反映了对教师在实际教学和技能传授中能力的高度重视，符合高校培养应用型人才的教育目标。

职称评审办法的完善需要确保教师在专业成长过程中的公正性和透明性，同时激励教师在教学和实践领域内持续提升自身能力。评审体系应灵活调整，能够及时反映行业发展的最新趋势和学科进展，确保教师能够与时俱进，提高其教学和实践指导的质量。这种以实践能力为导向的职称评审制度将有效推动"双师型"教师团队的建设，增强高校在专业技术教育领域的竞争力。

六、重点培养教师的实践能力

在高校商务英语专业中，建设一个有效的"双师型"教师团队关键在于加强教师的实践教学能力。高校要为教师提供充分的实践环境和机会，使他们能够引导学生在模拟的实训室进行实际操作训练，进而参与到外贸公司或外资企业的专业实习中。这样的实践教学不仅让教师深入了解社会和商务活动的实际运作，还能丰富他们的教学内容，使用真实案例来推广新的教学模式和方法。教师能将实践教学与课堂教学融合，采用研究性教学、案例教学、反思教学和情境教学等多种教学模式，使教学过程成为一个连续的实践活动。

高校要确保实践教学的质量，应将教师的实践教学能力作为职称晋升、工资待遇及奖励政策的重要考量因素。高校还应投资实习实训基地和相关设施如演播厅、实验室及计算机应用软件中心的建设，为教师和学生创造接近真实工作环境的模拟场景。同时应设立专门的实践教学检查小组，对实践教学的环境、教师的参与度和学生的反馈进行综合评估，以跟踪和保障实践教学的质量。这种对实践能力的重视不仅有助于教师个人的专业成长，也能够确保学生顺利地从高校过渡到职场，体现了教师"双师"素质的实际效果。

高校需要利用"产学研"创业机制来发挥教师的潜力和作用。这种机制不仅强化教师的实践教学技能，还鼓励他们将科研成果转化为实际生产力，促进理论与实践的融合。高校应制定激励政策，鼓励教师在业务对口的条件下进行兼职和创业活动，这样的政策旨在激发教师的创新和创业精神。

高校还需要充分利用其教育资源、实训基地以及社会影响力，建立一个健全的"产学研"合作框架。这个框架应该为具有"双师"素质的教师提供一个平台，使他们能够在教育、研究和产业实践之间建立连接，从而创造更大的教育和经济效益。这种环境不仅有助于教师的个人职业发展，也促进了学生实践技能的提升和行业需求的满足。通过这种方式，高校可以确保教师在实践教学中不断进步，同时将创新理念直接应用于教育实践中，增强教学过程的实用性和前瞻性。

第七章　提升商务英语语言技能

第一节　商务英语听说技能的提升

商务英语听说技能在经济全球化的发展进程中至关重要，它们不仅是实现实时沟通和信息交流的关键，还在建立信任、理解文化差异、解决问题及冲突管理方面发挥着核心作用。优秀的听说能力能够帮助个人准确理解国际合作伙伴的需求，并有效地表达自己的观点，从而加强职业关系和推动项目的成功实施。听说技能也是职业发展中的一个加速器，能显著提升个人在领导岗位上的表现，进而增强企业在全球市场中的竞争力。因此，强化商务英语的听说技能不仅是提升个人职业能力的关键，也是企业拓展国际业务不可或缺的资本。

一、商务英语听力技能提升方法

（一）提升基本听力技能

基本听力技能是普通英语听力的基本内容，同样也是商务英语听力的基础和保障。强化学生的基本听力技能是提升商务英语听力能力的基石，因为优秀的商务沟通始于能够准确理解和处理语言信息的能力。教师需要系统地培养和提高学生的基本听力技能。具体分析如下。

辨音能力是听力理解的基本要素，学生需要能够准确辨识不同的音素和语音变化。这不仅包括标准发音的识别，还包括对各种口音和语调的适应。通过听力训练，如反复听录音、观看视频材料等，学生可以逐步提高对英语发音的敏感度和识别能力。在商务英语的场景中，快速抓住对话或演讲的主旨极为重要。教师要培养学生的快速理解能力，使其能在短时间内理解信息的核心内容，通过实践如听新闻摘要、会议记录等材料，强化其捕捉关键信息的技能。

商务环境下的对话或讨论常常涉及未知领域的词汇，因此教师还要教育学生如何根据语境预测即将出现的信息，并通过上下文猜测生词的意义，是提高其适应复杂商务对话的有效方法。这可以通过有目的的听力练习，如填空题和上下文推理题来加强。在商务会议或交流中，有效地记录关键信息是非常必要的。教授学生如何做笔记，特别是在听力过程中标记重要数据和事实，可以帮助他们在后续的讨论或决策中引用这些信息。从听到的详细内容中提炼出核心观点，对于报告或总结非常关键。通过练习概括听力材料的主要观点和论点，学生可以提高他们的信息处理和批判性思维能力。

（二）采用循序渐进法

循序渐进法是提升学生商务英语听力技能的一种有效策略，它通过分阶段训练，逐步提升学生的听力理解能力和应用水平。这种方法确保每个阶段的听力材料与教学目标相匹配，逐步增加难度，使学生能够在持续的挑战中提升自己的听力技能。

1. 初级阶段

在这个阶段，教学的重点是培养学生对商务英语语言的基本感应能力和语音分析能力。教师要选择使用相对简单和慢速的听力材料，如基础的商务对话和会议片段，学生可以慢慢习惯英语语音和语调的基本模式。此阶段的目标是帮助学生掌握关键词汇和基本句型，建立对商务英语基本结构的理解，这是后续更高级听力技能的基础。

2. 中级阶段

此阶段将教学关注点转向加深学生对词汇、语法规则的理解和记忆，以及增强学生对句型结构的感知能力。在此阶段，听力材料会逐渐复杂，速度会适当加快，涵盖更多实际商务场景，如复杂的商务会议、专业演讲等。教师需着重训练学生的记忆储存能力和猜测能力，使他们能够快速对接收到的信息进行解码和理解。这一阶段的练习能够帮助学生在真实商务环境中迅速捕捉和处理信息。

3.高级阶段

进入高级阶段，听力材料的难度、速度和复杂度将进一步提高，更加贴近真实的国际商务环境。这个阶段的教学将聚焦于提升学生对不同听力体裁的识别能力，如商务谈判、市场分析报告及国际会议。学生将学习如何从复杂的语言材料中提取核心信息，概括总结中心思想，并探究语言背后的深层含义。此阶段的训练帮助学生发展高层次的批判性思维和分析能力，使他们能够在商务场合中有效地运用听力技能，做出快速而准确的决策。

（三）营造真实的学习环境

在商务英语教学中，营造真实的语境是提高学生听力技能的关键策略之一。真实的语境能够帮助学生将理论知识与实际应用相结合，从而更好地理解和吸收所学内容，提升其思维和表达能力。

选用高质量和真实感强的听力材料是在商务英语教学中营造真实语境的基本步骤。通过引入涉及国际新闻、专业演讲、商务会议录音、电视采访以及反映不同国家文化、经济和社会背景的报道等多样的商务相关语音内容，商务英语教学不仅能够增加材料的覆盖范围，而且能够深化学生对全球商务实践的理解和应用。这些材料通常包含丰富的行业术语和实际业务讨论，使学生能够在听力练习中直接接触到商业世界中的实际语言使用情况，从而更好地提升他们将来在复杂的商务环境中有效沟通和作出决策的能力。

这些真实的听力材料还能够帮助学生理解不同国家和地区在进行商务活动时的特定需求和挑战。例如，聆听专业演讲，学生可以了解最新的商业策略和技术进展；聆听商务会议的录音，他们可以学习如何在会议中有效表达和交流思想；聆听国际新闻，学生可以获取全球经济趋势和市场动态的第一手资料。与此同时，电视采访和文化背景报道不仅能增加学生对特定行业或市场的了解，还能提升他们对商务英语在不同文化语境下的实际应用能力。

（四）听说读写技能综合提升

在提升大学生的商务英语听力技能的过程中，将听、说、读、写四项基本语言技能相结合，采用多元化的综合教学方法，是提高教学效果和学生语言实际运用能力的有效策略。

将听力与视觉材料相结合，如通过观看与听力材料内容相关的视频或图表，可以增加学习的互动性和趣味性，同时降低学习难度。这种方法不仅强化了感官刺激，促进了信息的深层记忆，还帮助学生形成对商务情境的直观理解和感性认识，从而提高了理解力和记忆效果。结合听力和阅读活动，如边听边跟随文本朗读，可以帮助学生熟悉英语的发音、节奏和语速，同时缩短视觉符号和听觉信息之间的距离，加强语言形式、声音和意义的联系。通过阅读相关商务文本，学生能够扩充专业知识背景，为听力理解中可能遇到的障碍扫清道路，同时训练其思维能力和判断力。开展听说结合的练习，如听后复述或听后进行相关话题的讨论，可以加深学生对听力材料内容的理解，同时提升口语表达能力。这种互动式学习使得听和说的技能相得益彰，听力材料的内容通过表达和讨论被进一步加工和内化，加速语言学习的过程。

听写活动作为一种有效的语言学习工具，其在商务英语听力技能提升过程中发挥着重要作用，尤其是在锻炼学生对细节的关注和提升其语言处理能力方面。在听写练习中，学生需要全神贯注地捕捉听力材料中的每个词语、短语和句子，这种高度的集中注意力有助于提升他们对语言细节的敏感度和理解深度。听写不仅要求学生精确地记录下所听到的内容，还需要他们在大脑中迅速而准确地处理语言信息，从而锻炼了他们的短时记忆能力。

听写也是对学生语言概括能力的一种考验。在转录过程中，学生往往需要对听到的内容进行内部处理和重组，以确保所记录的信息不仅准确无误，还要逻辑清晰。这种对信息的加工处理是一种复杂的认知活动，涉及对词汇、语法结构及其语义的深入理解和应用。听写练习可以极大地提高学生的语言产出能力。在尝试记录听到的内容时，学生必须运用自己对语言的掌握来填补记忆中的空白，这不仅能加强他们的语言回忆能力，还能提高他们用英语表达思想的能力。频繁的听写练习能帮助学生发现自己在听力理解和语言表达中的弱点，从而有针对性地加以改进。

二、商务英语口语技能提升方法

（一）学习相关专业词汇和常用表达方法

在经济全球化的商务环境中，精通商务英语口语是一项宝贵的技能。为了有效地提升这一技能，学习相关的专业词汇和常用表达方法是至关重要的。这不仅能帮助学生在国际商务交流中展现专业性，还能提高他们的沟通效率和说服力。

掌握专业词汇是提升商务英语口语技能的基础。在商务环境中，许多词汇具有特定的行业含义，这些词汇的正确使用对于确保信息的精确传达至关重要。词汇如"leverage""portfolio""benchmark""quota"等在日常对话中可能较少使用，但在商务对话中比较常见。通过学习这些专业词汇，学生能更准确地描述商务情境，更有效地与同行交流。除了专业词汇，常用的商务表达方法也是必须掌握的。这包括各种请求、议价、同意或拒绝、表达意见等的标准表达方式。例如，学习如何礼貌地发起请求（"Could we possibly...?"），如何提出建议（"I suggest that we…"），或如何表达异议（"I see your point, but…"）。这些表达不仅涉及词汇的选择，也涉及文化因素和语调的使用，这是确保商务沟通顺利进行的关键。

（二）利用移动应用提升法

在当今数字化时代，移动应用（App）已成为提升大学生商务英语口语技能的有效工具。这些应用中有很多精心设计的学习活动，好好利用这些 APP 不仅能够增强学生的学习动力，还可以提供个性化的学习体验，从而有效提高其口语能力。

利用英语学习 App 进行发音练习是提高口语技能的基础步骤。这些应用通常具备高效的语音识别功能，可以提供即时的发音校正反馈，帮助学生纠正发音错误，改善口语表达。这类 App 的互动性和趣味性可以有效解决学生因害羞或基础不均等问题而不敢开口的障碍。

在商务英语教学中，通过 App 进行课前热身是激发学生学习积极性的有效策略。学生可以在 App 中接触到丰富的新闻、影视、音乐等素材，进行 5 分钟的汇报或表演，展示他们的学习成果。这种方法不仅让学生在正式上课前就开始语言输入，还能增强其对即将学习内容的期待和兴趣。商务英语学习 App 通常包含大量关于商务交流和日常生活的学习内容。学生可以利用这些内容进行主题式学习，巩固课堂教学内容。与课本同主题的 App 材料可以用来补充或替代传统的口语作业，使学习更加灵活和有趣。通过 App 中的练习和模拟，学生可以在非正式的环境中提高他们的听力和口语能力。

建立班级圈子或学习小组，利用 App 促进学生之间的互动和互评，是提升商务英语口语技能的重要方法。通过设置具体的学习任务和讨论话题，教师可以鼓励学生在 App 中主动参与讨论和完成任务，从而实现自主学习的良性循环。这种社交学习的模式不仅能够加强学生对商务英语实际应用的理解，还能提高他们在实际商务场合中的表达和沟通能力。

（三）整合线上线下资源法

在当今教育环境中，整合线上线下教学资源已成为提升大学生商务英语口语技能的一种有效方法。这种混合学习模式不仅拓展了学习的时空界限，还为学生提供了更丰富的学习体验和实践机会。

通过结合线上教学资源和线下互动活动，教育者可以更有效地推动学生的英语思维能力和口语表达技能的提升。线上学习平台允许教师发布丰富的教学材料，如阅读文本、讲座视频和相关的多媒体内容。教师可以在平台上发布一段商务会议的视频，并附带一篇关于商务谈判技巧的阅读材料。学生被要求在课前观看视频并阅读材料，以准备即将进行的课堂讨论。为了帮助学生更好地理解和整理学习内容，教师可以引导他们使用在线工具，如思维导图软件。学生可以利用这些工具来梳理视频和阅读材料中的关键信息和概念，如谈判的主要策略和常用的商务表达。这样的预习活动使学生提前接触了课堂内容，还通过自己的努力整理了学习资料，这有助于他们在理解和记忆上取得更好的效果。

在线下课堂，教师可以组织多种口语表达练习，如复述课文和口头作文。例如，基于学生已经通过思维导图整理好的商务谈判技巧，教师可以安排一个模拟活动，让学生分组进行模拟谈判。每个学生需要根据他们的预习和思维导图中的信息，来扮演不同的角色，如销售经理或客户代表。口头作文也是一种有效的练习方式。学生可以被要求现场创作一小段关于如何进行有效的商务介绍的演讲。通过这种即兴的口头表达活动，学生能够在实际应用中练习语言，这种压力环境往往能迫使学生更加专注于如何准确和流畅地使用英语。

除此之外，有效地打通课内与课外的界限，将学习和实践紧密结合起来，对提升商务英语口语技能尤为重要。学校可以定期举办各类职业英语技能大赛、英语演讲比赛等活动，这些活动为学生提供了展示自己商务英语口语能力的舞台。同时，参与英语技能社团活动也是一个优秀的选择，这些社团通常会组织模拟商务谈判、客户会议等实际商务场景的活动，学生在这种实际应用中能够进一步提升其口语技能。

第二节　商务英语阅读技能的提升

一、商务英语阅读技能的重要性

在经济全球化日益加深的今天，商务英语阅读技能对于从事国际商务的专业人士来说尤为重要。它不仅是商务英语专业学生职业发展的一个关键能力，而且对于企业的国际运作有着直接的影响。

商务英语阅读技能的重要性在于它使个人能够有效访问和理解全球市场上的关键信息。这种能力对于参与国际商务的专业人士至关重要，因为他们需要掌握从国际市场动态到具体行业趋势的广泛知识。例如，国际市场报告能提供有关市场规模、成长潜力和竞争结构的详尽数据，这些信息对于制定市场进入策略或调整现有业务模式至关重要。其他行业趋势报告，如年度技术创新概览、消费者行为分析，以及经济预测，都是通过阅读专业文档获取的。这些文档常常使用专业术语描述复杂的商务概念，需要较高水平的语言理解能力。

合同和法规的理解也是商务英语阅读技能的一大应用领域。在国际交易中，合同文档规定了合作各方的责任和权利，涉及法律条款和细节规定，对合同条款的精确理解可以防止潜在的法律纠纷，保护公司的利益。在技术密集型行业中，操作手册、产品规格说明书及维护指南等技术文档为人们提供了必要的操作和安全指导。商务人员通过阅读这些文档，不仅能更好地了解产品特性，还能在与客户和供应商的交流中提供准确的信息，增强客户信任和满意度。

良好的商务英语阅读技能在提升工作效率和职场交流方面也扮演了至关重要的角色。在经济全球化的商务环境中，英语往往是跨国公司的官方语言。从内部邮件、项目报告到商业提案，这些都是商务交流中的常见文档，它们承载着项目进度、市场分析、策略调整等关键信息。具备高效的阅读理解能力意味着能够迅速准确地抓取这些文档中的核心信息，有效地支持决策制定和日常管理。例如，一个项目经理在准备项目提案时，需要阅读和整合前期市场研究报告、技术团队的反馈以及财务预算报告。如果该经理能够快速理解这些复杂文档中的关键数据和建议，就能够更有效地制定提案，减少返工和误解，提高项目的成功率。

阅读技能还直接影响到个人对会议内容的理解和参与度。在多数国际公司中，会议资料、议程和后续行动点常常以书面形式提前发放。能够事先阅读并理解这些材料的员工在会议中能够更积极地参与讨论，提出建设性意见，展示出更高的职业素养和能力。在处理紧急情况时，快速阅读和理解能力尤其重要。例如，当市场发生变化时，或竞争对手采取了新的策略时，如果职员能够迅速阅读并理解相关的新闻报道或分析文章，将有助于公司快速做出响应，调整战略，从而保持市场竞争力。

二、商务英语阅读技能提升方法

商务英语阅读与普通英语阅读的主要区别在于学习目的和应用环境的不同。商务英语阅读是在英语阅读理论的基础上，结合当前的全球经济环境和商务实际需求进行的。它强调将商务英语的语言特点与具体的商务内容相结合，以此来提升阅读技能，并确保所学知识能够在实际商务活动中得到有效应用。这种阅读方式不仅增强了学习的针对性和实用性，也更符合商务专业人士的实际需求。

（一）积累专业知识

在提升大学生的商务英语阅读技能过程中，广泛积累专业知识是一个关键策略。商务英语阅读材料通常涉及复杂的主题，这些主题往往与当前的政治、经济和社会背景紧密相关。因此，理解这些背景知识对于深入理解文章内容至关重要，有时这种理解甚至可以弥补学生在语言词汇方面的不足。

大学生应该关注和理解与商业相关的法律条款、政策变动等因素，这些都是影响商业文章内容的重要方面。一篇讨论国际贸易的文章可能涉及特定的贸易协议或关税改革，不了解这些内容的读者可能难以充分把握文章的论点和意义。教师应该鼓励学生不限于课本知识的学习，而是要广泛阅读包括时事新闻、经济报道和政治分析在内的多种类型的材料。这样的阅读习惯可以帮助学生建立一个更全面的知识框架，使他们能够在阅读商务英语材料时，从更宽广的视角理解和分析信息。考虑到商务英语文章常涉及经济学、金融管理和法律等多个专业领域，学习者也应该积极学习这些领域的基本概念和术语。这种跨学科的知识储备不仅能够提升学生的阅读理解能力，还能帮助他们在将来的商务环境中更加自如地应对各种情况。

（二）融入文化理解

在提升大学生的商务英语阅读技能中，深入了解和理解涉及的文化背景是至关重要的。这不仅涉及对商业术语的理解，更包括对语言所承载文化的深刻把握，这一点在跨文化商务交流中尤为重要。

语言是文化的载体，每个词汇和表达都蕴含着特定文化的色彩。在商务英语阅读中，许多词汇和表达背后都蕴含着深厚的文化意义，这些文化的细节对于理解文本内容至关重要。比如，"negotiation"（谈判）这一概念在不同文化中的实际操作可能大相径庭，西方可能倾向于直接而明确的谈判风格，而东方可能更重视关系的建立和维护。通过理解这些背景，学生可以更深入地把握文章意图和语境。

为了有效地将文化理解整合到商务英语阅读教学中，教师可以采用多种教学策略，使学生能够更深入地了解和理解不同文化背景下的商务实践。首先，案例研究是一种极具价值的方法，教师可以选择一系列跨国公司的成功与失败案例，引导学生分析这些案例中文化因素如何影响商务决策和交流效果。例如，教师可以组织学生可以探讨某美国公司如何调整其营销策略以适应亚洲市场的文化偏好，或分析一家欧洲公司在中东市场失败的原因。通过这些具体案例的学习，学生不仅能够理解商业行为背后的文化动因，还能学会如何在实际商务环境中运用这些知识来避免文化冲突，促进商业成功。

文化背景分析也是提升学生文化理解能力的有效工具。教师可以设计课程，要求学生选择特定国家，研究其商业习俗、工作态度、沟通风格等文化特点，并将这些文化属性与他们自己的文化进行比较。这种深入的文化背景研究不仅帮助学生建立起对不同商务文化的综合见解，还能激发他们对国际商务多样性的兴趣和尊重。参加跨文化交流活动，如国际会议和研讨会，为学生提供了宝贵的实践机会，使学生能够亲身体验和应用他们通过阅读和课堂学习获得的知识。在这类活动中，学生有机会直接与来自不同文化背景的专业人士交流，实际观察和学习如何在多元文化的环境中进行有效沟通和协作。这种实践经验不仅增强了学生的文化适应能力和国际视野，还为他们将来在国际化商务环境中的职业生涯打下了坚实的基础。

(三)深化对商务英语语言的理解

提升大学生的商务英语阅读技能首先需要深入理解商务英语语言的独特特点。商务英语不仅包含专业词汇和固定短语，还涵盖特定的文体、格式和表达方式，这些都对学生的阅读理解能力提出了高要求。

学生开展商务英语阅读需要面对的一个主要挑战是其强烈的专业性。许多专业词汇在通常的英语词典中难以找到确切的商务含义，因此学生需要不断关注这些词汇的实际应用，并积极积累。例如，词汇"leverage"在金融领域可能指借贷增加投资回报的能力，这一点与日常英语中的意思不同。通过定期阅读行业报告、商业新闻和分析文章，学生可以在实际语境中学习这些词汇的用法。

商务英语中的一词多义现象也是影响阅读技能提升的一个关键点。比如，"draft"可以指草稿，也可以指汇票。学生需要通过上下文来判断词汇的正确意义，这不仅要求他们有扎实的语言基础，还要具备良好的语境分析能力。在教学中，教师可以通过举例和上下文分析练习来帮助学生提升这种能力。商务英语阅读中经常出现的权威机构名称和常用的缩略语也是阅读理解的关键。IMF（国际货币基金组织）和SEO（搜索引擎优化）都是在特定商务环境下频繁使用的缩略语，学生应通过持续阅读和实践来熟悉这些缩略语的含义和用法。在教学中，教师可以设计多样化的阅读材料，包括案例研究、实际商务文档和模拟商业情境来提高学生的专业词汇理解能力和适应不同商务语境的能力。通过小组讨论、角色扮演和模拟商务会议等互动形式，使学生在实践中学习和应用这些专业词汇和表达方式，从而有效提升他们的商务英语阅读技能。

(四)训练英语阅读技巧

为了有效提升大学生的商务英语阅读技能，可以采用一系列策略性方法来加强对商务文本的理解和分析能力。这些方法不仅帮助学生抓住文章的核心信息，还能提高他们分析和预测经济发展趋势的能力。

1.精准解读标题以捕捉文章主旨

文章的标题通常是对其内容的精炼概括，能够提供关于文章主题和焦点的直接线索。在商务英语阅读中，标题的解读尤为重要，因为它帮助学生迅速定位文章的商务背景和核心议题。标题可能简短但信息量大，通常包含专业术语或经济指标，这要求学生能够理解并识别这些专业元素的含义。比如，一个关于"Quarterly Earnings Surge"的标题，提示读者文章将讨论公司季度盈利的显著增长。学生通过预先解析这样的标题，可以更有目的性地阅读全文，寻找支持这一增长的数据或原因。

2.关注一些经济方面的文章以预测发展方向

关注涉及经济热点和趋势的商务文章对于商务专业学生尤为重要。这类文章通常涉及宏观经济数据和市场分析，提供了观察和预测全球经济形势的视角。比如文章可能讨论影响货币价值的因素、国际贸易政策变动或全球市场的需求动态。学生通过分析这些经济指标的变化和比较，可以培养出对复杂经济情况的深入理解和批判性思考能力，这对于未来的商业决策和职业发展极为关键。

3.强化段落衔接的理解以掌握文章结构

在商务英语阅读中，有效的段落衔接是理解文章逻辑和结构的关键。商务文章常使用各种连接手段如替代、省略和连接词来保持内容的流畅性和连贯性。学生在阅读时应特别注意这些衔接处，因为它们往往是作者强调的重点，或是文章逻辑推进的关键节点。通过识别这些连接方式，学生可以更好地追踪论证的发展，识别文章的主旨和支撑点。

（1）使用替代词语增强连贯性。一篇讨论市场趋势的文章可能在引入段提到"当前的市场条件"（current market conditions），在随后的段落中使用"这些情况"（these conditions）来替代。这种替代不仅避免了重复，还帮助读者将注意力集中在文章的主题上。学生在阅读时，识别这些替代词能帮助他们理解不同段落之间的逻辑关系，从而把握整篇文章的论述脉络。

（2）使用连接词指示逻辑关系。在商务文章中，逻辑连接词如"因此"（therefore）"然而"（however）和"此外"（furthermore）等频繁使用，指出了文章中的逻辑关系。一篇分析企业战略的文章可能在某一段落分析了市场的需求增加，接下来使用"因此"引出企业应如何增加生产以应对这一需求。这类连接词不仅明确了因果关系，还引导读者理解作者的推理过程。学生通过认识和理解这些连接词的使用，可以更好地跟随作者的思路，理解文章的结构和重点。

（3）利用省略技巧避免冗余。商务英语写作中常常省略一些可以从上下文推断出来的信息，以提高语言的经济性和阅读的效率。例如，在讨论财务报告的文章中，一旦提及了特定的财年（如2021财年），之后可能仅用"该年""此期间"等表达来代替。这种省略技巧要求读者能够根据先前的信息推断后文的含义，使得阅读过程更为流畅。学生在阅读这样的文章时需要特别注意文章开头部分的信息，这些信息往往是理解整个文章省略内容的关键。

第三节　商务英语写作技能的提升

一、商务英语写作技能的重要性

（一）增强职业竞争力

商务英语写作技能是当今经济全球化的发展趋势中不可或缺的一项核心能力。具备良好的商务写作技能可以显著提升个人的职业形象和专业性。在多数行业中，无论是内部沟通如邮件、报告、备忘录，还是对外沟通如提案、合同、客户信函等，清晰和专业的写作都是传递信息和观点的基本要求。这些文档不仅代表了写作者的个人能力，也反映了其所代表的组织或公司的形象。一个结构良好、论点清晰、无语法错误的商务提案更可能赢得潜在客户的信任和业务机会，一个充满错误、格式混乱的提案则可能使公司失去重要的商机。因此，优秀的商务英语写作技能直接关乎个人和企业的成功与否，是提升职业竞争力的关键因素。

(二)促进国际交流与合作

在经济全球化中，商务交流越来越多地依赖书面文档，特别是英语这一国际通用语言的重要性日益提升。商务英语写作不仅是信息交流的工具，更是文化交流和国际合作的桥梁。良好的商务写作能力可以帮助个人准确地表达思想，清晰地说明立场，有效地参与国际项目和谈判。随着远程工作和跨国团队合作的普及，能够有效地进行书面沟通变得尤为重要。比如，一名项目经理可能需要通过书面报告向国外的合作伙伴说明项目进展，或通过电子邮件与国际客户讨论合作细节。在这些情况下，有效的商务英语写作不仅可以确保信息的准确传递，还可以通过适当的语气和风格来建立和维护良好的国际关系。

(三)适应法律和规范要求

在很多行业，商务文档需要遵守特定的法律和规范要求，这些文档的准确性、合规性和专业性直接影响到企业的合法运营和市场声誉。良好的商务英语写作能力确保企业能够制作出符合法律规定的文档，如合同、法律文件、审计报告等。这不仅涉及语言的准确使用，还包括对专业术语的正确理解和应用，以及对相关法律条款的适当引用。一份合同必须明确无误地表述条款，以防止法律争议；一份财务报告必须严格按照会计准则编写，以满足监管要求。在这些过程中，商务英语写作技能的重要性不言而喻，它直接关系到公司能否在遵守法律的前提下有效运作。

二、商务英语写作能力构成要素

商务英语写作能力由阅读理解能力、逻辑思维能力、体裁能力和策略能力等构成。

(一)阅读理解能力

在商务英语写作中，强大的阅读理解能力是基础。这种能力不仅仅涉及对文字的理解，还包括对表单、图表、图像以及复杂数据的分析和解读。例如，一个商务专业人士在准备市场分析报告时，可能需要解读多种销售数据和市场调研结果，这些通常通过图表和表单呈现。准确理解这些信息是撰写准确报告的前提。阅读理解能力强的人能够更快地吸收和处理这些信息，有效地将其转化为明确、有条理的书面表达。阅读理解能力也直接影响到个人能否有效地从大量的商务文档中筛选出关键信息。在快节奏的商务环境中，能够迅速地从报告、电子邮件或提案中提取关键点，并据此做出快速响应，是非常宝贵的能力。因此，提升阅读理解能力不仅可以提高工作效率，还可以帮助商务人士在决策过程中更加精准地评估信息，从而做出更为合理的业务决策。

（二）逻辑思维能力

逻辑思维能力在商务英语写作中同样至关重要。这包括了从分析问题开始，到通过演绎和归纳推理形成结论的整个过程。当撰写一个项目提案时，需要分析项目的可行性、预期效益和潜在风险。这种分析依托对现有数据的综合评估以及对未来发展的合理推断。逻辑思维能力强的商务专业人士能够清晰地阐述他们的观点，合理地组织论据，逻辑严密地支持他们的结论，从而使得文档更具说服力。逻辑思维能力还包括对信息的评价能力，即能够判断信息的重要性、相关性及其可靠性。在商务写作中，选择哪些信息包含在内以及如何呈现这些信息，常常会影响到文件的最终质量和效果。例如，在撰写市场分析报告时，能够评估和选择最有影响力的数据和案例，将直接影响报告的专业性和实用性。逻辑思维还包括能够预见读者的可能反应或问题，并在文档中提前对这些潜在问题进行处理，这样可以大幅提升文件的可接受度和效率。

（三）体裁能力

商务英语写作能力中的体裁能力包括确定写作目的、认识写作对象、选择合适的写作方式、评估写作情境、精确的写作内容以及恰当的语用能力。写作对象涉及作者与读者之间的关系，理解这一点有助于确保信息传递的针对性和有效性；写作方式不仅限于选择电子文稿还是手写文稿，还应考虑哪种方式更适合所处的商务环境；写作情境包括客观的写作环境和社会文化背景，以及主观的作者世界观、态度和情绪，这些因素共同影响写作的风格和内容；写作内容需要涵盖语言知识（如词汇和语法）、语篇知识（如文本的连贯性和修辞手法），以及确保内容的完整性；语用能力如恰当使用语气、理解会话的隐含意义和遵守礼貌原则，是确保商务写作得体和有效的关键。这些能力的综合运用不仅提升了文本的质量，也增强了商务交流的效果。

（四）策略能力

在商务英语写作技能中，策略能力扮演着至关重要的角色，特别是元认知能力和补偿策略。元认知能力使写作者能够在写作过程中进行有效的自我监控和调整，包括设定清晰的写作目标、制订详细的计划、执行写作任务、持续监控写作进度，并对成果进行评估。这一能力的发挥确保了写作过程的有序性和高效性，特别是在构思、创作和修改各阶段，帮助作者系统地完善文本。补偿策略的运用，如利用现有的背景知识和各种外部资源（如网络工具、专业工具书等），使得写作者在面对信息缺乏或不确定性时，能够有效地弥补知识空白或技能不足，提高写作的质量和深度。这些策略能力的综合运用，不仅提升了商务英语写作的专业性和适应性，也增强了写作者在复杂商务环境中的应对能力。

三、商务英语写作技能提升方法

（一）加强英语基础知识和技能的学习

要有效提高商务英语写作能力就要全面加强英语语言的基础知识和各项技能的学习。对于商务英语专业的学生而言，拥有充足的词汇量是基本要求，尤其是那些与商务相关的专业术语。系统地积累和掌握这些词汇不仅能够提升写作的专业性，还能增强表达的准确性和有效性。英语的听、说、读、写技能是相互关联的，提升写作能力不应忽视其他语言技能的培养。持续的听力训练和口语练习，可以加深对语言的实际应用能力，而这对写作时选择恰当表达和结构有直接帮助。同样，强化阅读技能，特别是快速阅读和深度理解能力，能显著提高信息处理和语言内化的效率，这对写作来说尤为重要。

在商务英语学习过程中，广泛阅读相关专业材料是提高写作能力和深入理解商务概念的关键活动。行业报告、商业计划书和市场分析等文档包含了丰富的行业专业知识和语言表达方式，它们为学生提供了学习和模仿的范例。

1.行业报告的价值

行业报告通常详细介绍了特定行业的现状、发展趋势、关键驱动因素和未来预测。一个关于可再生能源行业的报告可能详细讨论了太阳能和风能的市场增长数据、政策环境和技术进步。学生通过阅读这些报告，不仅能学习到专业的词汇和表达方式，如"sustainable growth"（可持续增长）、"regulatory framework"（监管框架），还能了解如何将数据和分析逻辑结合起来，清晰地呈现复杂信息。这种阅读经验帮助学生理解如何在写作中有效使用图表、图形和其他视觉辅助工具来增强论点的说服力。

2.商业计划书的教学作用

商业计划书是预见性的文档，旨在展示一个商业想法的可行性和盈利潜力。这种文档的结构通常包括市场分析、营销策略、运营计划、财务预测等多个部分。通过阅读和分析各种商业计划书，学生可以学习如何构建一个商业方案的每个方面，理解不同部分如何支撑整体商业目标。一个餐饮业的商业计划书可能详细描述目标市场的消费习惯、竞争对手分析以及预期的客流量和收入。学生在阅读这些文档时，可以提取关于业务定位和市场入口策略的关键词汇和表达方法，这对于提高其写作的逻辑性和说服力至关重要。

3.市场分析的实用性

市场分析报告提供了对特定市场阶段的深入洞察，包括消费者行为、市场需求、竞争状况和潜在风险。这些报告的阅读不仅使学生能够熟悉市场分析的专业术语，如"market saturation"（市场饱和）、"consumer demographics"（消费者人口统计），还能帮助他们学习如何评估不同的市场因素，并将这些因素整合到有说服力的商务写作中。

（二）了解商务英语文体与交际礼仪

为有效提升学生的商务英语写作技能，深入理解商务文体的特点及其与交际文化和礼貌的关系至关重要。商务英语写作不仅要求学生能精确运用语言，更要求学生适应特定的商务环境和写作目的，这需要学生对不同文体的风格、结构以及语言使用的适当选择有充分的了解。

商务英语文体具有其独特的语篇结构和风格，这些结构和风格通常与商务活动的性质紧密相关。一个商务提案会采用正式而详尽的语言来展示数据和论证，而一个内部通知可能简洁明了，直接指出需要注意的事项。理解这些不同文体的特点能够帮助写作者更有效地达到其写作目的，无论是通知、请求、说服还是记录。不同的商务环境要求不同的写作风格和格式。明确写作的对象是不是客户、上级、同事或下属，可以显著影响写作的基调和内容。对上级的报告可能需要详细而谨慎，以显示尊重和专业；而与同事的沟通可能更加随意，以促进工作效率。此外，报告、备忘录或电子邮件等文体选择应根据写作目的和读者的期待来决定。

在商务英语写作中，礼貌原则和对交际文化的敏感是必不可少的。例如，在起始和结束语的选择上，需要根据商务关系的正式程度来适当表达。在对国际客户或合作伙伴进行写作时，使用"Dear Mr./Mrs."等称呼，以及使用固定化结束语如"Look forward to your feedback"等，不仅体现了尊重，也展示了专业性。此外，对于电子邮件和传统书信的格式，学生也要有所了解和区分，以确保符合商业规范。

（三）收集写作素材，开展写作练习

提升商务英语写作能力的关键之一是进行持续的写作练习和系统的素材积累。通过频繁地写作，学生不仅能够培养出良好的写作习惯，还能够提升自己的思维清晰度和逻辑表达能力。写作练习也是一个积累和应用各种写作素材的过程，这些素材包括专业词汇、有效的句型结构以

及能够增强文章说服力的名言警句。

1.写作习惯与思维能力的提升

经常进行写作练习能显著提升个人在商务环境中处理文字任务的效率和质量。通过撰写商业计划书、市场分析报告或客户通信，学生可以不断磨炼自己的表达方式，从而更加熟练地掌握商务英语写作的基本模式和风格。这种练习帮助学生在真实的商务场景中快速、准确地表达思想，有效地支持职业发展和业务成功。在练习写作的过程中，学生还能学会如何清晰地构思内容，逻辑性地安排材料，以及如何使用专业术语来增强表达的权威性。频繁的写作练习还能培养学生对不同写作风格的敏感度，使他们能够根据不同的业务需求和目标受众选择合适的语言和格式。

商务写作不仅仅是语言技能的体现，更是思维方式的反映。高质量的商务文档通常需要作者具备扎实的分析能力和敏锐的市场洞察力。因此，练习商务写作不仅能让学生提升文字组织和表达的能力，还能锻炼他们分析问题和解决问题的能力。这种能力的培养是任何商务人士成功不可或缺的一部分，而系统的写作训练为这一进程提供了强有力的支撑。经过长期的练习，学生不仅能够提高写作水平，更能在商务交流中以更加自信和专业的姿态出现。

2.积累写作素材和引用名言

积累写作素材是提高写作质量的另一个重要方面。通过收集和使用各种有关商务的词汇、句型和引用，学生能够丰富自己的写作内容，使文章更具深度和说服力。引用名言警句可以增强论点的权威性，如使用"A journey of a thousand miles begins with a single step"（千里之行，始于足下）来强调业务发展的初期策略，或者引用"Every problem is an opportunity in disguise"（每一个问题都是伪装的机会）来讨论危机管理。这些引用不仅提升了语言的文化层次，还增加了内容的可读性和吸引力。

3.理论与实践的结合

商务英语教学的目标是确保学生能够将理论知识与实际商务操作有

效结合。持续的写作练习和广泛的阅读是实现这一目标的基础。通过在实际写作中不断应用在课堂上学到的理论，学生可以逐渐掌握如何在商务谈判、客户沟通及其他商务事务中灵活运用英语。这种实践中的不断改进和创新，是商务英语专业发展向更高水平迈进的关键。

第四节 商务英语翻译技能的提升

一、商务英语翻译技能的重要性

（一）职业发展

对商务英语专业的学生而言，掌握商务英语翻译技能是职业发展的重要一环。商务英语翻译不仅是语言转换的技能，更是一种实际应用商务知识和语言技能的方式。通过翻译实践，学生可以将在课堂上学到的理论知识用于解决实际问题，如市场分析、商业谈判文档的编写与翻译等。这种技能的培养有助于学生在未来的职业生涯中，无论是进入跨国公司、外贸企业还是从事商务咨询等工作，都能更快地适应工作环境，展示自己的专业能力。翻译技能的提升也可以帮助学生在求职市场上具有更强的竞争力，尤其是在需要多语种能力的工作岗位上，拥有扎实的商务英语翻译能力无疑是一个强有力的加分项。

（二）增强国际视野

商务英语翻译技能的培养可以显著增强商务英语专业学生的国际视野。通过翻译的实践，学生需要不断接触并理解不同国家和地区的商业文档、市场分析报告及其他商务相关材料，这不仅要求他们精确地掌握语言，更要深入了解不同文化和市场的特点。这种跨文化的交流和理解能力对于未来的商务人士来说至关重要，它能帮助他们在国际化的商业环境中更好地与人沟通和协作。理解国际市场的动态也是国际商务活动中不可或缺的一部分，通过翻译训练，学生可以从多角度、多层次理解和分析国际商务活动,为今后的职业生涯打下坚实的基础。

(三)提升沟通能力

商务英语翻译技能的提升也是提升商务英语专业学生沟通能力的有效途径。在翻译过程中,学生需要准确理解原文意图和语境,同时找到最合适的表达方式将信息准确地传达给目标读者。这不仅是语言能力的锻炼,更是对沟通技巧的提升。有效沟通是商务活动中非常重要的一环,它涉及与客户、合作伙伴或内部团队的互动。通过翻译训练,学生可以学习如何在保持信息精确传达的同时,做到语言上的得体和符合商务礼仪,这对于建立和维护专业形象非常关键。

(四)理解和运用专业术语

在商务环境中,专业术语的使用极为广泛,而商务英语翻译技能的培养使得商务英语专业的学生能够准确理解和正确使用这些术语。无论是合同条款、财务报表还是市场营销材料,正确的术语使用能够确保信息的专业性和准确性。对于学生来说,掌握这些术语不仅有助于他们更好地完成学术学习和翻译工作,还能在实际的商务交流中显示其专业能力,增强交流的有效性。此外,熟练运用商务专业术语还能帮助学生在撰写简历和面试时展现其专业背景,提升自身的职业形象。

二、商务英语翻译技能的构成要素

(一)双语语言能力

熟练运用两种语言的能力是双语人士的基本要求,对于从事翻译工作的个体来说尤为重要。这不仅意味着要能够流利地使用这两种语言进行日常交流,更包括在专业领域内,如技术、法律或商务等专业文本中,能够准确无误地理解和表达。熟练的双语能力使翻译者能够在不同语言之间转换时,精确掌握语言的细微差别,如同义词的不同使用场景、语言的风格及语境的变化等,这些都是确保翻译质量的关键因素。特别是在商务英语翻译中，术语的精确使用、行业表达的标准化以及商务文件的格式规范都要求翻译者具备高水平的双语语言技能。商务报告和合同文档中的专业术语和表达方式，需要翻译者在理解原文字面意义的同时能够准确地传达其商业和法律上的含义。

（二）双语文化能力

双语文化能力涉及对两种文化中的历史、政治、经济、社会等方面的知识有综合性的了解，并能够在翻译过程中考虑到两种文化的差异。这种能力对于商务英语翻译至关重要，因为商务交流不仅是信息的传递，更是文化意义的交换。翻译者必须能够识别源语言和目标语言文化中的差异，避免文化误解，并能利用这种文化敏感性来增强翻译的说服力和接受度。比如，当翻译市场营销材料时，翻译者需要理解目标市场的文化背景，以确保广告信息能够在不同文化中产生预期的效果。同样，在商务谈判和合作中，对合作方文化的理解可以促进沟通，减少因文化差异带来的障碍。

（三）文本分析能力

文本分析能力是指能够迅速而有效地辨明文本的文体、语域，并能从词汇、句法和语篇等语言的各个层次分析文本。这对于从事商务英语翻译的专业人士来说尤为重要，因为商务文本通常包含复杂的信息和严格的结构要求。良好的文本分析能力使翻译者能够准确理解原文的目的和风格，从而选择最适合的翻译策略和技术来处理特定的商务情景。在翻译金融报告时，翻译者需要对文本进行严格的结构和内容分析，确保所有的财务数据和相关术语都被准确无误地转换。合同翻译中的文本分析也需要高度的细致和准确性，翻译者必须能够理解合同条款的每一个细节，确保翻译后的文档在法律上的准确性和有效性。

（四）转换能力

转换能力是指翻译者能够站在目标语读者的角度，不仅传达原文的字面意义，还要再现原文的各种文本功能，确保信息在语境上的适应性和文化上的接受度。对于商务英语翻译而言，这种能力尤为关键，因为商务文档如报告、提案、电子邮件及广告等，都有其特定的功能和目的，如说服、报告、营销等。翻译者需要深入理解这些文本的功能，确保翻译作品能够在目标语言中有效地实现这些功能。在翻译一份商业提案时，翻译者不仅要传递原文的信息，还要确保提案在目标文化中具有同样的说服力，这可能涉及对某些表达方式的调整，以更符合目标语言的表达习惯和文化期待。

（五）策略能力

策略能力是翻译者在遇到翻译难题或突发事件时，能够灵活运用各种策略有效地处理问题，并按照客户的要求及时完成翻译任务的能力。这一能力对商务英语翻译尤为重要，因为商务环境常常需要快速响应，且翻译内容可能涉及复杂或专业的商业术语。翻译者需具备优秀的问题解决能力，能够在压力下选择最合适的翻译方法和技巧，确保翻译质量和效率。面对一份紧急的商业报告翻译任务，翻译者可能需要采用计算机辅助翻译工具来加快翻译速度，同时确保术语的一致性和准确性。

（六）就业能力

就业能力是指翻译者具备从事商务英语翻译工作所需的个人素质、专业技能和积极动机，能够胜任各种实际工作，使团队、社会受益，同时让翻译者本人具有成就感。在商务英语翻译领域，这意味着翻译者不仅需要具备高水平的语言和文化转换能力，还应具有良好的沟通技巧、团队协作能力和职业道德。翻译者在进行合同翻译时，不仅要确保文本的法律准确性，还需在团队内部有效沟通，确保所有相关方面的需求和预期都得到满足。翻译者的职业成就感往往来源于其工作的社会价值和个人职业目标的实现，如通过高质量的翻译帮助企业成功出口产品至外国市场或通过准确无误的会议翻译促进国际合作等。

三、商务英语翻译技能提升方法

大学生提升翻译技能是一个系统的过程，涉及多个方面的努力。以下是一些有效的方法。

（一）扩展语言知识

翻译技能的基础是扎实的语言能力，包括丰富的词汇量、语法知识和较强的表达能力。大学生应该通过阅读、写作和听说练习来不断提升这些基础技能。为了更好地理解商务英语的特点，建议阅读原版的商业书籍、经济杂志、新闻报道和商业研究论文，以深入了解语言在商业环境中的实际应用。参加语言课程或加入商务英语俱乐部也是提高语言实际运用能力的好方法。在这些活动中，学生可以通过模拟商业谈判、撰写商务报告或进行商业计划演示等方式，实际操作使用商务英语，这样的实践有助于他们在真实的商务环境中更自如地运用语言。

（二）学习和实践翻译技巧

翻译技能的提升不仅仅是文字的直接转换，更重要的是对文化、语境和意图的理解和再现。在商务英语翻译中，这一点尤为关键，因为商业文档往往涉及合同、报告、营销资料等多种文体，每种文体都有其特定的语言风格和格式要求。大学生可以选修专门的商务英语翻译课程，学习如何处理不同类型的商业文档和掌握商业术语的正确使用方法。除了理论学习，积极参与翻译实践也非常重要。学生可以从翻译公司的简介、新产品的新闻稿或市场分析报告等短文开始，逐渐尝试更长、更复杂的文本，如全面的商业计划书或国际贸易合同。利用学校的资源，如参与教授的研究项目，翻译相关的商业学术资料或参加商务英语翻译比赛，都是提升翻译技能的有效途径。研究翻译实际的商业案例能够让学生深入了解商业理论，还能锻炼将复杂商业概念用另一种语言精确表达的能力。

(三)掌握专业知识

为了成为一名优秀的翻译者,仅仅具备语言能力是不够的,还需要具备深厚的专业背景知识。对于大学生而言,根据自己的兴趣和未来职业规划选择一到两个专业领域进行深入学习是非常必要的。在商务领域,了解贸易法规、国际市场动态、金融产品和商业策略等不仅能够提高翻译的专业性,还能显著增强毕业后的就业竞争力。大学生可以通过选修相关的专业课程、阅读最新的行业报告和专业书籍来积累相关知识。参加行业实习是一个实践和加强所学知识的绝佳方式。在实习期间,学生将有机会接触到行业内的实际操作和专业术语的实际应用,这些经验将直接提高他们的翻译准确性和专业性。一个致力成为金融翻译专家的学生,可以在银行或投资公司实习,实地学习金融报表的编制和分析,从而在翻译相关文档时更加得心应手。

(四)使用翻译工具和资源

在现代翻译实践中,熟练使用各种翻译工具和资源是提高翻译质量和效率的关键。这些工具包括计算机辅助翻译(CAT)软件、在线词典、语料库和专业术语数据库等。例如,CAT工具可以帮助翻译者管理术语一致性,加快翻译速度,并提高翻译项目的整体管理效率。大学生应该利用学习机会参加这些工具的培训课程,掌握基本操作。了解如何利用在线资源如有道词典或其他专业词典来查询专业术语和表达也极为重要。通过实际操作这些工具,学生不仅能够提高自己的翻译速度和质量,还可以在翻译过程中更加自信地处理复杂和专业的文本。更进一步,掌握这些工具将在未来的职业生涯中,使他们在翻译相关职位的求职过程中显得更加专业和具备竞争力。

(五)反馈和修正

翻译技能的提升是一个不断反思和修正的过程,尤其在学习阶段,获取外界的反馈对于识别错误和改进技巧至关重要。大学生应该主动寻求教师、同行或专业翻译者的反馈,这可以通过提交课程作业、参与翻译研讨会或加入翻译社区来实现。学生可以将自己的翻译作品提交到在线论坛或翻译工作小组，邀请其他成员提供批评和建议。这种互动不仅能够帮助学生从不同的视角看待自己的工作，还能学习到如何根据不同读者的预期调整自己的翻译策略。反馈不应仅限于对错误的指正，更应包括对翻译策略和方法的讨论，这可以帮助学生更深入地理解翻译的复杂性和多样性。学生应该学会欣赏建设性的批评，并将其视为成长和学习的机会。通过定期的复审和修正，学生可以逐渐提升自己的翻译质量，同时增强对语言细节的敏感性和创造性使用语言的能力。

在实际操作中，学生可以创建一个"翻译日志"，在其中记录每次翻译后收到的反馈以及个人的反思。这样的记录不仅有助于追踪进步，还能帮助学生识别和改正翻译中需要额外注意的习惯性错误。随着经验的积累，这种持续的自我评估和他人反馈的结合将大大提高翻译技能，尤其是在处理复杂文本和多样化语境时的能力。

第八章　提升专业商务技能

第一节　准备商务面试

一、面试前准备

(一) 寻求合适岗位

1. 搜集岗位信息

寻找工作的第一步是搜集与自己专业和兴趣相关的岗位信息。大学生可以通过多种渠道获取信息，如大学的职业服务中心、在线职位搜索平台、专业相关的招聘会以及行业网络。商务英语专业的学生应特别关注那些需要语言能力和跨文化沟通技能的岗位，如国际贸易、跨国公司管理、外贸销售等。此外，关注目标公司的官方网站和社交媒体，了解企业文化和最新动态，可以帮助学生更准确地定位适合自己的职位，并为后续的简历制作和面试准备提供信息支持。

2. 进行简历制作

简历是求职者与雇主之间的第一次"对话"，其重要性不言而喻。商务英语专业的学生在制作简历时，不仅要展示自己的语言技能和专业知识，还应该强调自己在跨文化交流和国际商务环境中的实际操作能力。简历应包含教育背景、相关工作经验、专业技能、实习经历及成就等方面。此外，根据申请的不同职位，简历应做适当调整，突出与岗位相关的经验和技能。例如，申请市场营销岗位时，应强调市场分析、客户关系管理和营销活动策划的经历。

3.进行简历投递

简历完成后，接下来的步骤是向目标公司投递简历。在投递简历时，学生应注意选择适当的时间和方式。很多公司提供在线申请系统，学生应按照系统要求准确填写信息，并确保简历格式在上传后的显示没有问题。同时，为了增加被关注的机会，可以通过邮件直接联系招聘经理或通过内部推荐的方式递交简历。在邮件中，附带一份精练的求职信，介绍自己对该职位的兴趣和适合度，可以让你的简历更加突出。

4.面试邀请回复

当收到面试邀请时，及时且专业地回复邀请是非常必要的。回复邮件或通话中应对招聘方表达感谢，并确认面试的时间、地点和形式。如果有特殊情况需要调整面试时间，应提前与招聘方沟通，表现出对机会的重视和对对方的尊重。面试前应充分准备，了解公司背景、职位要求，以及准备相关的案例和答案，为成功获得岗位打下坚实的基础。

（二）了解面试类型

在准备商务面试的过程中，了解面试的具体类型对于做好充分准备至关重要。不同类型的面试需要应聘者采取不同的策略和准备方式，以显示出最佳的职业形象和专业能力。

面试通常分为初面、复面及终面。初面往往是用来筛选合格的候选人，可能涉及基本的职业技能和知识问答，以及对候选人的第一印象评价。在准备初面时，应聘者需要对自己的简历熟稔于心，准备好阐述自己的经历和技能，同时要准备好回答一些常见的面试问题，如职业规划、个人优势等。对于复面，通常是对候选人的能力进行更深入的考察，可能会涉及更具体的专业技能测试或案例分析。在这一阶段，应聘者需要展示自己对业务的深入理解和解决问题的能力。终面通常是决定是否录用的最后阶段，这时候的面试往往涉及与高级管理层的对话，讨论可能的薪资待遇以及职位的具体责任。应聘者需要显示出自己与公司文化的契合度以及对职位的热情。

随着技术的发展，电话面试或视频面试越来越常见。这类面试要求应聘者不仅要关注内容的准备，还需要熟悉相关的技术工具。例如，在视频面试中，应聘者需要确保网络连接稳定，摄像头和麦克风工作正常。面试者还应该注意自己的着装和背景环境，避免出现任何可能分散面试官注意力的元素。在电话面试中，由于看不到对方，应聘者需要通过清晰、有条理的语言表达和适时的语调变化来展示自己的沟通能力。

如果是午餐或晚餐面试，这类面试不仅考察应聘者的专业能力，更是一种考察社交礼仪和个人品位的方式。应聘者在此类面试中需要注意餐桌礼仪，如正确使用餐具、适当的餐桌交谈等。这种非正式的环境也是考察应聘者是否能够自然地融入公司文化和团队环境的一个重要场合。

群体面试或小组面试也是一种常见的面试形式，其中可能包括面对一个面试官小组或与多个候选人同时被面试。在这种面试中，应聘者不仅要准备好个人表达，更要展现出良好的团队协作能力和倾听能力。这要求应聘者在回答问题的同时，也能够对其他候选人的发言做出恰当的反应，通过身体语言显示出对对方的尊重和关注。

（三）了解面试公司

在准备商务面试的过程中，对于目标公司的深入了解是赢得面试官青睐的关键一步。对公司的全面研究可以帮助应聘者在面试中展示出对公司业务、文化和市场地位的深刻理解。通过系统地分析公司的官方网站，尤其是"关于我们"部分，应聘者不仅可以了解公司的历史背景、主要业务、企业文化和价值观，还可以对公司的发展战略和市场表现有一个基本的认识。此外，通过研究公司的新闻发布、年度报告和其他公开资料，应聘者可以获得公司最新的业绩信息和行业动态，这将有助于在面试中讨论公司的竞争优势及潜在的发展机遇。

掌握公司的信息不仅限于官方网站的内容，社交媒体平台也是获取信息的重要渠道。这些平台通常会发布公司的最新活动、行业动态及员工活动等信息。通过这些社交媒体的内容，应聘者可以了解公司的日常运营情况和企业氛围，这对于评估自身是否适合该公司文化及环境非常有帮助。例如，一家注重创新和团队合作的公司可能会在其社交媒体上频繁分享团队建设活动和创新项目的进展，应聘者可以从中感受到公司的活力和团队协作的重要性。

不要忽视与未来可能的雇主进行直接交流的机会。在实际的面试准备中，应聘者可以通过电子邮件或电话等方式，向 HR 或相关部门咨询一些具体的问题，如职位的具体职责、团队结构、期望的工作成果等。这种主动获取信息的行为不仅可以帮助应聘者更准确地了解职位和公司的期望，也展示了应聘者的积极态度和对职位的真正兴趣。这些信息将在面试中为应聘者提供论据，支持他们为什么是这一职位的合适人选，同时能帮助应聘者决定这份工作是否符合自己的职业规划和生活需求。

（四）进行面试练习

在准备商务面试的过程中，进行面试练习是提高面试成功率的关键步骤之一。通过模拟面试，应聘者可以在真实面试前熟悉面试流程，提高应对真实面试中可能出现的各种情况的能力。

进行模拟面试可以帮助应聘者减少面试中的紧张感。一对一的练习，无论是与朋友、家人还是职业辅导师进行，都能让应聘者在一个较为放松的环境中试错和调整。在这个过程中，面试者可以得到即时的反馈，对自己的回答方式、语言表达甚至非语言行为（如肢体语言、眼神交流等）进行改进。比如，应聘者可能在练习中发现自己在回答问题时使用了太多的填充词，如"呃""这个"等，这样的发现将有助于他们在正式面试中更加注意这一点，尽量避免。

记录或录像自己的面试练习也是一种非常有效的方法。通过回放录像，应聘者可以客观地观察和分析自己的表现，包括语言的清晰度、逻辑性，以及非语言行为的适当性。这种方法可以帮助应聘者更清楚地看到自己的优点和需要改进的地方，进一步调整面试策略。观察录像可能让应聘者意识到自己在回答问题时缺乏眼神交流，或者在听到复杂问题时表情显得过于紧张，这些都是可以通过进一步练习来改善的。

准备常见面试问题的答案也非常关键。这不仅包括对个人背景、教育经历、工作经验的描述，还包括对个人优势、职业目标以及为何适合该职位的深入分析。通过这样的准备，应聘者可以在面试中更流畅、自信地表达自己，展示出高度的职业性和对职位的热情。同时应聘者也应准备一些问题提问面试官，这不仅显示出对职位的兴趣和主动性，也有助于应聘者评估该职位和公司是否符合自己的职业发展需求。

（五）准备面试着装

在准备商务面试的过程中，选择合适的着装非常关键，因为第一印象在面试中极为重要，而着装是形成第一印象的重要组成部分。正确的着装不仅能够展现应聘者的专业性，还可以反映出对面试和未来职位的尊重与重视。

基本的商务面试着装通常倾向保守和专业。对于男性来说，传统的深色西装配领带是最常见的选择。这种着装不仅显得专业严肃，而且能够适应绝大多数的商务环境。对于女性，深色西装或是搭配深色裤子或裙子的深色上衣同样是安全的选择。选择服装时，应确保衣服合体，既不过于紧身也不过于宽松，这样可以在视觉上展现出整洁与条理性。此外，女性应聘者在选择裙子时，长度应至少到膝盖，以保持专业的形象。配饰的选择应保持简洁。无论男女，都应该避免佩戴过多或过于显眼的饰品。男士宜选择低调的手表或领带夹，女士则可以选择简单的耳环和项链，避免过于夸张的设计。当然，面试当天的个人整洁也非常重要，包括发型、指甲，以及轻微的香水或剃须水等，这些细节虽小，但往往能体现出应聘者的细致和对面试的重视。

对于在创业公司或较为休闲的工作环境面试，着装要求可能会更为宽松。在这种情况下，应聘者可以选择稍微休闲的装扮，如整洁的牛仔裤配上衬衫或职业装上衣。然而，如果对着装标准不确定，最好的策略是选择略微正式一些的着装。这样做不仅可以避免过于随意给面试官留下不专业的印象，也显示出了对职位的尊重。如果对于具体应该穿什么仍有疑问，向公司询问他们的典型着装要求是一个明智的选择。了解公司的日常着装要求后，可以选择略微正式一点的着装进行面试。这样的着装策略有助于在展示专业性的同时更好地适应公司文化，提升面试成功率。

二、面试中准备

（一）需要提前做的功课

在大学生准备商务面试的过程中，面试当天的准备同样非常关键，这直接关系到面试的第一印象及整体表现。合理的准备不仅能够展示出应聘者的专业性和认真态度，还可以帮助应聘者在面试过程中保持镇定和自信。

准时到达面试地点是极为重要的。在商业环境中，守时被视为一种基本的职业素养，尤其在面试场合，迟到可能会给面试官留下不负责任的印象。建议应聘者提前十到十五分钟到达面试地点，这不仅可以显示出对面试的重视，也为自己留出了足够的时间适应环境，调整情绪。如果对面试地点不熟悉，可以提前一天驾车前往，熟悉路线和预计的行驶时间，确保在面试当天能够准时到达。

了解并正确使用面试官的名字是表现礼貌的一个重要方面。在面试开始时能够正确地称呼面试官的名字，可以增加互动的亲切感，同时显示出应聘者的细心和准备充分。如果对面试官的名字不确定，可以在面试前通过电话或电子邮件确认。携带额外的简历副本和推荐人名单是必要的，因为面试官可能需要在面试过程中查看这些文件。如果有相关的工作样本或项目作品，也应该随身携带，以便在适当的时候展示给面试官。除此之外，准备一系列问题向面试官提问也是面试中的一个重要环节。这不仅可以帮助应聘者更好地了解职位和公司情况，也展示了应聘者的积极性和对职位的真正兴趣。同时，带上记事本和笔记录面试中的要点，可以在面试后进行回顾，便于后续的跟进。

应聘者还需要注意不应携带哪些物品。例如，不应带咖啡、口香糖等与面试无关的物品进入面试室，这些行为可能会分散面试官的注意力，或给人留下不专业的印象。手机等电子设备应该在进入面试地点前关闭并妥善收好,以避免在面试过程中产生干扰。通过对这些细节的注意,可以帮助应聘者在面试中表现得更加得体和专业。

(二)如何保持冷静

在大学生准备商务面试的过程中,保持冷静是面试成功的关键因素之一。面试时的情绪管理对于展现应聘者的职业素养和应对压力的能力尤为重要。

保持冷静可以帮助应聘者更加清晰和准确地理解面试官的提问。在面试过程中,如果遇到不清楚或复杂的问题,应聘者完全可以请求面试官澄清问题的意图或细节。这不仅表现了应聘者的认真态度,还可以防止因误解问题而导致答非所问。实际上,适时地要求澄清可以显示出应聘者的沟通技巧和解决问题的能力,这在许多工作中都是非常受欢迎的特质。

应聘者在回答问题时可以适当地暂停,组织语言和思路。这种做法不仅可以增加回答的准确性,还可以让应聘者的回答更加深思熟虑和有条理。对于复杂的或需要分析的问题,深呼吸、简短的思考暂停可以帮助应聘者抑制紧张情绪,从容不迫地展示自己的专业能力和逻辑思维。在商业环境中,能够冷静处理问题的能力会给人留下深刻的印象。深入的准备是提升自信和减轻面试压力的有效方式。通过对公司的背景、文化和业务的充分研究,应聘者可以在面试中展现出对公司的深刻理解和高度的兴趣。同时,反复练习常见的面试问题可以使应聘者对这些问题的回答更加流畅自然。准备工作越充分,应聘者在面试中就越能保持冷静和自信。这种自信不仅来源于对自己能力的信任,也来源于对面试情境的熟悉。

保持冷静还包括对面试环境的适应。面试前到达面试地点,适应环境的布置和氛围,有助于缓解面试前的紧张情绪。保持良好的睡眠和适当的营养也是保证面试当天精神状态良好的重要因素。应聘者可以通过适当的呼吸练习和放松技巧,帮助自己在面试中保持最佳状态,展现出最好的自己。

三、面试后准备

在大学生准备商务面试的过程中,面试后的跟进同样至关重要。这一步骤不仅是展示职业礼仪的机会,也是再次强调你对职位的兴趣和适合度的关键时刻。适当的跟进可以加深面试官对你的印象,提高你被录用的机会。

第一,面试结束时,你应当向面试官表示感谢,并再次表达对职位的浓厚兴趣。这种礼貌的表现不仅是基本的职业礼仪,也是你积极态度的体现。通过口头上简短而诚恳的感谢,可以让面试以积极的氛围结束,给面试官留下良好的最后印象。这种亲切的态度可能会成为你与其他候选人区分开来的一个重要因素。

第二,面试后应尽快发送一封感谢信或电子邮件给面试官。这不仅是对面试官时间和机会的感谢,也是再次强调你对这份工作的兴趣和热情的好机会。在这封信中,除了表达感谢,还应详细重申你对该职位的兴趣,并简要概述你认为自己适合这个职位的理由。如果在面试中有遗漏的重要信息,或者有额外的思考和观点,这时候补充提及也非常合适。这可以显示你对面试内容的关注和反思,以及你对工作的热情和认真态度。

第三,合理的跟进还包括对面试结果的关注。在感谢信发送后,你应保持适当的耐心等待反馈,但也可以在一定时间后,如一两周,通过邮件或电话询问应聘进程的状态。这种主动性既显示了你对职位的极高兴趣,也能保持你在招聘人员心中的印象。然而,在进行跟进时也需注意不要显得过于迫切或频繁,以免给面试官留下过分强硬或急躁的不良印象。

第二节 电话磋商与交流

一、如何拨打国际长途电话

对于商务英语专业的大学生来说,掌握如何有效地拨打国际长途电话是非常重要的技能,尤其是在全球化的商务环境中。以下是拨打国际电话的具体步骤和注意事项,这些都是商务沟通中不可或缺的技能。

(一)了解国际拨号前缀

每个国家都有一个独特的国际拨号前缀,用于拨打国际电话。这个前缀是必须先拨打的,因为它允许电话从一个国家的电话网络连接到另一个国家的电话网络。例如,从中国拨打国际电话通常使用的前缀是"00"。

(二)拨打国家代码

在拨打国际前缀之后,接下来需要拨打的是目标国家的国家代码。这个代码可以是 1 到 3 位数字,不同的国家有不同的代码。例如,如果你想打电话到日本,国家代码是"81"。

(三)拨打地区或城市代码

在拨打了国家代码之后,接下来要拨打的是具体的地区或城市代码。这可以帮助进一步将电话定向到目标国家的一个更小的地理区域。地区代码同样可以是 1 到 3 位数字。例如,在日本,不同的城市或地区有不同的代码。

(四)拨打当地电话号码

在拨完所有的区域代码后,最后拨打的是当地的电话号码。这是完成电话拨打的最后一步。例如,如果你需要联系位于某地区的商务伙伴,你将需要拨打他们的具体电话号码。

二、如何留言以及记录电话留言

(一)电话留言的七个步骤

在商务英语的工作环境中,电话留言是一项基本且关键的沟通技巧。有效的电话留言不仅可以确保信息的传达,还可以维护和增强专业形象。以下是留言及记录电话留言的详细步骤,商务英语专业的大学生应该熟练掌握这些技能以应对日常商务活动中的需要。

1. 明确留言对象

在留言的开始,清楚地说明这条信息是为谁准备的。这一步骤有助于确保留言能够被正确地传递给目标人物。例如可以说:"您好,这条留言是给张经理的。"

2. 自我介绍

留言中应该包括您的姓名和您所代表的组织。这样不仅表明了您的身份,也使接听者能够了解留言的来龙去脉。例如:"我是来自 XYZ 公司的李思。"

3. 说明来电原因

简洁明了地说明打这通电话的目的或原因。确保内容具体、有目的,避免冗长和不必要的细节。例如:"我打这个电话是为了确认我们下周的会议安排。"

4. 拼写复杂单词

对于可能导致误解的复杂单词,如人名、公司名和技术术语,应当进行拼写。这可以防止因发音不清或听错而导致的信息错误。例如:"我的名字是 Smith,拼写为 S-M-I-T-H。"

5.要求回电

明确地请求对方回电，并指出回电的重要性。这表明您期待对方的反馈，并为对方提供了行动的指引。例如："请在您方便时回电讨论更多细节。"

6.留下联系方式

确保留下您的联系方式，包括电话号码、电子邮件等，以便对方能够轻松联系到您。这一步骤是确保双方能继续沟通的关键。例如："我的联系电话是123456789，电子邮件是example@example.com。"

7.说明可联系时间

告诉对方您方便接听电话的时间，这可以增加双方成功通话的概率。例如："我周一至周五的上午九点到下午五点都在办公室。"

（二）英文电话留言的格式

英文的电话留言（telephone message）包括六个部分。

打电话者（From），留言者应提供自己的姓名和联系信息，这样接收者如果需要回电或跟进时可以轻松找到留言者；

电话接收者（To），明确指出这条留言是给谁的，确保留言能被正确传达给具体的接收者；

日期（Date），记录留言的具体日期，帮助接收者了解留言的时效性；

时间（Time），记录留言的具体时间，有助于接收者判断回电的紧急程度；

留言内容（Message），留言的核心部分，需要简洁明了地表达留言的目的、具体内容及任何需要对方回应的事项；

记录人姓名（Recorder's Name），记录留言者的姓名，尤其在多人办公环境中，这可以帮助接收者知道应该联系谁。

举例分析：

假设你是ABC公司的销售代表李明，需要给客户张先生留言，询问他关于最新订单的确认情况。以下是按照标准格式撰写的电话留言示例。

From: 李明，ABC 公司销售部

To: 张先生

Date: 2024 年 6 月 8 日

Time: 上午 10:15

Message: 张先生，您好！我是 ABC 公司的李明。我打电话是想确认我们上周讨论的订单详情是否已经得到您的批准，因为我们计划下周开始发货。请您在看到此消息后尽快回电或通过电邮给我确认信息。我的联系电话是 123456789，电邮是 li.ming@abc.com。谢谢！

Recorder's Name: 李明

（三）电话留言的特点

1. 简洁明了

电话留言需要直截了当，避免冗长和复杂的表达。留言的内容应该集中于关键信息，如留言的目的、紧急程度和具体的请求。

2. 清晰易懂

留言应使用简单、清晰的语言，确保接收者能够轻松理解留言的内容和意图，无须二次确认即可明白留言的全部信息。

3. 具体明确

在留言中应明确提出具体的问题或信息，包括相关的日期、时间和具体行动的要求，避免使用模糊不清的表达。

举例分析

假设你是一家国际贸易公司的员工，需要给海外供应商留言询问订单状态。根据电话留言的特点，以下是一段有效的留言示例。

From: 张华，国际贸易公司

To: John Smith, XYZ 供应链管理

Date: 2024 年 6 月 10 日

Time: 下午 3:30

Message: John，您好！我是张华，来自国际贸易公司。我打这个电话是为了询问订单编号 12345 的最新进展。请您在接到留言后尽快与我联系，确认订单的发货日期和当前状态。我的联系电话是 010-12345678，电邮是 zhanghua@internationaltrade.com。期待您的回复，谢谢！

Recorder's Name: 张华

在这个示例中，留言者明确指出了留言的接收者、自己的身份、来电目的以及具体的信息需求。此外，留言还包含了联系方式和期望的回应方式，这使得整个留言既简洁又具体，便于接收者理解和快速回应。

第三节 公司与产品介绍

一、公司介绍

对于商务英语专业的大学生来说，掌握如何有效地向投资者、合作伙伴、客户或未来的员工介绍公司是非常重要的技能。这不仅是展示公司实力和潜力的关键时刻，也是建立公司形象和吸引外部兴趣的重要机会。为此，大学生需要掌握以下三种方法。

(一) 介绍方法

在介绍公司时，首先要确保演讲能够吸引并保持听众的兴趣。这意味着演讲者需要以清晰、简洁、有吸引力的方式传达信息。可以通过讲述公司的创始故事、展示其独特的市场定位或说明公司如何解决特定行业的痛点来引起听众的好奇心和兴趣。将演讲内容与听众的利益和需求相联系，能够更好地引起共鸣，如说明公司产品怎样为客户创造价值或为投资者带来回报。演讲者在向听众介绍公司时，内容的组织和逻辑性非常关键。演讲者需要清楚地陈述公司的基本信息，如公司名称、成立时间、总部所在地、分支机构和工厂的分布等。应该突出公司的主要成就，如技术创新、专利、技术团队的专业能力及市场成就。这些信息应该组织有序，逻辑清晰，避免信息过载或杂乱无章，确保听众能够轻松跟上你的介绍。

根据不同的听众和场合，演讲者可能需要调整其介绍的风格和语气。语气应保持真诚和热情，使听众感受到演讲者对公司的自豪和对未来的积极期待。使用适当的幽默可以使演讲更加生动，但应确保幽默恰当并符合文化和场合的要求。调整语速、语调和音量，以及适时的停顿，都可以增强演讲的效果，使信息传达更加有力。与此同时，有效的肢体语言可以极大地增强演讲的吸引力和说服力。演讲者应使用开放的姿态，保持眼神交流，使用手势来强调要点或表达热情。适当的面部表情也可以帮助传达演讲者的情感和态度。这些非言语的交流方式可以帮助维持听众的注意力，使演讲更加生动和有感染力。

（二）常用表达

1. 单词短语

（1）公司类型。

head office 总公司

parent company 母公司

subsidiary 子公司

branch company 分公司

joint venture 合资企业

foreign-funded enterprise 外资企业

cooperative enterprise 合作企业

wholly foreign-owned enterprise 外商独资企业

state-operated enterprise 国有企业

private enterprise 私营企业

multinational corporation 跨国公司

company of limited liability 有限责任公司

company of unlimited liability 无限责任公司

（2）公司分类。

trading/commercial company 贸易公司

foreign trade corporation 外贸公司

transport company 运输公司

investment company 投资公司

consulting company 咨询公司

insurance company 保险公司

property/real estate company 房地产公司

airline company 航空公司

import and export company 进出口公司

securities company 证券公司

lease company 租赁公司

real estate development company 房地产开发公司

（3）公司部门。

financial department 财务部

sales department 销售部

propaganda department 宣传部

marketing department 市场部

planning department 企划部

logistics department 后勤部

production department 生产部

human resources department 人力资源部

research and development department 研发部

after-sales service department 售后服务部

public relationship department 公共关系部

2.常用句型

（1）We have been active worldwide since 1950 and are present in more than 100 countries and territories.

自1950年起，我们公司就一直活跃在世界市场上，现在我们的业务范围涉及100多个国家和地区。

（2）China Electronics Import & Export Corp. was established as a national foreign trader with the approval of the State Council in Apr. 1980.

中国电子进出口总公司于1980年4月经国务院批准成立，是中国最早成立的全国性专业外贸公司之一。

（3）Established in 1978, when China started the reform and opening-up policy, China National Machinery & Equipment Import & Export Corporation is the first large national corporation integrating foreign trade with industry.

中国机械设备进出口总公司成立于1978年，是中国改革开放以来第一家集外贸与工业于一体的大型国有企业。

（4）Founded in 1952, China National Light Industrial Products Import and Export Corporation is a well-established state-owned corporation featuring great financial strength, good business reputation, bright prospect.

中国轻工业品进出口总公司成立于1952年，是一家历史悠久、资金雄厚、具有良好商誉和发展前景的大型国有企业。

（三）公司简介

撰写公司简介是商务英语专业的学生必须掌握的一项重要技能。一份精炼而全面的公司简介不仅能够在商业会议、投资提案、合作洽谈等场合中有效传达公司的核心价值和业务方向，还能在日常交流中快速展示公司的实力和市场地位。

1.简介结构

（1）标题。通常，公司简介的标题直接使用"公司简介"或者"XX公司简介"来明确内容的性质。这种直接的标题可以清晰地告知读者文档的主要内容。

（2）正文。正文是公司简介的核心部分，需要使用清晰、准确的说明性语言。正文部分应系统地展示公司的关键信息，包括但不限于公司的基本情况、发展历程、市场和产品情况、运营状况以及未来的发展规划。

"公司基本情况"介绍公司的名称、地理位置、注册资本以及公司的经营范围和主要产品。这些信息为读者提供了企业的基础概况。例如："XX科技有限公司，位于纽约，注册资本500万美元，主要从事高科技产品的研发与销售。""发展历程"简要回顾公司的成立背景、重要的发展里程碑以及目前的发展阶段。这部分可以展示公司的成长轨迹和业务扩展，增加信任感。例如："公司自2000年成立以来，逐渐从初创企业发展成为行业的领导者，已完成三轮融资，成功扩展至国际市场。""产品与市场"介绍公司的原料来源、主要产品线、产品的市场分布、主要销售渠道和市场竞争状况。这有助于展示公司的市场定位和竞争优势。例如："我们的产品主要销往欧洲和北美市场，凭借独特的设计和创新技术，已占据市场20%的份额。"

"运营状况和社会效益"展示公司的运营效率、财务健康状况、对社会的贡献以及获得的行业奖项等。这部分内容可以增强公司形象，展示其社会责任感。例如："公司连续五年盈利增长，多次被评为'年度环保企业'，在提供优质产品的同时，积极承担社会责任。""未来发展"阐述公司的短期和长期发展目标及战略规划，让读者了解公司的未来方向。例如："未来五年，公司计划进军亚洲市场，推广新的生态技术产品，目标是年增长率达到30%。"

2. 风格与语气

在写公司简介时，应保持正式而自信的语气，语言力求简洁精确。尽量避免使用行话或过于技术性的术语，以确保非专业读者也能理解。同时，适当使用积极向上的词汇，如"领导者""创新""可持续"等，来强化公司的正面形象。

3. 写作格式和常用表达方法

（1）第一段一般介绍公司基本情况，包括成立时间、类型、注册资本以及地理位置等，例如：

"Established in 1998, our company has over two decades of experience in delivering high-quality IT solutions."

我们公司成立于1998年,拥有超过二十年提供高质量IT解决方案的经验。

"Based in Silicon Valley, our firm operates as an independent manufacturer within the biotechnology sector, with a registered capital of 10 million USD."

我们公司位于硅谷,是生物技术行业内的独立制造商,注册资本为1000万美元。

"The company is a venture backed by Tech Innovators Group, featuring a strategic headquarters in New York and multiple operational facilities across Europe."

公司由Tech Innovators Group支持,战略总部设在纽约,并在欧洲多个地区拥有运营设施。

"Our organization is a subsidiary of Global Finance Corp, operating as a public limited company focused on renewable energy solutions."

我们机构是Global Finance Corp的子公司,作为一家上市公司,专注于可再生能源解决方案。

(2) 第二段不仅要介绍公司的产品或服务,还要介绍生产技术、员工队伍以及公司的业务成就和客户关系等。请看以下示例:

"Our portfolio spans a range of sectors, offering products like advanced sensors and automated control systems."

我们的产品涵盖多个行业,提供如高级传感器和自动控制系统等产品。

"Equipped with cutting-edge robotic assembly lines, we specialize in precision electronics that are critical for aerospace and medical applications."

我们配备了先进的机器人装配线,专门生产对航空和医疗应用至关重要的精密电子产品。

"Our company employs over 500 skilled professionals, including numerous engineering experts and data scientists."

我们公司雇用了500多名熟练的专业人员,包括众多工程专家和数据科学家。

"We have earned the trust of over 2,000 clients worldwide, particularly in markets such as Europe and Asia, through our commitment to quality and customer service."

通过我们对质量和客户服务的承诺,在全球范围内,特别是在欧洲和亚洲市场,我们已赢得了2000多个客户的信任。

(3)公司简介的第三段通常涉及产品或服务的质量标准、市场覆盖范围、主要客户群体以及合作意愿等内容。以下是一些常用表达方式。

"Our electronics products adhere to the highest industry standards, undergoing rigorous testing processes to ensure reliability and durability."

我们的电子产品遵循最高行业标准,经过严格的测试流程以确保其可靠性和耐用性。

"Our consulting services are renowned for their excellence and efficiency, offered at competitive prices."

我们的咨询服务以其卓越和高效著称,且价格具有竞争力。

"Our innovative software solutions have captured markets across Europe and Asia due to their advanced features and adaptability."

由于具备先进的功能和适应性,我们的创新软件解决方案已在欧洲和亚洲的市场上广受欢迎。

"We serve a diverse client base spanning multiple industries worldwide, including major sectors like healthcare, finance, and education."

我们服务于全球多个行业的广泛客户群,包括医疗、金融和教育等主要领域。

"Our annual production capacity exceeds 1 million units, with a sales volume that consistently tops the industry charts."

我们的年生产能力超过100万,单位销售量在行业内持续领先。

二、产品介绍

（一）FAB 产品介绍法

掌握有效的产品介绍方法对于商务英语专业的学生来说极为重要，尤其是在面对国际市场和多元化的客户群体时。FAB 产品介绍法提供了一个清晰的框架，帮助学生以系统化的方式展示产品的独特性和价值。以下是对 FAB 模型的详细论述，以及如何运用这一方法进行产品介绍。

1.特性（Feature）

产品的特性是指产品的固有属性，这些是产品的基础信息，包括但不限于原材料、产地、设计、颜色、尺寸等。这些特性是产品介绍的起点，直接反映了产品的物理及功能性质。例如，一个智能手表的特性可以包括其使用的先进传感器、防水设计，以及触摸屏界面等。在商务场合，准确而详细地描述这些特性是至关重要的，因为它们是客户对产品进行初步评估的依据。商务英语专业的学生需要学会如何清楚地描述这些特性，同时使用专业术语来增加描述的权威性和准确性。

2.优点（Advantage）

从产品的特性派生出的优点是指这些特性可以使得产品在市场上具有竞争力。优点是特性的"加值"表述，它说明了产品的特性为何能成为选择这一产品的理由。例如，智能手表的防水设计是一个特性，其优点可能是用户可以在游泳时使用它监控心率和运动距离，这种描述帮助消费者理解产品特性背后的实际用途。商务英语专业的学生在介绍产品优点时，应当着重表达这些优点如何满足特定的客户需求或解决特定的问题。

3.好处（Benefit）

最终，产品的好处是指顾客通过使用产品所获得的实际益处。这些好处通常是消费者最关心的，因为直接关系到他们的个人或业务利益。例如，智能手表让用户能够实时监控健康数据，这可能帮助他们更好地管理自己的健康或优化训练计划。在产品介绍中突出这些好处，可以有效地吸引潜在客户的兴趣，并促使他们作出购买决定。商务英语专业的学生应该学会如何将产品的特性和优点转化为具体、切实的好处，以便更有效地推广产品。

（二）AIDA 模型

在商务英语领域，除了 FAB 方法，另一种常用的产品介绍方法是 AIDA 模型。AIDA 是一个营销和广告中的经典模型，它代表四个步骤：Attention（注意力）、Interest（兴趣）、Desire（欲望）和 Action（行动）。这四个步骤描述了消费者从初次接触到最终购买的心理过程。这个模型特别适用于营销和广告中，帮助商务英语专业的学生或从业人员在介绍产品时构建有影响力和说服力的演讲或文案。

1.Attention（吸引注意力）

产品介绍首先需要吸引目标听众的注意力。这可以通过创造性的视觉效果、引人入胜的故事，或者一些惊喜元素来实现。例如，使用引人注目的图像、强有力的声明或者独特的产品特性作为开场，确保你从一开始就抓住听众的眼球。

2.Interest（激发兴趣）

一旦吸引了听众的注意力，下一步是通过提供更多详细信息来激发他们的兴趣。这部分应该着重介绍产品如何解决特定问题或提高用户体验。重点讲述产品的特别之处，使用数据和事实来支持你的观点，确保内容对听众来说既信息丰富又相关。

3.Desire（培养欲望）

在提高了听众的兴趣之后，接下来的目标是将这种兴趣转化为强烈的购买欲望。这一步需要通过展示产品的实际价值和好处来实现。强调产品的独特卖点和用户获得的实际好处，如节省时间、成本效益或生活质量的提升，使听众产生"我需要这个产品"的感觉。

4.Action（促成行动）

最后一步是鼓励听众采取行动。在产品介绍的结尾，提供一个明确的行动呼吁，告诉听众他们应该做什么来获得产品。这可能是访问一个网站、注册一个演示或直接购买产品。确保行动步骤简单明了，轻松可行。

第四节　定价与销售

商务英语的定价技能是在商务英语环境中运用英语给产品或服务定价决策的能力，具体包括了解市场趋势、分析成本结构、评估竞争对手的定价策略、预测消费者需求以及制定和调整价格等内容。精确的成本评估和定价可以使企业优化利润结构，实现利润最大化。当前的市场环境不断变化，行业间的竞争愈演愈烈，企业需要不断调整价格策略以适应市场变化。对于高校学生来说，他们应该捕捉市场变化的信息，学习如何定价，掌握定价技能，保持企业的竞争优势。

一、影响定价的因素

影响定价的因素主要有内部因素和外部因素两种。

（一）内部因素

1.营销目的

当企业的营销目的是"求生存"或"占领更多的市场份额"时，要选择低价策略，这主要是为了迅速占领市场、吸引消费者、提高销售量，这种策略有助于企业在短期内获得较大的市场份额，提升品牌知名度，为企业后续的生存和发展奠定坚实的基础。当企业的营销目的在于"依靠产品质量"时，其定价就会偏高，这是因为高品质的研发成本、生产成本和品质保证成本会比较高。高价策略可以凸显产品的独特性和价值，塑造产品的高品质形象。

2.营销组合策略

营销组合策略需要产品、地点和促销的多个因素的配合。当企业在决策时考虑的是产品概念时,在产品开发阶段,价格就预先确定好了,因为产品的独特性和价值决定了消费者对价格的接受程度。而当低价是主要的卖点时,企业就必须调整营销组合中的其他因素,适应这一价格的设定。例如,企业可能需要优化生产流程、降低生产成本、开展促销活动来吸引更多的消费者。在任何情况下,定价必须与营销组合中的其他手段相一致。

3.成本

成本是产品定价的底线,成本包括直接成本(如原材料、人工等)和间接成本(如管理费用、研发费用等),这些共同构成了产品的总成本。

在定价时,必须确保定价不会低于成本,但定价也不能高出成本太多,这样容易失去市场竞争力。成本为定价提供了一个基准,企业可以在这一基础上结合市场供需、品牌形象、消费者需求等因素,制定出既符合市场规律又能保证企业盈利的定价策略。

(二)外部因素

1.市场与需求

市场与需求直接决定了产品价格的上限。在自由市场中,价格通常受供需关系影响,而需求则直接反映了消费者对产品的需要和支付意愿。营销人员必须弄清楚价格与需求之间的关系,市场结构影响着价格与需求之间的变动,如完全竞争市场、垄断市场或寡头市场等。不同的市场结构下,价格弹性也会有所不同。在定价时,企业要关注消费者对价格的看法。一个过高的价格可能会让消费者望而却步,而一个过低的价格则可能让消费者怀疑产品质量。因此,企业需要了解目标消费者的支付意愿和价格敏感度,以此为基础制定出一个既能满足消费者心理预期,又能保证企业盈利的价格。

2.竞争对手的价格和条件

在激烈的市场竞争中，消费者总是希望找到性价比最高的产品，希望用最低的价格获得最好的产品和服务。因此，当竞争对手提供了比本企业更低的价格或更优惠的条件时，消费者很可能会转向竞争对手，导致本企业市场销量减少。

二、定价的方法

高校大学生应掌握常用的定价方法，在商务英语工作中脱颖而出。

（一）亏本销售定价（Loss Leader Pricing）

亏本销售定价会设置很有吸引力的低价，以此吸引顾客的注意力，随后引导他们进入店铺或访问线上平台，发现并购买店内正常价格的商品或高利润的商品，进而促进整体销售链的盈利增长。利用亏本销售，顾客和企业能实现"双赢"：顾客获得了实惠，企业则赢得了客流量与潜在的高额回报。

亏本销售定价法在零售业中应用比较多，尤其是超市、商场等大型零售场所。这些场所商品种类繁多，顾客群体广泛，因此选择部分商品进行亏本销售，能够迅速吸引大量顾客前来选购。

在采用亏本销售定价法时必须保持高度的警惕和谨慎，因为如果其他商品的销售利润不足以覆盖亏本商品的损失，那么整个活动就可能会造成整体上的亏损，这是企业不愿看到的。为此，企业需要对市场进行深入的调研和分析，了解顾客的消费习惯、购买偏好和竞争对手的定价策略，制定既能够吸引顾客又能够保证盈利的亏本销售方案。企业还要密切关注促销活动的进展和效果，及时调整策略，确保活动成功。

（二）渗透定价法（Penetration Pricing）

渗透定价法，顾名思义，是利用价格"渗透"市场，即利用低价作为进入市场的敲门砖，吸引大量消费者，然后快速渗透市场，在建立了稳定的客户基础和品牌忠诚度后，再将价格调整到较高水平。对于很多新产品或新品牌来说，它们的市场认知度比较低，渗透定价法可以帮助它们迅速打开市场，提高知名度，在竞争中脱颖而出。如果企业能够通过技术创新或规模经济降低生产成本，那么它就有能力用低价销售产品，同时保持盈利。

在实施渗透定价法之前，企业先需要做的就是对市场展开调研，了解消费者的需求、竞争对手的定价策略；随后基于市场调研的结果，结合自身的成本结构，设定一个具有竞争力的低价，这个价格应该低于市场平均价，但又要保证企业不会亏损太多。在赢得一定的市场份额和客户后，企业可以有计划地把价格提上来，提价的速度和幅度要根据市场反应和消费者的接受程度来调整。

（三）撇脂定价法（Pricing Skimming）

撇脂定价法是指在产品上市初期，企业故意设定较高的售价，然后随着时间推移逐渐降低价格的定价方法。这一定价方法是为了吸引那些对产品的品质或品牌具有高度认同感，且愿意为此支付溢价的消费者群体。这一策略能够帮助企业迅速收回研发成本，在短期内获得高额利润，还能在消费者心中树立起产品高端、优质的形象，为后续市场的拓展奠定坚实的基础。

在实践操作中，撇脂定价法比较适用于科技含量高、创新性强、更新换代速度快的行业，如智能手机、高端电子设备等领域。这些行业的产品通常具有鲜明的技术领先优势或独特的设计理念，能够激发消费者的购买欲望。以新款手机为例，厂商通常会在产品发布初期，利用其新颖的功能、更优秀的性能或独特的设计设定一个相对较高的价格，吸引一批科技爱好者、追求时尚潮流的消费者。随着市场竞争的加剧、技术的逐渐普及以及产品生命周期的推进，厂商会适时调整价格策略，通过降价促销等方式逐步扩大市场份额，吸引更多的消费群体。

撇脂定价法也伴随着一定的风险。如果竞争对手能够快速响应，推出功能相似但价格更低的产品，那么高价策略的有效时间就会大大缩短，从而导致市场份额快速流失。

(四)区别定价法(Differential Pricing)

区别定价法是指针对同一商品或服务,依据顾客的不同特点、购买时间和购买地点的差异、购买数量的不同,来灵活地设定不同的价格。因为市场需求具有差异性和多样性,精准的、有区别的价格定位能够最大限度地激发消费者的购买意愿、满足不同消费者的购买需求,增加产品销售量和产品的利润。

在实际的商业操作中,区别定价法被广泛应用于旅游、娱乐、交通等多个行业领域。以航空业为例,航空公司会根据机票的预订时间(如提前预订或临时预订)、航班的具体时段(如早晚航班或高峰时段)、座位的等级(如经济舱、商务舱等)来制定差异化的价格策略。为了确保这一策略的有效实施,企业需要提前开展市场调研,明确不同顾客群体的需求和能接受的价格范围,然后划分不同的价格区域。在正式实施的过程中,企业还可以灵活地调整价格,确保各个细分市场的顾客都能接受相应的价格,全面提升企业的市场竞争力和盈利能力。

(五)基数定价法(Odd Pricing)

基数定价法是一种需要分析消费者心理的定价策略,消费者对价格变化十分敏感,他们会比较喜欢小数点后边带一位或两位的"吉祥"数字或含有特定尾数的价格,如更喜欢6.6元、9.9元,不喜欢7元、10元。这种策略巧妙地规避了整数价格造成的心理门槛,使得商品价格在消费者心中显得更为亲民、更容易接受,从而降低了价格敏感度,有效激发了顾客的购买意愿。

在现实的商业环境中,基数定价法很受欢迎,在零售业和快消品领域,技术定价法应用十分广泛。在这些行业中,价格竞争异常激烈,每一分钱的差价都可能成为影响消费者选择的关键因素。将商品价格设定为略低于整数的价格(如9.9元而不是10元)能够给消费者创造出一种"物超所值"的错觉,让消费者在心理上感受到更多的实惠。尽管从实际价值上看,这种价格改变造成的价值差异很小,但它却能在潜移默化中引导消费者的购买行为,促使消费者选择那些看似更加经济实惠的商品,提升商品的销售量,增加商品的市场占有率。

三、销售的方式

(一) **直接销售/供应** (Direct Supply/Sales)

直接销售是指生产商直接将产品销售给消费者，而不通过中间商或零售商。直接销售主要有两种销售方式，一种是传统直接销售，另一种就是电子商务销售。

1. 传统直接销售

传统直接销售就是生产商通过自身的销售团队或电话销售渠道，直接将产品送到终端客户手中，这一过程绕过了中间商和零售商的环节。在这种模式下，企业需要组建一支训练有素、专业知识丰富的销售团队，他们应该具备出色的沟通技巧，理解目标客户群体的需求与偏好。因为一开始客户对品牌和产品都不了解，所以销售团队需要主动出击，用各种方法与目标客户建立联系，并通过一对一的深入交流，介绍产品特性和优势。有些客户会提出定制产品，针对此部分客户的需求，销售团队需要提供个性化的解决方案，确保客户的建议得到回应，需求得到妥善满足，从而增强客户的忠诚度和满意度。

进一步而言，传统直接销售模式的一大优势是它允许生产商与客户之间建立起一种紧密和直接的联系。无论是在售前咨询阶段、交易过程中，还是售后服务阶段以及其他各个环节，这种全方位的互动都是不可缺少的。只有这样生产商才能够更准确地捕捉市场动态，及时调整产品策略，满足市场变化。同时，由于没有中间商的介入，生产商能最大限度地控制产品和品牌的宣传语口碑，这有助于维护品牌形象，确保产品信息准确无误地传递给消费者。

2. 电子商务销售

电子商务是现代商业领域的一股强劲力量，它利用企业自建的官方网站或是依托第三方电商平台，将产品直接送到消费者手中，省略了传统销售链中的中间环节，降低了运营成本。在实施过程中，企业首先需构建或利用现有的在线销售平台，确保平台界面友好、操作便捷，然后介绍详细而准确的产品信息、多样化的支付方式，建立高效可靠的物流系统，吸引并留住顾客。为了扩大市场影响力，企业还可以借助社交媒体和数字广告的力量发现更多目标受众，从而打开市场、提高品牌知名度，促进销售转化。

在电子商务平台中，企业能够即时获取顾客的反馈，比如对产品质量的评价、对此次服务的评价、提升产品的建议等，这些反馈是引导企业发展的指路灯。由于不用给中间商分成，企业能够直接控制价格、调整价格，增强市场竞争力，也为产品提升利润创造了条件。电子商务平台是测试新产品或新技术、快速开展促销活动的理想平台，企业可以根据市场反应迅速调整策略，抓住稍纵即逝的市场机遇。

（二）向零售商销售（Selling to Retailers）

向零售商销售是指生产商将产品卖给零售商，零售商再将这些产品转售给最终消费者。零售商是中间商，负责在其店铺或在线平台上展示和销售产品，如大型商超等。

1. 操作步骤

第一步是与零售商进行谈判，以期达成互惠互利的合作协议。在这一过程中，企业应积极向零售商展示自家产品的优点，明确表达希望将产品放在商品货架的显眼位置的意愿，这样能吸引更多消费者的目光，有利于自家产品成为消费者的第一选择。为了激发零售商的销售积极性，企业还可以不定期出台一些具有吸引力的优惠政策或促销支持，比如折扣优惠、满减活动、试吃活动等，这活动措施可以明显提升产品销量，还能加深品牌在消费者心中的印象，为后续长期合作奠定基础。在合作期间，企业还应密切关注产品库存管理，定期盘点库存，及时补货，确保货架产品种类齐全，尽量避免发生断货的情况。

2. 主要优势

与零售商建立紧密合作关系之后，企业能够迅速拓宽市场边界，零售商具有广泛而成熟的销售网络和较为稳定的客户群体，能帮助产品逐步走进大众视野，提升产品的市场覆盖面。零售商稳定的顾客流量和较高的顾客忠诚度为企业品牌提供了宝贵的曝光机会，有助于企业提升品牌知名度，在激烈的市场竞争中占据有利地位。更重要的是，在这种合作模式下，广大生产商能够将更多精力用于产品的研发与生产工作中，不用再分心去经营复杂多变的销售管理工作，从而优化资源配置，提高运营效率。这种分工合作、各展所长的模式为企业的长远发展注入了强劲动力。

第五节　组织与安排会议

一、商务会议的概念与类型

商务会议是指以商业目的组织的正式聚会，这类会议通常涉及企业的关键决策、新产品展示、策略发布、行业交流或其他商业活动。商务会议的形式多样，可以根据会议的具体目的和预期的参与者进行设计和调整。下面详细介绍几种常见的商务会议类型及其特点。

（一）新品宣传推广会（Promotion Meeting）

这种类型的会议通常用于推广公司的最新产品或服务。目的是吸引潜在客户和媒体的注意，增加产品的市场知名度和销售潜力。会议可能包括产品演示、互动体验和问答环节，让参与者直观地了解产品的功能和优势。

（二）年会（Annual Symposium）

企业年会是一种定期举行的活动，旨在回顾过去一年的业绩、讨论公司策略以及表彰优秀员工。这种会议通常包含高层管理的演讲、业绩报告以及未来发展的讨论，是增强员工凝聚力和共享视野的重要场合。

(三)项目发布会(Project Conference)

项目发布会专注于介绍公司即将启动或已经进展的重大项目。这类会议的目的是通知股东、潜在投资者和具体项目的详情,包括预期目标、投资额、项目的市场前景和预计回报等。

(四)论坛(Forum)

商业论坛提供了一个平台,让行业内的专家、企业领袖和其他利益相关者就特定主题展开深入讨论。这些会议有助于分享最佳实践、最新趋势和行业挑战,同时促进专业网络的建设。

(五)行业峰会(Industry Summit)

行业峰会是规模较大的会议,聚焦特定行业的发展趋势、政策环境变化及其对相关企业的影响。这类峰会通常邀请行业领军人物、政策制定者和学者出席,通过演讲、小组讨论和案例研究,提供宏观和微观层面的深刻见解。

在组织商务会议时,会议的成功与否高度依赖会议的准备情况和执行效率。组织者需要确保所有的技术支持运行良好,会场布置符合商务氛围,同时要确保时间管理严格,避免任何可能影响会议流程和效果的失误。因此,高标准的会议组织和执行对于保障商务会议的专业性和效果至关重要。

二、会议组织

大型的商务会议可以委托第三方机构承办,规模一般的商务会议则由公司内相关部门组织、承办。公司内相关部门承办的商务会议一般要先成立会议筹备组或会务组,根据会议筹备流程制订详细的工作计划,合理分工,明确职责,精心准备,确保会议顺利进行。

对于商务英语专业的学生而言,掌握商务会议筹备流程是一个必要的技能,特别是在当前国际化的商业环境中,能够有效地组织和管理商务会议,是提升职业形象和职业能力的关键。

（一）会议通知的准备与发送

会议通知是商务会议筹备中的第一步，其目的是确保所有相关人员都能在适当的时间了解会议的具体信息，包括会议的时间、地点、目的和预期的会议议程。商务会议可以根据需要发送纸质请柬或电子请柬。纸质请柬通常用于更正式的会议，它需要精心设计，不仅要包含所有必要的会议信息，还应体现公司的品牌形象。电子请柬则方便快捷，适用于更加现代和非正式的商务环境。

在发送会议通知之前，必须进行仔细地核对，包括受邀人员的名单、会议时间和地点的准确性，以及会议内容的详细描述。此外还应考虑到接收者的不同时区（对于国际会议），确保所有信息都是清晰和准确的。发送后，应及时跟踪请柬的接收情况和受邀者的反馈，以便对参会人员做出最终的确认和调整。

（二）食宿和交通的安排

对于需要远距离旅行参加会议的参会者，合理的食宿和交通安排是确保会议顺利进行的关键。选择合适的酒店，尽可能靠近会议地点，不仅可以减少参会者的行程压力，还可以提高会议的出席率。会议组织者需要与酒店进行详细沟通，安排好房间预订、餐饮服务以及会议期间的其他特殊需求。组织者还需安排从酒店到会议地点的交通。这包括但不限于安排专车服务，并在车辆上明确标识，以便参会者容易识别。对于可能出现的突发状况，组织者应预先准备好备用交通方案。这些细节的周密安排可以显著提高参会者的满意度，有助于会议的整体成功。

（三）会场布置和设备检查

会场的布置直接影响到会议的氛围和效率。选择合适的会场需要考虑到会议的规模、形式及技术需求。会议座位的安排应符合会议的性质，如圆桌会议促进讨论，剧院式布局适合大型演讲。每个座位上都应放置名牌，确保每位参会者都能找到自己的位置。

技术设备的准备和检查是确保会议顺利进行的另一个重要环节。音响系统、投影设备、翻译设备等都应提前设置好并进行测试。对于会议内容的视觉支持，如PPT或视频，也应提前准备并测试播放效果。会议的标识和横幅需要体现会议的主题，并与会议的整体装饰风格相协调。茶歇和休息时间的安排也不可忽视，适当的休息和茶点可以让参会者在紧张的会议日程中得到放松，保持良好的会议体验。

（四）会议接待

会议接待任务开始于与会者抵达之前，并持续至会议结束。有效的会议接待分为两个主要部分：酒店大厅接待和会场接待。

1.酒店大厅接待

接待人员需要在与会者抵达前在酒店大厅做好迎宾准备。这包括设置迎宾台、准备迎宾牌（尤其是对于不熟悉酒店环境的嘉宾），并确保所有接待人员都清楚每位嘉宾的住宿安排及特殊需求。接待人员应穿着统一的服装，展示专业的形象，用礼貌的语言引导嘉宾办理入住手续，并解答任何相关问题。

2.会场接待

在会场，接待工作主要包括登记与会人员、核对名单以及为与会者指引座位。接待人员应确保每位与会者都能快速找到自己的座位，并对会场的基本布局有所了解，以便于解答与会者的询问。此外，接待人员还应提供会议材料、日程表和其他相关文件。

（五）应急措施

在会议筹备中预设应急措施是非常必要的，这能够确保对突发事件的快速有效响应。会务组应该制定详细的应急预案，包括突发医疗紧急情况、技术设备故障、安全问题等可能的情况。值班人员需24小时待命，确保能随时处理各种突发事件。此外，所有会务人员都应接受基本的应急响应培训，如急救技能和紧急疏散操作，以提高团队应对紧急情况的能力。

（六）跟踪联系

会议结束后进行的跟踪联系是提高会议服务质量和加强与参会者关系的重要环节。通过发送邮件或电话调查，收集与会者对会议的整体体验、服务质量以及具体建议的反馈。这不仅是对与会者尊重和感谢的表现，也是改进未来会议组织工作的重要依据。收集到的反馈应详细记录并进行分析，以便在未来的活动中优化服务和响应方案。

三、涉及写作的工作

（一）会议邀请函

商务会议邀请函是商务交流中一种常用的正式文件，其主要功能是邀请相关的商业伙伴、客户或者专家参加特定的商务活动或会议。对于商务英语专业的学生来说，掌握商务会议邀请函的正确格式和有效表达非常重要。一个正式的会议邀请函不仅能体现会议组织的专业性，也影响到会议的参与度和合作的可能性。商务会议邀请函的写作要素和步骤包括以下内容。

1. 信头（Heading）

邀请函的信头通常包括公司的名称、公司的标志和联系信息。这部分放在信件的最上方，用以表明信件的正式性和来源的正规性。

2. 写信日期（Date）

日期应该写在信头下方，一般位于信件的右侧或中间。正确的日期格式表明信件的实时性，对于记录和回溯具有重要意义。

3. 收信人姓名和地址（Name and Inside Address）

在日期下方写上收信人的全名和详细地址。这不仅体现了尊重，也确保了信件能准确送达目标收件人。

4. 称呼（Salutation）

称呼通常使用"Dear Mr./Ms. [Last Name]"，如果是更正式的环境，可以使用"Dear Sir or Madam"。确保使用正确的称呼可以避免尴尬，表明写信人的礼貌和专业性。

5. 正文（Body）

正文是邀请函的核心部分，应明确写明邀请的目的、会议的主要内容、会议的时间和地点。此外，还应包括活动的日程安排、特别嘉宾介绍（如果有的话）以及参会的具体要求或注意事项。正文要写得清楚、有条理，语气诚恳而礼貌。

6. 结束语（Complimentary Close）

常用的结束语包括"Sincerely"或"Best regards"，后跟逗号，然后换行准备签名。

7. 署名（Signature）

署名部分应包括手写签名和打印的名字、职位及单位。如果是通过电子邮件发送，可以省略手写签名，直接使用电子签名。

（二）会议日程表

会议日程表是确保商务会议流程顺畅和高效的关键文档。对于商务英语专业的大学生来说，掌握如何准确而有效地编制会议日程表是非常重要的，因为它不仅帮助与会者理解会议流程，还体现了会议组织者的专业性和对细节的关注。下面详细介绍会议日程表的编写方法。

1. 确定标题

会议日程表的标题应当简洁明了，直接反映会议的主题或目的。例如，一年一度的销售会议，标题可以是"2024年度销售策略会议"。标题的明确表达有助于与会者立刻理解会议的核心内容和目的，从而能够更好地准备会前材料或提前思考相关问题。

2. 表头信息

表头部分应包括基本的会议信息，如会议的时间、地点和主要与会人员名单。这些信息应排列整齐，易于查阅。例如：

会议时间：2024年7月5日 09:00 – 17:00

会议地点：上海国际会议中心，第一会议室

与会人员：公司高层管理团队、各部门经理等

这些信息的清晰展示是为了确保所有与会者都能准时且准确地找到会议地点，了解会议的基本架构。

3. 会议目标

在表头下方简短地描述会议的目标或主要讨论点。这一部分应简洁明了，通常一两句话即可。例如："本次会议旨在审查上半年的销售成绩，并讨论和确定下半年的销售策略和目标。"

4. 会议议程

接下来，详细列出会议的各个议程点。每一个议程都应指明开始和结束时间，以及该议程的负责人或主讲人。此外，还应说明每个议程的主要内容。例如：

09:00 – 09:30 | 开幕致辞 | 李总

09:30 – 10:30 | 上半年销售报告及分析 | 王经理

10:30 – 10:45 | 茶歇

10:45 – 12:00 | 下半年销售策略讨论 | 张主管

……

5. 特邀嘉宾安排

如果会议中有特邀嘉宾发言，应明确列出他们的发言时间和主题。确保嘉宾的时间安排与会议整体流程协调一致。

6. 检查和发放

编写完成后，应仔细检查会议日程表的每一个细节，确保所有信息的准确无误，包括时间、地点、参与者和内容的描述等。及时将日程表发放给所有与会者，以便他们可以提前做好准备。

第六节 进行商务谈判

一、商务谈判的概念与内涵

商务谈判是现代商业活动中的一项基本而关键的技能,它涵盖了从简单的买卖交易到复杂的跨国合作项目的广泛场景。为了有效地开展商务活动并实现各方利益的最大化,了解和掌握商务谈判的基本概念和原则是必不可少的。

(一)商务谈判的定义

商务谈判是指两个或多个商业主体之间,为了达成某种共识或解决利益冲突,通过交流和讨论的过程来寻求利益的最大化。这个过程不仅仅包括价格的讨论,更涉及交易条款、服务条件、产品质量、交货时间等多方面的协商。在商品经济中,商务谈判是促进交易、解决争端的重要方式,它在经济全球化日益加深的今天,无论是对企业还是对国家的经济活动都发挥着不可或缺的作用。

在市场经济的背景下,商务谈判的成功与否直接关系到企业的经济利益和市场地位。有效的谈判可以帮助企业获得更有利的合同条件,增强企业在行业中的竞争力。对于商务英语专业的学生而言,掌握商务谈判技能不仅可以在未来的职业生涯中占据优势,还可以在处理国际交易和跨文化交流中展示高效的沟通能力。

(二)商务谈判的基本原则

在进行商务谈判时,遵循一定的原则是确保谈判效果的关键。第一,双赢原则,双赢原则要求谈判的结果应当是双方都能接受的,以确保长期合作的可持续性。第二,平等原则。平等原则要求在谈判过程中各方应享有平等的发言权,避免任何一方的利益被忽视或压制。第三,合法性原则保证了谈判内容和结果必须符合相关法律法规,这是商务谈判得以顺利进行的法律基础。第四,时效性是商务谈判中经常被忽视的一个方面,有效的谈判应在合适的时间内完成,延长谈判时间会增加成本并可能影响谈判的动力和结果。第五,设定最低目标原则是指在谈判前,各方应明确自己的底线和最低接受条件,这有助于在谈判过程中作出快速决策,并确保不会接受低于预期的条件。

二、商务谈判三步骤

商务谈判是一门艺术,也是科学,涉及复杂的人际互动和策略运用。它通常分为三个阶段:申明价值阶段、创造价值阶段和克服障碍阶段。掌握这三个阶段的关键技巧,对于商务英语专业的学生来说,是其职业生涯中取得成功的重要因素。

(一)申明价值阶段

申明价值阶段是商务谈判的起始阶段,此阶段的核心任务是充分交流双方的利益需求,并明确表达各自满足对方需求的方法和优势。在这个阶段,双方应通过提问和回答的形式,深入探讨和了解对方的真实需求。这不仅包括对方想要什么,更重要的是了解对方为什么需要这些,背后的动机是什么。此外,双方也应清楚地陈述自己的利益点和可交换的条件。例如,一方可能提出自己能提供的资源、技术或服务,以及期望从对方那里获得什么样的回报。这一阶段的有效沟通可以为后续谈判打下坚实的基础,确保双方都对合作的可能性和方向有清晰的认识。此阶段的成功关键在于双方的透明度和沟通的开放性。

(二)创造价值阶段

创造价值阶段是谈判的中间阶段,也是整个谈判过程中最具挑战性的部分。在此阶段,双方需要在充分了解彼此的基础上,寻找创造双赢结果的可能性。这一过程中,双方往往需要从原先的立场中跳出来,探索更多的选择方案,这可能包括重新配置资源、调整供求关系或创新合作模式。在这个阶段，双方需要开展更深入的策略讨论，如何通过协作而不是单方面让步来达成更有价值的交易。比如，通过组合双方的技术或市场资源来开发新的产品线，或共同进入新市场。创造价值阶段的关键在于寻找和利用双方合作的潜力，以达到比单独行动时更优的商业成果。

（三）克服障碍阶段

最后的阶段是克服达成协议的障碍。这些障碍可能来自利益的直接冲突，也可能来源于谈判者自身的决策障碍。在这一阶段，谈判者需要展现高度的灵活性和解决问题的能力。双方可能需要调整自己的期望值，设法找到满足双方核心需求的方案。此阶段通常需要对前两个阶段提出的解决方案进行调整和细化，确保能够解决所有关键问题，同时还需要处理由于谈判而产生的任何新问题。此时，有效的沟通技巧、快速响应对方关切以及适时的妥协都显得尤为重要。最终的目标是让双方都能在公平和理性的基础上接受谈判结果，达成一致。

三、商务英语谈判五策略

商务谈判是一种高度动态且复杂的交流形式，要成功达成目标，谈判者必须能够灵活地应对各种情况。有效的谈判策略是根据战略目标和实际谈判情况的变化来制定和实施的。在商务谈判中，谈判者需审时度势，采取适当的策略以确保谈判顺利进行并达成预期结果。通过长期的实践，已经形成了一系列有效的谈判策略，这些策略至今仍被广泛应用于多种谈判场景中。这些策略的核心在于能够使谈判者在不断变化的谈判环境中调整自己的策略，以达到最优的谈判结果。

（一）学会"震惊法"（Flinching）

"震惊法"是一种古老而有效的谈判技巧，但在实际应用中却鲜有人使用。该策略通过对对方提出的报价或条件表现出明显的惊讶和不满，从而使对方感到不舒服或不安。例如当供应商报出一个具体的服务价格时，谈判者可以大声表示惊讶："你要这么多钱？！"，表现出对价格的震惊，让对方认为他们的要求过高。通常，除非对方是一个经验丰富的谈判者，否则他们会以两种方式之一作出反应：第一，开始感到不适，并尝试为他们的价格辩解；第二，直接提供价格让步。这种策略的关键在于通过表情和语气传达出对价格的不可接受，从而迫使对方重新考虑其报价，可能导致更有利的谈判结果。

（二）知晓对方往往会高报期望

在商务谈判中，一个常见的现象是对方往往会提出超过他们实际期望接受的要求。这意味着，在谈判中你需要抵制低价出售或自动提供折扣的诱惑。例如，在购买一双鞋子时，即使你请求了一个较大的折扣，也可能只是希望得到一半的优惠。如果商家同意了你的全部要求，那可能是你最初报价过低。因此，谈判者应当学会评估对方的出价是否真实反映了其需求。这要求谈判者不仅仅是反应，而是积极主导谈判，通过合理判断来决定是否应该降价或让步，确保最终结果更接近或优于自己的目标。

（三）充分了解对方的情况

了解对方的背景和需求是成功商务谈判的关键。这包括了解对方的购买动机、关键决策因素以及他们与其他潜在供应商的谈判情况。通过询问问题，如"什么促使你考虑这种购买？""你还在和谁讨论？""你以前的经验如何？"等，可以深入了解对方的需求和期望。同时，了解竞争对手的情况也至关重要。这可以帮助你在谈判中有效地应对价格异议，防止对方利用竞争对手作为杠杆。通过详细了解市场情况和竞争对手的优势或劣势，可以在谈判中占据有利位置，为达成最终协议创造有利条件。

（四）经常练习谈判技巧

部分人由于缺乏自信而犹豫不决，不愿意进行谈判。增强谈判技能的一个有效方法是尽可能频繁地进行谈判练习。无论是在工作中与供应商协商条件，还是在日常生活中作为消费者与零售商交流，都是提高谈判技巧的好机会。例如，你可以在购买商品时尝试询问折扣，使用如"您今天提供什么样的折扣？"或"这个价格太贵了。"等表达方式。这样的练习不仅可以帮助你习惯谈判的过程，还能逐步建立起进行更复杂商务谈判的自信。在实践中，应保持友好并坚持自己的立场，但同时不要显得过于强硬或苛求。通过不断练习，你将变得更加自在和自信，从而在正式的商务场合中取得更好的谈判结果。

（五）保持退场权力

在商务谈判中保持退场的权力是一种非常重要的策略。这意味着在谈判过程中，你应该随时准备好放弃交易，而不是为了达成协议而做出过大的让步或提供过深的折扣。这种策略在面临销售低迷或销售缓慢的时期尤其难以执行，但要记住市场上总是有销售的机会。实际上，保持可以随时退出谈判的能力给予谈判者更大的杠杆作用，使他们在面对客户时处于更有利的地位。这不仅可以保护自己的利益，还可以增强在谈判中的影响力和控制力。这种策略的应用需要谈判者具备高度的自我控制能力和对市场情况的深刻理解。

四、商务谈判常用表达

（一）开始谈判

1.表示欢迎

On behalf of ... I would like to welcome you to...
代表……，我欢迎您来到……
It's my pleasure to welcome you to...
我很高兴欢迎您来到……

2.建议流程

I would like now to begin by suggesting the following procedure (agenda).

我现在想开始提议以下流程（议程）。

To start with, I think we should establish the overall procedure.

首先，我认为我们应该确定整体流程。

As our first order of business, can we agree on a procedure?

作为我们的首要任务，我们可以就这一流程达成一致吗？

3. 核对是否同意

Does that fit in with your objectives?

这符合您的目标吗？

Is that compatible with what you would like to see?

这与您希望看到的内容相符吗？

Does that seem acceptable to you?

这对您来说看起来可以接受吗？

Is there anything you'd like to change?

有什么您想改变的吗？

Is this okay with you?

这样对您来说可以吗？

4. 回顾上一次会议

At our last meeting, we discussed...

在我们上次的会议中，我们讨论了……

Perhaps you will recall that during our last discussion, we decided that...

也许您会记得，在我们上次的讨论中，我们决定……

5. 过渡到下一个议题

Could we now move on to the next subject, which is...

我们现在能否转到下一个主题，那就是……

Let's go on to the next subject, shall we?

我们继续下一个话题好吗？

（二）探索议价区间和选项

1. 总结到目前为止的立场

Can we summarize your position up to this point?
我们可以总结一下您到目前为止的立场吗？
Would you care to summarize your position up this point?
您介意总结一下您到目前为止的立场吗？

2. 确认谈判立场

Is that an accurate summary of where you stand?
这是对您当前立场的准确总结吗？
Would you say that is a fair representation of your position?
您认为这是对您立场的公正描述吗？

（三）议价

1. 标志议价开始

We've looked at what you have proposed, and we are ready to respond.
我们已经考虑了您的提议，现在准备好回应了。
After serious consideration, we are prepared to respond to your proposal.
经过认真考虑，我们准备好对您的提案做出回应。

2. 回应提案

Regarding your proposal, our position is...
关于您的提案，我们的立场是……
As far as your proposal is concerned, we think that...
就您的提案而言，我们认为……

（四）进入关键阶段

1. 识别障碍

The main obstacle to progress at the moment seems to be...
目前进展的主要障碍似乎是……

The main thing that bothers us is...
主要困扰我们的是……

2. 分析障碍

What exactly is the underlying problem here?
这里的根本问题到底是什么？

Let's take a closer look at this problem.
让我们仔细看看这个问题。

3. 要求让步

In return for this, would you be willing to...?
为此，您愿意……吗？

We feel there has to be a trade-off here.
我们认为这里要有所让步。

第七节　公共关系维护

一、什么是公共关系

公共关系，即通常所说的 PR（Public Relations），是一系列精心策划的活动，这些活动举办的目的就是构建、维系并不断提升企业或机构与广大公众之间的正向联系，比如有效管理企业的公众形象，加深公众对企业的信赖与好感。在实践中，公共关系会借助多样化的沟通渠道，如发布新闻稿、争取媒体报道、组织企业参与公益活动等手段积极向公众传递企业的正面形象与核心价值信息。与直接付费购买媒体曝光的广告方式不同，公共关系活动中的信息传播活动大多不直接向媒体支付费用，而是通过巧妙策划与内容创新来吸引公众的关注与认可。

二、公共关系的功能

（一）加强危机管理

企业在运营过程中难免会遇到各种突发状况和负面新闻，这时就需要公共关系部门出面解决问题。当企业面临公关危机时，公共关系部门需迅速响应，制定并实施有效的应急策略，控制危机的蔓延。最常见的做法就是及时公开真实的调查信息，与公众建立沟通渠道，积极回应公众的关切和质疑，努力修复受损的公众信任。公共关系部门还应对危机解决的办法进行后续跟踪和评估，总结经验教训，为未来的危机管理工作提供参考，最大程度地减少危机对企业造成的损害。

（二）确保沟通顺畅

公共关系部门是企业与外部受众之间的桥梁，承担着传递信息、与受众及时沟通的重要职责。他们会制定和实施有效的沟通策略，确保企业与消费者、媒体、政府等外部受众之间的沟通保持顺畅。公共关系部门会定期发布企业新闻、公告和报告，让公众了解企业的最新动态和运营情况，他们还会积极回应外部受众的关切和反馈，及时解决问题，提升企业的形象和声誉。有效的沟通能建立企业与外部受众之间的良好关系，为企业的长期发展奠定坚实基础。

（三）提升企业公众形象

一个企业的公众形象直接关系到其在市场中的竞争力和消费者的信任度。公共关系部门需要精心策划与外界受众的沟通活动，如召开新闻发布会、在社交媒体上宣传、参加公益活动等，积极向公众传达企业的正面信息，提高品牌、产品或服务的知名度。这些活动也有助于企业树立良好的社会形象，还能增强消费者对品牌的忠诚度，为企业带来更多的关注和发展机会。

（四）传播企业文化和价值观

公共关系活动不仅是企业与外部世界沟通的桥梁，更是传播企业文化和价值观的重要途径。企业的核心价值观、企业文化和社会责任感，是其区别于其他竞争对手的重要标志。公共关系部门可以组织各类活动，如企业文化节、社会责任项目、员工故事分享等，向内部以及外部受众展示企业的精神风貌和价值追求。这些活动不仅能增强内部员工的凝聚力和归属感，还可以提升外部公众对企业的认同感和好感度。

三、公共关系的维护策略

（一）维护好媒体关系

企业需积极构建、维护与新闻媒体之间的良好互动关系。企业可以在新闻媒体平台定期发布新闻稿，主动告知外界企业发展的最新动态与最新成果；还可以精心策划的媒体采访活动，让企业的领军人物，如高层管理人员，有机会直接面向公众，分享企业的愿景、战略及成就。举办新闻发布会也是提升企业形象的有效途径，它能集中展现企业的实力与成就，借助媒体的广泛传播，增强信息的可信度和影响力。

在具体实践层面，企业应当制订一套系统的媒体沟通计划，确保新闻稿内容的时效性与准确性，根据媒体特性和受众偏好，定制化采访提纲，使传播效果最大化；适时邀请媒体参与企业的重大活动，如新品发布会、公益项目等，能够加深媒体对企业的了解，还能促进更深层次的合作。

（二）做好内容营销

内容营销是公共关系活动的一大支柱，其重要性不容忽视。企业要经常创作和分享高质量的博客文章、引人入胜的视频、富有洞察力的社交媒体帖子等，这些内容能够彰显企业在所处领域的专业知识，还能建立与目标受众之间的情感联系，塑造出企业的正面品牌形象。在实施内容营销时，企业需要注意内容的多样性与创新性，确保每一份发布的内容都能为受众带来一定的价值,或者是教育启发价值、娱乐放松价值,或者是行业知识。企业可以在企业官方网站、社交媒体平台和权威新闻网站上展示这些内容。持续不断地输出高质量内容能够赢得公众的关注、信任与尊重。

(三) 积极参与社区活动

企业应主动投身本地乃至更广阔区域的社区活动中,用实际行动展现其对社会的关怀与贡献,如参与慈善事业,为需要帮助的人群伸出援手;赞助社会项目,推动教育、环保等领域的发展与进步;举办公益活动,激发更多人的参与热情。这样的行为能够增进企业与社区之间的联系,显著提升企业的社会责任感,赢得公众的好感与支持。

企业可以策划并组织各类社区服务项目,如环境清洁项目、教育支持项目等,直接参与到社区的建设与发展中,真正走进公众的生活,帮助需要帮助的人。在面临洪水、地震、台风等自然灾害造成的灾难时,企业更应迅速响应,为开展各类救援救助活动提供必要的援助,如捐献资金、救灾物资、支持灾后重建等,展现其作为社会一分子的责任感。

(四) 做好危机公关

有时危机事件难以避免,面对危机,企业需保持高度警觉,迅速启动应对机制,控制信息的传播方向,防止事态恶化。透明度是危机处理中的关键,企业应及时、准确地发表声明,向公众通报事件进展及企业的处理措施,表明其开放、负责任的态度。企业还需展现出强大的问题解决能力,迅速制定并执行补救方案,最大限度地减少危机带来的负面影响。企业应提前制订详尽的危机应对计划,明确危机发生时的责任分工、信息沟通渠道及应对措施;建立快速反应机制,确保在危机爆发的第一时间,能够迅速启动预案,有效应对。只有精心准备,企业才能够在危机中保持冷静与理智,最大限度地保护自身品牌形象与利益。

(五) 做好内部培训工作

公共关系管理也深刻地影响着企业内部的工作环境,影响着员工的工作态度和情感寄托。实施有效的内部公关策略能够显著增强员工的归属感与忠诚度,促进企业文化和价值观的传播与践行。

为了实现这一目标,企业应采取一系列具体而细致的措施。首先,定期发布内部通信。它能够确保每位员工都能及时了解到公司的最新动态、重要决策以及未来规划,加深员工对公司发展方向的认识与理解。其次,组织员工培训。公司要经常组织员工参加培训,系统化的培训课程能够让员工更加深刻地领悟公司的使命与价值观,为企业的长远发展贡献自己的力量。最后,举办团建活动。比如,组织员工外出聚餐、旅游,这些都能够在欢快的气氛中增强员工之间的沟通与协作,提升团队的凝聚力,营造良好的工作氛围。

第九章　提升跨文化交际技能

第一节　跨文化交际能力的概念与内涵

一、跨文化交际能力的概念

跨文化交际能力是在不同文化背景之间进行有效、恰当和适宜交流的能力，它对于成功进行国际沟通和协作至关重要。在经济全球化日益发展的今天，跨文化交际能力不仅是个人在国际环境中顺利工作的必备条件，也是促进国际理解和合作的关键。这种能力涵盖了理解和尊重不同文化的习俗、交际风格、价值观念和行为模式。有效的跨文化交际能力可以帮助个体在多元化的环境中建立和维护良好的人际关系，避免文化冲突和误解，从而在多文化背景下实现沟通的目标。

交际的有效性是衡量跨文化交际能力的重要方面，指的是在跨文化交流中能够达成预期目标和结果的能力。这不仅要求交际者具备良好的语言能力，更重要的是能够准确理解和适应不同文化中的沟通习惯和社交礼仪。例如，在一些文化中，直接批评是不礼貌的，而在另一些文化中，直接表达意见则是诚实和效率的体现。因此，理解这些差异并能够根据沟通情境灵活调整交际策略，是实现有效交流的关键。跨文化交际能力也包括能够识别和适应不同文化的非语言信号，如肢体语言、面部表情和眼神交流等，这些都是完成成功交际的重要组成部分。

交际的恰当性和适宜性涉及在不同的文化情境中选择和使用合适交

际行为的能力。这要求交际者不仅要了解不同文化的基本规范，还要具备高度的情境感知力，能够准确判断何时使用某种交际方式最为恰当。比如，在商务场合，了解并遵守特定文化的商业礼仪可以显著提高交际的效果，如穿着、称呼、会议礼节等。适宜性还包括对交际环境的敏感性，如声音的大小、谈话的速度和间距等，这些因素在不同文化中的接受程度可能有很大差异。有效地掌握这些交际的细节，可以帮助个体在跨文化交流中更自如地表达自己，更有效地理解他人，从而达到更好的交际效果。

二、跨文化交际能力的内涵

（一）语言和非语言行为能力

1. 语言行为能力

语言是人类交际的基础工具，包括词法、语法、句法和语音等方面。这些组成部分形成了语言的结构，是任何语言学习和使用的核心。在跨文化交际中，掌握这些语言结构是非常重要的，因为它们不仅影响着语言的正确表达，也关系到信息的准确传达。在商务英语教学中，学生不仅要学习语法规则和词汇，更要通过实际应用来熟练掌握听、说、读、写各种技能，从而能够在不同文化背景下有效地使用英语进行沟通。语言能力的培养不仅限于学习语言的直接内容，还应包括对语言使用环境的适应能力。这意味着学生需要学会如何根据不同的文化背景选择合适的语言表达方式。教育者在教学过程中需要强调这种文化敏感性的培养，使学生能够在国际化的交流中更加得心应手。

2. 非语言行为能力

尽管语言是交际的主要工具，但非语言行为同样在跨文化交际中扮演着至关重要的角色。非语言行为包括肢体语言、交流距离、姿态、目光接触、面部表情和音调等，这些都可以传达丰富的情感和信息。在跨文化环境中，非语言行为的理解和使用尤为重要。不同文化对非语言行为的解读可能截然不同,如同一种肢体语言在不同文化中可能有不同的含义。因此,学习和理解跨文化中的非语言行为规范是非常必要的,这可以帮助避免可能的误解和冲突。

(二)认知能力

认知能力涵盖了人们对周围世界的感知、理解和解释能力。在跨文化交际的背景下,这种能力特别指个体如何描绘(描述)、解释及评价不同文化中的行为和现象。描绘是一个无评价的过程,仅仅是对观察到的行为或事件进行客观描述。比如,当看到某人在公共场合大声讲话,描绘仅仅关注于行为本身,而不涉及任何评价。解释是一个更深层次的过程,它不仅描述行为,还试图解释行为背后的意义。不同文化背景的人可能会给同一个行为赋予不同的意义。评价是一个涉及社会价值判断的过程,是基于个人对行为的解释来决定这种行为是积极的还是消极的。这一阶段的认知处理高度依赖个人的文化价值观和社会规范。

对于商务英语专业的学生而言,培养良好的跨文化认知能力至关重要。这不仅有助于他们更准确地理解不同文化的行为和语言,还能有效预防和减少因文化差异导致的交流失误。

(三)文化能力

文化能力涉及对不同文化系统的深入理解,包括社会结构、历史背景、宗教信仰、价值观念和交际习惯等方面。在经济全球化日益加深的今天,跨文化能力变得尤为重要,它不仅影响个体在国际舞台上的表现,也直接关系到能否在多元文化的环境中取得成功。具备文化能力的个体能够准确解读不同文化背景下的行为和语言,避免误解和冲突,促进不同文化间的和谐相处。文化能力的核心在于理解和适应。个体需要掌握与特定文化相关的基本知识,如该文化的历史、社会结构、宗教信仰和核心价值观。这些知识构成了理解和进入一个新文化环境的基础。个体还需要具备获取文化信息的技能和策略,这包括如何寻找和利用各种资源来深入了解一种文化。文化能力还要求个体能够在不同文化情境中扮演适当的社会角色,理解并尊重不同的人际交往规范。

（四）相互交往的能力

跨文化交际能力的一个重要方面是相互交往能力，这种能力涵盖了使用语言进行有效社会交往的多个方面。在多文化的交流环境中，言语不仅仅是信息传递的工具，更担负着建立和维持社会关系的重要角色。言语的社会功能表现在每一次交流中，如何选择合适的言辞来表达敬意、请求、感谢、道歉等，都是交往能力的体现。语篇衔接也是相互交往能力的一部分，有效的语篇衔接能够帮助交流双方更好地理解对方的意图和信息，维持对话的连贯性。

会话中的轮番谈话规则和礼貌交际原则是调控和优化交流的重要技能。轮番谈话是指在对话中合理安排发言权，确保每个人都有机会表达自己的观点，而不被打断或忽视。这一点在跨文化交流中尤为重要，因为不同文化背景的人可能在对话中有不同的期待和习惯。礼貌交际涉及如何在尊重对方的同时表达自己的需求或意见，这不仅涉及言语的选择，也涉及非语言的表达，如身体语言和面部表情。有效的礼貌交际和维护面子可以预防冲突的发生，增进双方的理解和信任。

跨文化交际中的相互交往能力还包括对毗邻对偶和会话合作的运用。毗邻对偶是指在对话中发言的自然顺序，如问与答、邀请与回应等，这要求参与者能够理解并遵循会话中的隐性规则。会话合作则是指交流双方共同努力，使对话有效进行，包括提供相关信息、避免误解和确保信息的准确传达。掌握这些技能有助于商务英语专业的学生在跨文化环境中更加自如地进行交流，适应不同的社会情境，有效地参与和推动跨文化对话和合作。

第二节 影响跨文化交际能力的因素

在跨文化交际领域，理解和适应不同文化的能力对于个人和组织的成功至关重要。Judith Martin 和 Thomas Nakayama 在其著作《语境中的跨文化交际》中提出了一种综合的跨文化交际能力模型，该模型深入探讨了影响个体跨文化交流能力的多个关键因素。

一、知识因素

知识因素在跨文化交际能力模型中占据核心地位，它涉及个体对目标文化的深入了解。这不仅包括对该文化价值观念、信仰和行为模式的认识，还涵盖了对目标语言的言语和非言语交际规范的掌握。了解一个文化中的个人空间概念、时间观念、礼仪习惯和交流风格对于有效的跨文化交际至关重要。对于外派员工而言，掌握目的地文化的具体交际脚本，如问候方式、商务会议礼节及日常交流中的表达习惯，都是成功适应和工作的关键。这些知识帮助交际者在跨文化环境中建立信任和理解，减少误解和冲突，从而更有效地进行交流和合作。

二、情感因素

情感因素在跨文化交际中的重要性不容小觑。个体在与不同文化背景的人交流时，常常会受到自己情绪反应的影响，这些情绪反应直接决定了他们参与交流的方式和程度。积极的情感态度，如开放性和好奇心，可以促使人们更加主动地学习新文化和适应不同的交际环境。相反，负面情绪如焦虑、恐惧或抵触感则可能成为有效交流的障碍。当个体感到害怕或不安时，他们可能会避免深入交流，或在交流中表现出防御性，这会大大降低交际的真实性和效果。因此，了解和管理这些情感反应，对于提高跨文化交际能力至关重要。

要想有效管理跨文化交际中的情感因素，首先需要培养高度的文化意识和敏感性。这意味着个体需要认识到自己的文化偏见和先入为主的观念，并学会从对方的文化视角来看问题。文化意识的提高有助于减少误解和冲突，从而减轻交际中的焦虑感。通过参与跨文化培训和工作坊，个体可以学习如何识别和调整自己在不同文化情境中的行为，这种技能的提升有助于在交流中建立更多的自信和舒适感。这些培训通常包括角色扮演、情景模拟等互动环节，使学习者能够在实际应用中加深对理论知识的理解和掌握。

实际的跨文化交流经历是提高情感适应能力的重要途径。通过与不同文化背景的人直接交往，个体能够实践和巩固在培训中学到的技能，同时能更直观地感受到不同文化的多样性和复杂性。这种经历不仅有助于提升个体的文化适应性，还能增强他们处理跨文化交流中情感挑战的能力。长期在多文化环境中工作或生活的人，通常会对不同文化的交际规范有更深刻的理解，能够更自如地在多元文化的环境中进行有效交流。通过不断地实践，个体能够逐步降低文化差异带来的负面情绪，提升跨文化交际的整体效果。

三、心智活动因素

言语表达的核心在于语用能力，即个体如何根据交际的语境运用语言来达成交流目的。这不仅涉及语言本身的正确使用，还包括能够理解和运用不同文化中的言语习惯和规范。在一些文化中，间接表达可能是一种礼貌的表达方式，而在其他文化中，直接明了可能更受欢迎。有效的言语表达能力要求交际者不仅掌握语言的字面意义，更要深入理解言语背后的文化含义。非言语表达包括肢体语言、时间观、空间使用、颜色和其他视觉符号等。这些非言语符号在不同文化中的意义和用途差异极大，因此，理解并妥当使用这些非言语符号是跨文化交际中不可或缺的一部分。例如，肢体接触在某些文化中可能是友好和亲密的表达，而在其他文化中可能被视为不恰当或侵犯隐私。

四、角色扮演和情境特征因素

角色扮演能力在跨文化交际中扮演着至关重要的角色。这种能力涉及个体如何在不同文化背景下根据自己的社会角色使用适当的言语和非言语符号。在经济全球化日益加深的今天，特别是在国际公司工作的个体，需要具备在多文化环境中灵活调整自己行为和沟通方式的能力。一个在多国运作的企业中工作的职员，其工作角色可能需要在美国、日本和印度等不同国家之间频繁转变。每种文化都有其独特的商务礼仪和沟通风格，如我国文化中的谦逊和礼貌、印度文化中的间接性表达等。适应这些文化的期望并在不同的国家中恰当地扮演自己的角色，对于实现有效沟通和维护职业形象至关重要。

情境特征对跨文化交际的影响同样不容忽视。环境语境，如工作场所的正式或非正式，社会地位的高低，以及与交际对象的关系远近，都极大地影响了交流的方式和内容。比如一个高级经理在与下属的交流中可能采取更直接和权威的沟通方式，而在与同级或更高级别的管理者交流时，则可能采用更加谨慎和尊重的方式。预先的文化接触经历，如个体之前是否有与特定文化互动的经验，也会影响其在实际交流中的适应性和效率。理解并适应这些情境特征，能够显著提高交际的效果，减少文化冲突。

第三方的干扰也是影响跨文化交际效果的重要因素。在一些复杂的交际场合中，可能会有来自不同文化背景的第三方参与，他们的存在可能会引入新的交际规范和期望，从而增加了交际的复杂度。比如在一个多方参与的国际会议中，不同参与者可能基于其文化背景对交流内容有不同的理解和反应。在这种情境下，有效的角色扮演不仅需要考虑直接交际对象的文化期望，还要注意到其他参与者的文化背景和可能的反应。因此，角色扮演能力的培养不仅需要关注直接的交际效果，还要涵盖对更广泛的文化环境因素的理解和适应。

第三节　商务英语跨文化交际能力提升方法

一、培养跨文化意识

（一）跨文化意识概念内涵

跨文化意识是一种深刻理解并接受文化差异的能力，它对于有效地跨文化交际至关重要。语言学习不仅仅是掌握语言结构和词汇，更包括对语言所承载的文化背景的深入了解。跨文化意识强调的是在交际中认识到自己和他人都是文化的产物。这种意识使人们能够在跨文化交流中更好地理解对方的行为和反应,从而有效地减少因文化差异而导致的误解和冲突。

跨文化意识的核心在于认知层面,涉及对那些塑造人类思维和行为的文化习惯的理解。这包括对不同文化中独特思维模式的识别和理解。教育者在外语教学中不应仅传授语言知识,更应加强对文化差异的教育,使学生能够认识并理解不同文化背景下人们的行为和交流方式。例如,西方直接的交流风格与东方间接、含蓄的表达方式之间的差异,若没有适当的文化背景知识,很容易在交流中引发误会。跨文化意识还要求个体不仅要认识和理解文化差异,还需要学会接受和适应这些差异。这一点在跨文化交际中是极为关键的,因为仅仅意识到文化的不同并不足以保证有效交流的进行。交际双方必须能够在发现差异的基础上,采取开放和包容的态度,正确对待并适应这些差异。

跨文化意识是在多元文化的全球环境中进行有效沟通的基础。具备这种意识的个体能够认识到,尽管世界上的文化各不相同,每种文化的形成和存在都有其合理性。这种认知使得个体能够尊重并欣赏文化的多样性,而不是仅仅容忍或忽略它。例如,了解东西方在表达同意或不同意时的差异,可以帮助个体在跨文化交际中更加有效地理解和响应对方。这种意识也有助于个体理解,无论是自己的文化还是他人的文化,都不应该被视为绝对的"正确"或"错误",而是在各自的历史和社会背景中发展形成的合理存在。

也就是说,跨文化意识涉及对文化差异的敏感度、理解的深度以及处理差异的自觉性。具备这种意识的人不仅能够感知到不同文化之间的细微差异,还能够科学地分析这些差异背后的原因,并在必要时自觉地采取措施来适应或调和这些差异。比如,在国际团队工作中,理解团队成员各自的文化背景和工作习惯,能够有效避免冲突和误解,促进团队合作。这不仅需要对不同文化进行深入学习,还需要在实际交际中不断实践和调整,以增强跨文化交际的效果。

（二）通过跨文化意识提升跨文化交际能力

在商务英语学习中，通过跨文化意识提升跨文化交际能力是一项关键的任务，特别是在国际化的商业环境中。

1.教育和培训

在教育和培训领域，深入学习跨文化交际的理论知识是建立扎实理论基础的关键步骤。这包括了解文化差异、交际模式以及语言与文化之间的复杂关系等方面，这些理论知识为学习者提供了理解多元文化交流的框架。同时通过分析具体的跨文化交际案例，如国际商务谈判和广告策略等，学习者可以更好地理解这些理论在实际情境中的应用和效果，从而更有效地将理论知识转化为实践技能。这种结合理论与实践的教学方法不仅增强了学习的深度，也提高了学习者在实际跨文化交际中的应对能力。

2.文化融入

文化融入是提升跨文化交际能力的有效途径，通过直接参与不同文化的活动，学习者能够获得更加深入和直观的文化体验。参加国际美食节、电影之夜或文化节等活动，不仅使学习者能够接触到各种文化的独特风味和艺术表现，还能促进对这些文化背景更深层次的理解和欣赏。这种亲身体验的文化活动有助于打破文化隔阂，增强文化敏感性和适应力。同时，与来自不同文化背景的英语母语者建立语言伙伴关系，是学习和实践语言的一种非常实用的方法。这种互动不仅提升语言能力，更重要的是能够通过语言的日常使用，深入了解和体会语言背后的文化价值和社会习俗。语言伙伴可以提供真实的文化背景信息，帮助学习者从实际对话中学习文化差异如何在语言表达中体现，从而更好地理解和适应不同的文化环境。

因此，文化融入不仅限于学习语言或参与活动，它是一种全方位的文化参与和学习过程。有了这些经历，学习者可以更全面地理解世界的多样性，成为能够在多文化环境中有效交流和工作的全球公民。这种跨文化的敏感性和适应能力是当今国际化世界中不可或缺的资质。

3.反思和自我评估

反思和自我评估是提升跨文化交际能力的关键环节。通过维护一份文化日记，学习者被鼓励记录他们在跨文化交流过程中的各种体验，这不仅包括成功的经历，也包括面临的挑战和失败。这种系统记录和反思能帮助学习者深入分析自己的行为和反应，理解哪些做法是有效的，哪些需要改进。教师和同伴的反馈也是非常宝贵的资源，它可以提供外部视角，帮助学习者更客观地评价自己在跨文化交际中的表现，并指出具体的改进方向。通过这种结合个人反思和外部反馈的方法，学习者能够更明确自己的发展路径，有效地提高自己在跨文化环境中的交际技能。

二、掌握目的文化信息系统

（一）提高对目标文化的语言掌握能力

在商务英语的跨文化交际中，精通目标文化的语言是基础。语言不仅是沟通的工具，也是了解和进入对方文化世界的关键。学习一种语言时，重要的是掌握其日常用语和语境中的应用，这对于非母语者来说尤为关键。以英语为例，它作为国际通用语言，在全球商务交流中占据着中心地位。不仅如此，英语也是多数国际会议的官方语言，因此，系统地学习英语并能熟练运用在各种商务情境中，对于提升跨文化交际能力至关重要。

（二）理解语言与文化的深层联系

语言和文化之间的关系密不可分，语言既是文化的一部分，也是其表现形式。特别是在使用英语等国际通用语言时，了解和掌握其文化背景中的习语和谚语非常重要，因为这些表达往往承载了深厚的文化意义和历史背景。例如，许多英语习语的字面意义与其实际含义不同，只有深入了解这些习语背后的文化故事和语境，才能正确理解并有效使用它们。交际者的成长环境和教育背景也深刻影响了他们对语言的理解和使用，这要求在跨文化交际中选择合适的词汇和交际策略，以确保信息的准确传达和接收。

三、加强对中西方文化差异的认识

（一）提高对高语境与低语境文化差异的理解

在商务英语的学习与实践中，深入理解东西方文化差异对于提升跨文化交际能力至关重要。根据霍尔的语境理论，中国和日本等东亚文化属于高语境文化，这意味着在这些文化中，非言语信息和上下文环境在沟通中起着极为重要的作用。在谈判场景中，来自高语境文化的人往往使用更委婉和间接的方式表达意见或拒绝，例如通过说"我需要再考虑一下"来避免直接说"不"。相比之下，英语作为一种低语境文化的语言，其使用者通常更倾向于直接表达，对于高语境文化的细微暗示可能会感到困惑。因此，理解这些基本的文化差异是避免误解和促进有效沟通的关键。

（二）分析东西方文化中的交际风格

除了高低语境差异，东西方文化在多个方面都有显著的差别，包括问候、称赞、感谢、致歉等交际方式。西方文化中的直接称赞和感谢可能在东方文化中被视为过于直接或缺乏谦逊。在商务英语教学中，教师应指导学生注意这些文化上的差别，并通过实际的交际练习帮助他们更好地理解这些差异。通过这种方式，学生不仅能够了解到英语文化的特点，还能深化对自己母语文化特点的理解，从而在实际的跨文化交流中更加自如和有效。

（三）寻找文化差异中的共性

虽然东西方文化在许多方面存在差异，但在交际的目的和基本人际互动的需求上存在共性。在商务英语教学中，重视发现这些共性并加以利用，可以帮助学生构建跨文化交流的桥梁。比如无论是东方还是西方，礼貌和尊重都是被普遍推崇的价值。通过强调这些共同点，教师可以帮助学生更好地适应不同文化环境，减少文化背景差异可能带来的沟通障碍。教学过程中应鼓励学生不断探索和总结不同文化之间的相似之处，使他们能在保持文化敏感性的同时，找到与不同文化背景的人有效沟通的方法。

四、提升文化冲击适应能力

（一）缓解文化冲击并提升适应能力

在国际化的商务环境中，文化冲击是许多初次进入新文化环境的人可能会经历的一种常见现象。这种不适应感来自原有文化价值观和行为习惯的冲突。为了有效缓解这种文化冲击，并提升个体的文化适应能力，在商务英语教学中加强文化教育尤为关键。教师可以在语言教学过程中融入更多关于英语国家的文化知识，如介绍当地的历史、节日、风俗习惯等，以及通过讲解一些有趣的文化趣闻来吸引学生的兴趣，减少他们对英语文化的抵触和陌生感。这种方法不仅有助于学生更好地理解语言背后的文化内涵，还能提高他们在实际使用英语进行商务交流时的自信心和舒适度。

（二）添加有关文化内容的教学

在商务英语的教学过程中，将英语文化礼仪的相关知识融入课程中是非常有效的一种做法。通过教授如何在不同的商务场合中正确使用礼节，如商务会议、正式晚宴等，学生可以更深入地了解目标文化的行为规范。同时，教师可以鼓励学生观看具有教育意义的英语剧集，如《老友记》（Friends）、《生活大爆炸》（Big Bang Theory）和《纸牌屋》（House of Cards）等。这些剧集不仅提供了丰富的生活化细节，还展示了英语文化中的沟通交流方式，包括肢体语言、面部表情与语音语调的细微变化，这对学生掌握语言的情感色彩和文化背景极为有益。

利用影视剧作为教学工具，学生可以在轻松愉快的氛围中学习英语和了解文化。追看一部剧既是一种娱乐活动，也是一种语言学习的过程。在这个过程中，学生能够观察到英语是如何在真实情境中使用的，理解对话中的幽默、双关语及文化引用。更重要的是，这种方法可以让学生在理解语言的同时，逐步习惯英语文化的思维模式和交流风格。长期而言，这将极大地提高学生的跨文化交际能力，使他们能够更自然地在商务或日常生活中使用英语进行有效沟通。

五、优化商务英语课程设置

在商务英语教育中，优化课程设置是提升学生跨文化交际能力的关键一环。为此，高校需要在课程设计上进行深入思考和科学规划，确保学生不仅学习到语言本身，更重要的是掌握如何在不同文化背景下使用这一语言进行有效的商务沟通。

第一，课程设置应当重视文化差异的教育。这不仅包括对不同国家的语言习惯、礼仪规范的学习，还应该深入商务习俗、法律法规等实际操作层面。例如，课程中可以设置"国际商务礼仪""全球商业环境与法律"等模块，通过具体的案例分析，让学生了解和分析不同国家在商务互动中的特定需求和期望。此外，通过模拟商务谈判、团队协作等实际操作，学生可以在实践中学习如何应对跨文化交流中可能遇到的挑战。

第二，课程设计应当融合多媒体和多种教学方法来丰富学习体验。除了传统的课堂讲授外，还可以利用现代信息技术，如在线交流平台、模拟软件等工具，增加学生的互动和参与感。例如，可以设置虚拟的商务环境，让学生在模拟的国际会议或商务谈判中扮演不同角色，通过这种"角色扮演"学习如何在文化多元的环境中有效沟通。此外，引入真实的商务案例，邀请具有国际商务经验的专家举办讲座或研讨，也能极大地提升课程的实用性和吸引力。

第三，跨文化交际的学习应当是一个渐进和持续的过程。课程设计需提供连贯性，每个学期不仅要有新的学习目标，还应该对前一学期的知识进行复习和深化。例如，初级阶段重点教授基础的跨文化交际理论，中级阶段通过更多的实际案例来加深理解，高级阶段则更多侧重于策略的运用和实际操作的熟练度。这种由浅入深的课程安排可以帮助学生逐步建立起自信和能力，最终在国际商务领域中成为有效的跨文化沟通者。

通过这样的课程优化，商务英语专业的学生将能更好地应对全球化带来的挑战，成为跨文化交流的桥梁。

第四节　商务英语跨文化交际能力的实践

一、文化适应实践

从文化适应的角度出发，提升商务英语跨文化交际能力的实践需要专注于两个关键方面：深入理解目标文化的核心价值和习惯，并在此基础上培养灵活应对多样文化情境的能力。文化适应不仅仅是学习新语言的过程，更是理解和内化新文化环境中行为模式和交流方式的过程。

深入理解目标文化的核心价值和习惯对于有效的文化适应至关重要。在商务环境中，这一点尤为突出，因为商务交流往往涉及决策、谈判和建立长期合作关系，这些都极易受到文化差异的影响。例如，在美国，直接和开放的沟通方式是商务交流的常态，决策过程倾向于快速和以结果为导向；而在中国，商务交流更注重间接性、礼节和集体的决策过程。因此，从事国际商务的专业人士必须了解这些文化特点，并学会如何在这些不同的文化环境中有效地沟通和行事。这不仅包括语言能力的提升，更包括非言语沟通方式的理解，如肢体语言、面部表情和使用空间的习惯等。通过模拟训练、案例分析和实际互动，学习者可以逐步掌握如何在特定文化背景下进行有效沟通和行为的调整，以达到更好的商务合作效果。

文化适应还要求培养灵活应对多样文化情境的能力。在经济全球化日益加深的今天，商务人士往往需要与多种文化背景的人士交流合作。这就需要他们不仅要理解各种文化的基本特征，还要能够根据具体情境灵活调整自己的交流策略和行为模式。例如，当一个美国公司的代表与中国客户进行谈判时，他们需要特别注意在表达时的直接性可能会被视为不礼貌。同样，当参与到拉美地区的商务活动时，美国人可能需要适应对方更为宽松的时间观念和更高层次的情感表达方式。有效的文化适应能力不仅有助于避免可能的文化冲突，还可以增强双方的信任和合作意愿。

二、文化同化实践

从文化同化的角度分析，提升商务英语跨文化交际能力的实践关注于如何让商务人员在保持自己文化身份的同时，能够吸收并融入目标文化的元素，以促进更为深入的理解和合作。文化同化在国际商务中尤为重要，因为它不仅关乎语言交流的流畅，更涉及价值观、行为习惯以及决策方式的交融。在文化同化的过程中，商务人士首先需要深入了解并尊重目标文化的核心价值和行为准则。这种理解不仅仅停留在表面的礼节学习，更深层次地涉及价值观的认同和行为模式的适应。

美国的商务环境通常较为非正式，穿着可能更倾向于商务休闲，尤其是在科技行业。会议开始前的闲聊通常较短，快速切入正题。相反，中国的商务环境通常更为正式，穿着往往偏向传统的商务装，尤其在初次会面时。在会议开始前，可能需要更长时间的闲谈，用来建立关系和互相了解。理解并适应这种差异，对于两国商务人士在跨文化交流中取得成功至关重要。

三、文化冲突实践

（一）退避策略的应用

退避策略在商务英语的跨文化交际中尤为重要，特别是在涉及多种文化的工作环境中。这种策略的合理应用不仅可以避免不必要的冲突，还可以保持团队的和谐与效率。在商务英语的实际工作内容中，退避策略的应用可以具体体现在以下几个方面。

1.项目管理与团队协作

在项目管理和团队协作中，遇到意见分歧时使用规避策略可以是一种有效的临时解决方案。如果团队中的成员在某个项目的执行方案上有根本性的分歧，而这种分歧可能导致项目延期或团队分裂，项目经理可以选择暂时退避，即推迟决策。这不仅为寻找更多的信息和更好的解决方案提供时间，也为缓和团队内的紧张气氛提供空间。在此期间，可以利用额外的时间进行更深入的市场研究，或者寻求外部专家的意见，以便最终提出一个大多数团队成员都能接受的方案。

2.客户关系管理

在处理客户关系时，尤其是在国际商务中，文化差异可能导致误解和冲突。在这种情况下，退避策略可以通过避免直接对抗来维护与客户的良好关系。当一位外国客户对产品的某个方面不满时，直接反驳客户的观点可能会导致关系恶化。相反，采取退避策略，比如说暂时不争论客户的观点，而是提出要进一步研究问题或咨询更多意见，可以给双方时间缓冲和空间重新评估问题。这种方式不仅避免了直接冲突，还显示了对客户意见的尊重和对问题解决的积极态度。

3.谈判策略

在商务谈判中，当双方在关键问题上存在较大分歧时，适时地退避可以防止谈判破裂。在谈判过程中，如果发现直接的对抗可能导致双方立场更加僵硬，采取退避策略，如建议暂停谈判，重新审视各自的立场和需求，这可以帮助双方冷静下来，重新考虑可能的妥协点。这也为双方提供了搜集更多信息和调整策略的机会，从而在未来的谈判中找到更有利的解决方案。

(二)竞争策略的应用

竞争策略在商务英语中的应用可以显著影响国际业务交流的成败。虽然这种策略在一些文化中被视为表现力和效率的象征，但在全球化的商务环境中，其应用需要更加谨慎和策略性，尤其是在涉及跨文化的商务交流时。

1.销售与市场推广

在销售和市场推广领域，竞争策略常常用于强调产品或服务的优势，以及在激烈的市场竞争中突出自身的地位。例如，美国和西欧的销售人员可能会直接指出竞争对手产品的不足，以显示自家产品的优越性。然而，在应用这一策略时，必须考虑到不同文化对此类直接比较的接受度。在一些如中国或韩国这样更注重集体和谦逊的文化中，过于直接的比较可能会被视为攻击性的，从而对业务关系造成损害。因此，国际市场的销售团队在使用竞争策略时应调整其表达方式，采用更为细腻和间接的比较方法，同时强调自身产品的独特价值和客户服务。

2.团队领导与管理

在团队领导和管理中，竞争策略可以用于激励团队成员追求卓越和高效。在美国等更加倾向个人主义的文化中，通过设置明确的个人和团队目标，并激励团队成员通过竞争来实现这些目标，是常见的管理方式。然而，在跨文化团队中，这种策略需要被谨慎使用。管理者应识别团队中不同文化背景成员的动机和期望，可能需要更多地侧重团队合作而非个人之间的竞争。例如，可以设立团队整体目标，并通过团队奖励而非单独的个人奖励来促进团队合作精神和共同成就。

3.谈判与决策

在谈判和决策过程中，竞争策略可以帮助商务人员坚持自己的立场，迅速推动决策过程。这在多个方面需要达成协议的大型国际合同中尤为重要。然而，在使用竞争策略时，商务人员也必须意识到不同文化对此的反应。在谈判中采用过于强硬的立场可能会导致对方感到不舒服或受威胁，尤其是在那些倾向于关系导向以及和谐价值的文化中。因此，谈判者需要在坚持自己的需求和利益的同时，找到合适的时机展示灵活性和开放性，以促进双方的理解和信任，从而达成互利的解决方案。

（三）和解策略的应用

和解策略在商务英语的跨文化交际中扮演着至关重要的角色，尤其是在处理国际商务中的复杂互动和谈判。这种策略不仅有助于达成双方满意的解决方案,而且能够建立长期的合作关系和信任。

1.国际项目合作

在国际项目合作中,涉及多方利益相关者时,和解策略尤为重要。项目经理必须协调来自不同文化背景的团队成员和合作伙伴的需求和期望。通过和解策略,可以建立一个包容性的工作环境,鼓励团队成员开放交流自己的观点和顾虑。例如,一个涉及多国合作的建筑项目可能需要在设计和实施过程中考虑各种文化因素。项目经理可以通过组织工作坊和会议,让各方表达自己的意见,并找到满足大多数人需求的解决方案,如调整设计以符合某个特定文化的审美或功能需求。

2.跨国客户服务

在客户服务领域,和解策略对于解决客户投诉和维护品牌形象至关重要。当面对跨文化背景的客户时,客户服务代表需要能够理解并尊重客户的文化背景和期望。使用和解策略,如通过提供定制化的解决方案或补偿来满足客户的特殊需求,不仅可以解决当前问题,还能增强客户的忠诚度。比如,对于一个国际航空公司的客户服务中心,代表可能需要处理由于文化误解而导致的行李处理问题。在这种情况下,提供额外的服务或优惠,如免费升舱或优先登机,可以作为和解措施,以补偿客户的不便并保持良好的客户关系。

3.多文化团队管理

在多文化团队管理中,和解策略尤为关键,因为它有助于促进团队内部的和谐与协作。管理者可以通过建立一个开放的沟通平台,让团队成员感到自己的文化被尊重和价值得到认可。例如,在月度会议中安排团队成员分享自己的文化背景和工作经验,不仅增强团队的凝聚力,也有助于在工作中发现创新的解决方案。管理者还可以通过调解工作中出现的文化冲突,鼓励团队成员相互理解和支持,从而优化团队的整体表现。

（四）折中策略的应用

折中策略在跨文化商务英语交流中扮演着关键角色，尤其在处理涉及多方利益和不同文化背景的谈判中。在这样的环境中，有效地应用折中策略不仅能达成合作协议，而且可以长期维护和加强商业关系。

1. 国际采购与供应链管理

在国际采购和供应链管理中，折中策略尤其关键，因为这涉及多个供应商和客户，他们可能来自不同的文化背景，有着不同的商业习惯和期望。例如，采购经理在与外国供应商讨论合同条款时，可能需要在价格和交货期之间找到折中点。如果供应商无法满足最初的价格要求，采购经理可能会提出延长支付期限或增加订单数量以换取更低的单价。这种折中不仅满足了采购成本的核心利益，也考虑到供应商的现金流需求，从而促成协议并维持双方的良好关系。

2. 跨国项目合作

在跨国项目合作中，折中策略是协调多国团队成员意见和实践的有效方式。在一个涉及多个国家的软件开发项目中，项目经理需要在团队成员关于开发平台和编程语言的不同偏好之间找到平衡。通过开展工作坊和团队讨论，项目经理可以引导团队达成一致意见，可能的折中方案包括选择能够满足大多数项目需求同时又相对容易学习的技术。这种折中既有助于保持项目进度和团队士气，也尊重了不同文化背景下团队成员的技术偏好和工作方式。

3. 国际市场营销与品牌管理

在国际市场营销和品牌管理中，折中策略可用于调和不同市场的消费者期望和品牌一致性之间的矛盾。当一个全球品牌在进入新的地区市场时，可能需要在保持全球品牌形象的同时，调整其产品特性以符合当地消费者的口味或偏好。市场部门可以通过调研和消费者反馈来确定哪些品牌元素是核心价值，哪些可以根据地区市场进行调整。折中方案可能包括在保留品牌核心设计的基础上，引入地区特色的包装或营销策略。

（五）合作策略的应用

合作策略强调的是与对方建立持久且积极的关系，通过共同努力解决冲突，寻找双赢的解决方案。这种策略不仅仅关注眼前的利益，更重视长远的合作潜力。在商务英语教学中，教师应培养学生的团队协作能力、问题解决能力以及创造性思维，使他们能在面对冲突时提出创新的解决方案，这些方案能满足双方的核心需求。

例如，两家公司因产品分销权的问题出现冲突，合作策略可能包括共同开发一个新的分销模式，该模式不仅解决了现有的冲突，还可能创造新的商业机会，为双方带来额外的利益。通过这种方式，合作不仅解决了问题，还增强了双方的关系和未来合作的可能性。当然，在跨文化的商务环境中实施合作策略，要求参与者了解并尊重对方的文化背景，这包括对方的商业习惯、沟通风格和决策过程。有效的合作是建立在相互理解和信任的基础上的，需要时间和精力去培养。

四、文化交融实践

从文化交融的角度提升商务英语的跨文化交际能力涉及深入了解和整合多种文化的商务实践和沟通方式。在经济全球化不断加深的商业环境中，文化交融不仅是一种必然的趋势，也是提升商务效率和增进国际合作的关键策略。

（一）培养多语种能力

虽然英语是国际商务的主要语言，但掌握其他关键语言（如西班牙语或阿拉伯语）可以极大地增强与来自这些语言背景的商务伙伴的沟通能力。在商务英语课程中加入第二外语的学习，既有助于语言技能的提升，也有助于深入了解和欣赏不同文化的独特性。

1.课程设计与教育资源

在商务英语课程中加入第二外语的学习，应考虑到语言学习的实用性和文化深度。教育机构可以设计一系列与商务相关的语言课程，如商务西班牙语、商务中文、商务阿拉伯语等，这些课程不仅教授语言基础，还包括商业术语、行业对话、文化礼仪等内容。例如，商务中文课程可能会涵盖如何在商业会议中进行自我介绍、如何进行商务谈判，以及中国的商务礼仪等。

2.语言实践与文化浸润

仅仅在课堂上学习语言是不够的，语言的运用需要实际交流和实践。学校和企业可以组织语言角（Language Corner）、文化日活动或模拟商务谈判等，让学习者有机会使用新学的语言进行实际交流。此外，通过安排国外实习、学生交换或专业工作坊，使学生直接接触目标语言国家的文化和商业环境，从而更快速地提高语言表达和文化理解能力。

3.技术支持与在线学习

利用现代技术，如语言学习应用（如 Duolingo、Babbel）、在线课程（如 Coursera、EdX 提供的语言课程）和虚拟现实（VR）模拟环境，可以极大地增强语言学习的效果和趣味性。利用 VR 技术，学生可以虚拟进入一个国外的商务环境，与虚拟人物进行交流，体验真实的商务沟通场景。

4.企业培训与持续教育

企业也应当鼓励员工学习第二语言，特别是那些经常需要与国际客户打交道的员工。企业可以提供语言学习补贴，组织内部语言课程，或者与专业语言培训机构合作，开展定制的培训项目。企业还可以创建一个多语种的工作环境，如设立多语种的内部通信、会议和报告，让员工在日常工作中自然而然地使用和提高自己的语言能力。

（二）利用技术促进文化交融

在当今数字时代，利用技术手段促进文化交融已成为可能。通过在线会议软件、国际合作平台以及社交媒体，商务人士可以跨越地理界限，与世界各地的同事和客户建立联系。在这些平台上，可以分享各自的文化见解和商业实践，增进相互理解，共同寻找商务合作的新机会。

视频会议软件已成为日常商务交流不可或缺的工具。这些工具使得地理位置变得无关紧要，人们可以即时连线讨论，不仅可以进行面对面的交谈，还能共享屏幕、文档和其他资源，极大地促进了项目协作和决策过程。在进行一个多国参与的项目管理时，项目成员可以定期通过视频会议更新进展，讨论问题。这种即时的沟通方式不仅加快了信息的流通速度，也让团队成员有机会直接观察和学习各自的工作风格和文化表达方式，从而促进了文化的理解和尊重。

国际合作平台提供了一个可以持续交流和协作的环境，支持异地工作的团队高效管理项目。这些平台通常具有高度的定制性，可以根据团队的具体需求设置工作流程和通知系统。此外，这些平台的社交功能，如群聊和论坛，使得团队成员可以在非正式的环境中分享个人见解、文化习惯和职业经验，这种轻松的交流方式有助于团队成员之间建立更紧密的关系，同时提供了一个相互学习和适应对方文化的平台。社交媒体平台不仅是个人品牌建设的工具，也是发现和参与全球商业动态的重要渠道。通过这些平台，商务人士可以关注行业领袖的动态，参与全球范围内的专业讨论，或是加入特定的文化交流群组。一些国际合作平台上有许多专门的行业群组，涵盖各种文化背景的专业人士在这些群组中分享经验、讨论趋势、发布工作机会，甚至组织线上研讨会和讲座，这些活动不仅有助于商务人士拓展职业网络，也为他们提供了学习其他文化商业实践的窗口。

参考文献

[1] 王淙，张国建. 国家语言能力视角下商务英语能力标准研究 [M]. 北京：对外经济贸易大学出版社，2020.

[2] 卢彩虹，陈明瑶. 商务英语步步高：通过案例提高商务能力 [M]. 上海：上海科学技术出版社，2008.

[3] 严明. 商务英语话语实践能力构念、评价及效度验证 [M]. 哈尔滨：黑龙江大学出版社，2016.

[4] 郝晶晶. 商务英语教学理论与改革实践研究 [M]. 成都：电子科技大学出版社，2017.

[5] 朱文忠. 商务英语教学研究 [M]. 广州：世界图书出版广东有限公司，2011.

[6] 杨鹏，骆铮. 基于教育转型发展视阈下高校商务英语教学的创新研究 [M]. 长春：吉林人民出版社，2019.

[7] 汤熙. 基于内容教学法的商务英语教学实践探索 [M]. 苏州：苏州大学出版社，2017.

[8] 夏璐. 商务英语教学设计 [M]. 武汉：华中科技大学出版社，2015.

[9] 刘沛. 商务英语教学理论与实践 [M]. 武汉：武汉大学出版社，2015.

[10] 黄芳. 大学生批判性思维能力培养实践探索：一项基于商务英语教学的行动研究 [M]. 青岛：中国海洋大学出版社，2016.

[11] 徐小芳. 基于"情境"+"任务"的商务英语写作能力提升探索 [J]. 黑河学院学报，2022，13（2）：109–111.

[12] 蔡佳立. 多模态应用翻译能力培养教学模式研究 [J]. 教书育人（高教论坛），2021（33）：77-79.

[13] 李昂. 基于建构主义理论的应用型本科高校商务英语课程实训教学探索与实践 [J]. 英语广场，2021（33）：107-109.

[14] 张谦. 高校商务英语教学中跨文化交际能力培养分析 [J]. 英语广场，2021（32）：93-96.

[15] 杨智华. 高校商务英语教学中学生跨文化交际能力培养的路径选择 [J]. 海外英语，2021（20）：244-245.

[16] 蓝兴，刘伟强. 应用型高校商务英语人才培养模式构建：基于ESP需求分析理论 [J]. 哈尔滨学院学报，2021，42（9）：142-144.

[17] 聂鹏丽，肖丽娟. "双创"背景下高校商务英语函电教学模式分析 [J]. 科学咨询（科技·管理），2021（9）：195-196.

[18] 刘文勤. 浅谈当代高校学生商务英语翻译能力的培养 [J]. 校园英语，2021（31）：19-20.

[19] 刘岩. 高校商务英语教学中跨文化交际能力的培养研究 [J]. 海外英语，2021（14）：226-227.

[20] 冯文雄. 应用型高校商务英语翻译"课程思政"教学探索与实践 [J]. 现代英语，2021（8）：66-68.

[21] 马骞. 虚拟仿真实训平台在高校英语类专业教学中的应用探析：以云南财经大学为例 [J]. 现代英语，2021（5）：48-51.

[22] 赖羿淇，隆婕. 创新创业视角下商务英语专业学生的核心能力培养研究 [J]. 校园英语，2020（49）：58-59.

[23] 黄潇洪. 商务英语教学中培养学生跨文化交际能力的策略探究 [J]. 财富时代，2020（11）：56-57.

[24] 吴青. 本科高校综合商务英语课程的跨文化思维能力与写作能力培养 [J]. 文教资料，2020（28）：206-207.

[25] 陶雪. 外贸技能竞赛对高校商务英语人才职业创新能力的作用研究[J]. 湖北开放职业学院学报，2020，33（16）：1-2.

[26] 宋春梅，肖学农. "一带一路"倡议下的高校商务英语专业学生跨文化交际能力调查研究[J]. 湖北开放职业学院学报，2020，33（11）：157-158.

[27] 由建伟. 教师情绪劳动对学生跨文化能力提升的影响与解决途径[J]. 海外英语，2020（4）：156-157.

[28] 何小燕. "校企合作"视域下商务英语写作实践教学模式研究：以地方本科高校为例[J]. 高教学刊，2019（25）：119-121.

[29] 曾小龙，刘泽群. 创新创业能力培养目标下高校商务英语专业教学创新研究[J]. 科技资讯，2019，17（33）：150，152.

[30] 马柳佳，范仲敏. 浅析国内高校商务英语信函写作教学现状[J]. 散文百家（新语文活页），2019（11）：50.

[31] 滕萍凤. 论高校商务英语专业教师能力的培养：基于国际化和本土化视角[J]. 教育现代化，2019，6（91）：93-94.

[32] 何琰. 民办高校商务英语教师专业能力发展：基于学生需求的研究[J]. 湖北开放职业学院学报，2019，32（20）：175-176，182.

[33] 俞丽君，曹钦琦. 基于学生评价的应用型高校商务英语专业教师素质实证研究：以宁波大学科学技术学院为例[J]. 大众文艺，2019（20）：212-213.

[34] 白艳梅. 试析高校商务英语教学中跨文化交际能力的培养[J]. 作家天地，2019（20）：47，52.

[35] 德庆卓玛. "双创"背景下高校商务英语教学模式探究[J]. 科技创业月刊，2019，32（6）：101-103.

[36] 李梦辰. 应用型本科高校商务英语专业学生跨文化商务交际能力提升路径：以池州学院商务英语专业为例[J]. 现代交际，2019（11）：113-114.

[37] 李桂云. 高职商务英语专业学生创新创业能力培养实践：以特色活动项目"H.pastry创业训练营"为例[J]. 广东职业技术教育与研究, 2019（2）：56-58.

[38] 戴丽琼. 基于多元智能理论的商务英语学习能力提升研究[J]. 连云港职业技术学院学报, 2019, 32（1）：87-89.

[39] 宋琳琳, 孙策. 对外开放新格局背景下黑龙江省复合型外语人才培养策略[J]. 齐齐哈尔师范高等专科高校学报, 2019（2）：5-6.

[40] 徐代. 高校商务英语教学中语境与语用能力的培养[J]. 海外英语, 2019（5）：60-61.

[41] 负雅萍. 地方高校国际经济与贸易专业学生商务英语能力培养探索[J]. 科教文汇（下旬刊）, 2019（6）：108-109.

[42] 胡囡囡. 高等院校翻译人才就业能力探索[J]. 文化创新比较研究, 2019, 3（6）：173-174.

[43] 李丽. 高校"商务英语阅读"思辨能力培养与课程思政的结合探讨[J]. 湖州师范学院学报, 2018, 40（12）：53-56.

[44] 李秀芝. 高校商务英语教师专业能力发展需求研究[J]. 湖北开放职业学院学报, 2018, 31（22）：152-153.

[45] 李颖. 应用型高校英语专业"英语写作"教学现状及对策探究[J]. 兰州教育学院学报, 2018, 34（11）：141-143.

[46] 刘瑛. 高校商务英语专业课程教学中跨文化交际能力培养探究：以《国际商务谈判》课程为例[J]. 英语教师, 2018, 18（21）：16-19.

[47] 王莉. 高校转型发展中商务英语课程教学模式中存在的问题分析[J]. 校园英语, 2018（42）：35.

[48] 龚菊芳. 中国-东盟自贸区背景下高校商务英语人才培养模式研究[J]. 科技资讯, 2018, 16（22）：125-126.

[49] 张玮. 产教融合下的高校商务英语课程教学改革研究[J]. 学周刊, 2024（7）：33-36.

[50] 樊继群.地方应用型本科高校商务英语人才创新能力培养多维模式探索[J].教育现代化,2018,5(24):9-11,15.

[51] 杨冰.能力本位教育在应用型高校商务英语口语课程中的应用[J].湖北经济学院学报(人文社会科学版),2016,13(5):210-211.

[52] 何玉红,冯勋波.能力本位与应用型高校商务英语实践教学[J].英语广场,2016(3):88-90.

[53] 吕英莉,郭晓霞,刘已初.高校商务英语专业毕业论文改革探索与实践[J].教育教学论坛,2016(4):166-167.

[54] 姚迪.校企合作培养商务英语人才的研究与实践[J].黑龙江教育(理论与实践),2016(增刊1):7-8.

[55] 王立宾.区域经济发展中商务英语毕业生就业能力之提升:河北省商务英语专业毕业生就业情况调查研究[J].闽西职业技术学院学报,2015,17(4):95-98.

[56] 阎毅.关于高校商务英语教师素养与能力构成的研究[J].吉林省教育学院学报(下旬),2015,31(8):22-23.

[57] 杜萍.论高校商务英语专业教师科研能力的培养[J].佳木斯职业学院学报,2015(8):271-272.

[58] 胡忠坤,舒海英.基于需求分析和能力本位的商务英语课程设计[J].林区教学,2015(8):40-41.

[59] 刘雨.高校商务英语教学中跨文化交际能力的培养[J].海外英语,2015(15):56-57.

[60] 廖立夏.探讨高校商务英语专业语音课程改革的措施[J].当代教育实践与教学研究,2015(7):33.

[61] 黄隽文.基于跨文化商务能力培养评析四所高校商务英语课程设置[J].才智,2015(19):72,74.

[62] 沈璐.欧洲能力型语言教学法在我国高校商务英语教改中的应用[J].湖州师范学院学报,2015,37(6):50-56.

[63] 杨立英. 泉州地区民办高校商务英语专业教师素质能力培养现状的调查与研究：以闽南理工学院为例[J]. 湖北科技学院学报，2015，35（2）：83-85.

[64] 赵茵. 高校商务英语专业建设问题分析与对策：以江苏理工学院为例[J]. 常州信息职业技术学院学报，2015，14（1）：52-55.

[65] 刘磊，张铁军. 跨文化教学中本土文化的缺失及对策研究：以高校商务英语专业为例[J]. 金融理论与教学，2014（5）：84-86.

[66] 柯惠娟. 跨文化交际能力培养与高校商务英语教学[J]. 海外英语，2014（19）：97-98.

[67] 郭桂杭，许丹. 论高校商务英语专业教师能力的培养：基于国际化和本土化视角[J]. 现代教育科学，2014（9）：14-16.

[68] 柳叶青，刘艳慧. 高校商务英语专业学生跨文化商务交际能力培养[J]. 内蒙古师范大学学报（教育科学版），2014，27（9）：120-122.

[69] 秦萌. 高校商务英语专业岗位技能评测标准探析[J]. 太原城市职业技术学院学报，2014（6）：125-127.

[70] 姚迪. 全面提高民办高校商务英语专业学生就业能力的对策建议[J]. 对外经贸，2014（5）：141-142.

[71] 甘利. 凝练特色提升大学生就业能力：以广东工程职业技术学院商务英语专业为例[J]. 韶关学院学报，2014，35（5）：196-200.

[72] 郑玩娜. 地方高校商务英语教学中学生跨文化交际能力的培养[J]. 才智，2014（14）：357.

[73] 冼海敏，尹雪艳. 商务英语专业人才能力满意度调查：认知语言观照下的对比研究[J]. 岳阳职业技术学院学报，2014，29（2）：80-83.

[74] 李智. 高校商务英语专业学生跨文化交际能力的培养[J]. 吉林工程技术师范学院学报，2013，29（11）：55-57.

[75] 王慧. 河南高校商务英语专业课程设置探究[J]. 科技视界，2013（30）：243，258.

[76] 李传钢. 实践能力关照下的高校商务英语课程设置 [J]. 山东商业职业技术学院学报, 2013, 13（5）: 69-72.

[77] 胡丹. 高校培养商务英语口译应对能力之建议 [J]. 科技视界, 2013（24）: 171, 207.

[78] 程荣. 高校商务英语语法教学对学生应用能力的培养: 以民办高校为例 [J]. 边疆经济与文化, 2013（5）: 120-121.

[79] 葛书艺. 高校商务英语专业的现状探析 [J]. 中国科技信息, 2012（17）: 133.

[80] 商海博. 论高校商务英语教学中学生能力的培养 [J]. 忻州师范学院学报, 2012, 28（4）: 97-100.